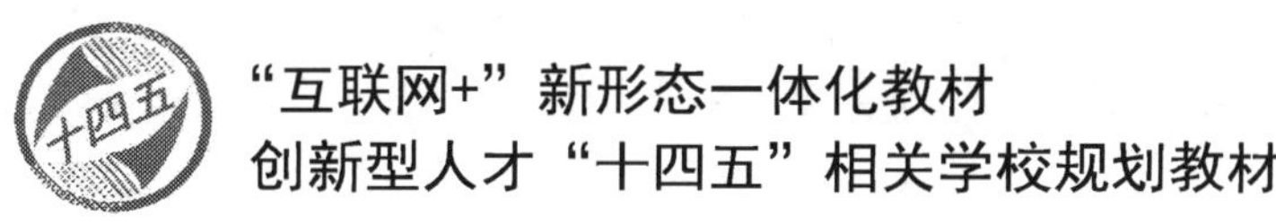

"互联网+"新形态一体化教材
创新型人才"十四五"相关学校规划教材

审计基础与实务

主 编 陈 邯 刘 芳 李 亮

副主编 董 姗 周炳伟 傅凤阳
张 越 陈 宁 李 钢

中国商业出版社

图书在版编目（ＣＩＰ）数据

审计基础与实务 / 陈邯，刘芳，李亮主编. -- 北京：
中国商业出版社，2023.5
ISBN 978-7-5208-2503-0

Ⅰ. ①审… Ⅱ. ①陈… ②刘… ③李… Ⅲ. ①审计学
-高等学校-教材 Ⅳ. ①F239.0

中国国家版本馆 CIP 数据核字(2023)第 095988 号

责任编辑：黄世嘉

中国商业出版社出版发行
（www.zgsycb.com　100053　北京广安门内报国寺 1 号）
总编室：010-63180647　编辑室：010-63033100
发行部：010-83120835/8286
新华书店经销
北京宝莲鸿图科技有限公司印刷
*
787 毫米×1092 毫米　16 开　16.25 印张　418 千字
2023 年 5 月第 1 版　2023 年 5 月第 1 次印刷
定价 49.80 元
* * * *

前　　言

《审计基础与实务》教材融合了审计理论和准则的新变化，更加适应经济形势的发展和教学的要求。

本教材以注册会计师审计为主线，以我国现行的审计准则为依据，阐述了审计学的基本理论和实务方法。在体例编排上力求由浅入深，由点到面，由理论到实践。全书共分三个项目 19 个任务。其中，第一个模块介绍了审计的基本理论，第二个模块介绍了审计从初步开展业务活动到出具审计报告的每一个过程。第三个模块介绍了业务循环审计涉及的审计程序与审计方法。

本教材每个任务的开始部分设有知识与能力目标、素质目标、教学要点等；为了提高学生的学习效果，每章节后面附有课后自测，便于学生巩固知识点、增强记忆和强化学习，题型包括单选题、多选题、判断题和案例题。

本书由陈邯、刘芳、李亮担任主编；董姗、周炳伟、傅凤阳、张越、陈宁、李钢担任副主编。具体编写分工如下：陈邯负责编写任务五、任务六、任务七、任务八、任务九；刘芳负责编写任务一、任务二、任务三、任务四；李亮负责编写任务十、任务十一、任务十二；任务十三、任务十四、任务十五、任务十六由董姗、周炳伟、傅凤阳共同编写；任务十七、任务十八、任务十九由张越、陈宁、李钢共同编写。全书由陈邯总纂并统稿。

本教材可作为高等院校财经类会计、审计专业学生的学习用书，也可作为财经类院校教师及企业财会、审计人员的参考用书。为方便教学，本书还配有教学资料包，可联系 bhhwbook@163.com。

由于作者水平有限，书中可能存在不足之处，恳请读者批评指正，以便进一步修正和改进。

编　者

2023 年 2 月

目　　录

项目一　注册会计师审计的重要概念

任务一　认识注册会计师审计

【知识与能力目标】

1. 理解注册会计师审计的概念
2. 了解注册会计师审计的发展
3. 了解注册会计师审计模式的发展

【素质目标】

1. 增强学生对审计的职业认同感和自豪感
2. 培养学生的社会主义核心价值观

【教学要点】

1. 注册会计师审计的概念
2. 注册会计师审计的形成和发展
3. 注册会计师审计的模式

【教学内容】

一、注册会计师审计的概念

审计经过不断的完善和发展，到今天已经形成为一套比较完备的科学体系。人们对审计的概念也进行了深入的研究，最具代表性的是美国会计学会（AAA）在颁布的《基本审计概念公告》的公告中，把审计概念描述为："为确定关于经济行为及经济现象的结论和所制定的标准之间的一致程度，而对与这种结论有关的证据进行客观收集、评定，并将结果传达给利害关系人的有系统的过程。"

国际会计师联合会（IFAC）下设的国际审计与鉴证准则理事会（IAASB）将注册会计师审计概念描述为："财务报表审计的目标是，使审计师（有时也指其所在的会计师事务所，下同）能够对财务报表是否在所有重要方面按照确定的财务报告框架编制发表意见。"

美国注册会计师协会（CPA）在《审计准则说明书》第 1 号中，对审计概念的描述为："独立审计师对财务报表审计的目标是，对财务报表是否按照公认会计原则在所有重大方面公允地反映财务状况、经营成果和现金流量发表意见。"

《中国注册会计师审计准则第 1101 号——财务报表审计的目标和一般原则》对审计概念的描述为："财务报表审计的目标是注册会计师通过执行审计工作，对财务报表的下列方面发表审计意见：（一）财务报表是否按照适用的会计准则和相关会计制度的规定编制；（二）财务报表是否在所有重大方面公允反映被审计单位的财务状况、经营成果和现金流量。"

本书综合各方面对审计的定义，提出注册会计师审计的定义是：注册会计师对财务报表是否不存在重大错报提供合理保证，以积极方式提出意见，增强除管理层之外的预期使用者对财务报表信赖的程度。对该定义可以从以下几个方面理解：审计用户——财务报表的预期使用者；审计目标——增强预期使用者对财务报表的信赖程度；合理保证——审计提供合理保证不提供绝对保证；审计基础——独立性和专业性；审计结果——审计报告。

二、注册会计师审计的发展

注册会计师审计起源于意大利合伙企业制度，形成于英国股份制企业制度，发展和完善于美国的资本市场，是伴随着商品经济的发展而产生和发展起来的。

（一）注册会计师审计的起源

注册会计师审计起源于 16 世纪的意大利。当时地中海沿岸的商业城市已经比较繁荣，而威尼斯是地中海沿岸国家航海贸易最为发达的地区，是东西方贸易的枢纽，商业经营规模不断扩大。由于单个的业主难以向企业投入巨额资金，为适应筹集所需大量资金的需要，合伙制企业便应运而生。合伙经营方式不仅提出了会计主体的概念，促进了复式簿记在意大利的产生和发展，也产生了对注册会计师审计的最初需求。尽管当时合伙制企业的合伙人都是出资者：但是有的合伙人参与企业的经营管理，有的合伙人则不参与，所有权与经营权开始分离。这样，那些参与经营管理的合伙人有责任向不参与经营管理的合伙人证明合伙契约得到了认真履行，利润的计算与分配是正确、合理的，以保障全体合伙人的权利，进而保证合伙企业有足够的资金来源，使企业得以持续经营下去。在客观上产生了一个与任何一方均无利益关系的第三者能对合伙企业进行监督、检查的需求，人们开始聘请会计专家来担任查账和公证的工作。这样，在 16 世纪意大利的商业城市中出现了一批具有良好的会计知识、专门从事查账和公证工作的专业人员，他们所进行的查账与公证，可以说是注册会计师审计的起源。随着此类专业人员人数的增多，他们于 1581 年在威尼斯创立了威尼斯会计协会。其后，米兰等城市的职业会计师也成立了类似的组织。

（二）注册会计师审计的形成

注册会计师审计虽然起源于意大利，但它对后来注册会计师审计事业的发展影响不大。英国在创立和传播注册会计师审计职业的过程中发挥了重要作用。

注册会计师产生的"催产剂"是 1721 年英国的"南海公司"事件。当时的"南海公司"以虚假的会计信息诱骗投资人上当，其股票价格一时扶摇直上。但好景不长，"南海公司"最终未能摆脱破产倒闭的厄运，使股东和债权人损失惨重。英国议会聘请会计师查尔斯·斯内尔对"南海公司"进行审计。斯内尔以会计师的名义出具了"查账报告书"，从而宣告了独立会计师——注册会计师的诞生。

为了监督企业的经营管理，防止其徇私舞弊，保护投资者、债权人利益，避免“南海公司”事件重演，英国政府于1844年颁布了《公司法》，规范了股份公司设立，保障了投资者的利益。

（三）注册会计师审计的发展

在20世纪初期，由于金融资本对产业资本更为广泛的渗透，企业同银行利益关系更加紧密，银行逐渐把企业资产负债表作为了解企业信用的主要依据，于是在美国产生了帮助贷款人及其他债权人了解企业信用的资产负债表审计，即美国式注册会计师审计。审计方法也逐步从单纯的详细审计过渡到初期的抽样审计。

从1929年到1933年，资本主义世界经历了历史上最严重的经济危机，大批企业倒闭，投资者和债权人蒙受了巨大的经济损失。这在客观上促使企业利益相关者从只关心企业财务状况转变到更加关心企业盈利水平，产生了对企业利润表进行审计的客观要求。美国1933年《证券法》规定，在证券交易所上市的企业的财务报表必须接受注册会计师审计，向社会公众公布注册会计师出具的审计报告。因此，审计报告使用人也扩大到整个社会公众。在这一时期，注册会计师审计的主要特点是：审计对象转为以资产负债表和利润表为中心的全部财务报表及相关财务资料；审计的主要目的是对财务报表发表审计意见，以确定财务报表的可信性，查错防弊转为次要目的；审计的范围已扩大到测试相关的内部控制，并以控制测试为基础进行抽样审计；审计报告使用人扩大到股东、债权人、证券交易机构、税务、金融机构及潜在投资者；审计准则开始拟订，审计工作向标准化、规范化过渡；注册会计师资格考试制度广泛推行，注册会计师专业素质普遍提高。

第二次世界大战以后，西方国家通过各种渠道推动本国的企业向海外拓展，跨国公司得到空前发展。国际资本的流动带动了注册会计师审计的跨国界发展，形成了一批国际会计师事务所。随着会计师事务所规模的扩大，形成了“八大”国际会计师事务所，20世纪80年代末合并为“六大”国际会计师事务所，之后又合并成为“五大”国际会计师事务所。2001年，美国出现了安然公司会计造假丑闻。出具审计报告的安达信会计师事务所，因涉嫌舞弊和销毁证据受到美国司法部门的调查。之后宣布关闭，世界各地的安达信成员所也纷纷与其他国际会计师事务所合并。因此，时至今日，尚有“四大”国际会计师事务所，即普华永道、安永、毕马威、德勤。与此同时，审计技术也在不断发展：抽样审计方法得到普遍运用，风险导向审计方法得到推广，计算机辅助审计技术得到广泛采用。

（四）注册会计师审计发展历程的启示

从注册会计师审计的起源和发展历程可以看出，注册会计师审计的产生和发展有其历史必然性。

1. 注册会计师审计是商品经济发展到一定阶段的产物

注册会计师审计产生的直接原因是财产所有权与经营权的分离。特别是公司逐渐成为商品社会的重要经济组织后，由于所有者主要根据经营者提交的财务报表了解企业的经营情况。因此，需要有一个来自企业外部的持独立、客观、公正立场的第三者对企业财务报表的公允性与合法性作出判断，注册会计师审计便应运而生。

2. 注册会计师审计随着商品经济的发展而发展

商品经济的发展，促使注册会计师审计由初期的详细审计发展为资产负债表审计，进而发展为财务报表审计；审计目标也由查错防弊发展到对财务报表发表审计意见；注册会计师审计的职责逐步从主要对企业所有者负责演变为对整个社会负责。

3. 注册会计师审计具有独立、客观、公正的特征

这种特征，全面保证了注册会计师审计具有鉴证职能，同时也使其在社会上享有较高的权威性。目前，注册会计师职业在经济发达国家备受重视，注册会计师审计已成为经济发达国家维护市场经济秩序的重要手段。这是经济商品化程度不断提高所形成的必然趋势。

三、注册会计师审计模式的发展

100 多年来，虽然审计的根本目标没有发生重大变化，但审计环境却发生了很大的变化。注册会计师为了实现审计目标，审计模式一直随着市场环境的变化，审计模式从账项基础审计发展至风险导向审计，都是注册会计师为了适应审计环境的变化而作出的调整。

（一）账项基础审计

账项基础审计也叫数据导向审计或凭单审计方案法，是审计方法模式发展的第一阶段，在审计方法史上占据着十分重要的地位，直到现在仍被大量采用。它以凭单核对为中心，以审查账目有无舞弊为目标，以数据的可信性为着眼点，以会计科目为入手点，构成了一个完整的方法模式。

在账项基础审计阶段，由于当时审计工作的主要目标是查错防弊，注重凭证、账簿、报表的详细审查，比较费时费力。在企业规模不大，经济业务比较简单的情况下，这种审计方法基本能适应需要。后来由于资产负债表审计的盛行，就更多地采用抽样审计技术，但此时的抽样更多的是判断抽样，主要根据审计人员的经验进行主观判断，有时可能遗漏重要项目事项，抽查的风险很大。而且，账项基础审计通过凭证的核对，虽然可以发现技术性错误或舞弊行为，但是审计耗费人力较多，难以做深入分析，难以查找产生的原因，不能够揭示会计系统中不合理的缺陷。账项基础审计并不能达到预期的效果，特别是经济业务规模扩大，业务复杂的情况下，为了保证审计质量，必须寻找更可靠、更有效的审计方法，这就产生了制度基础审计。

（二）制度基础审计

随着股份有限公司的不断出现，社会公众更多关注的是财务报表的公允性、真实性，即使是未揭露的差错和舞弊，只要不会对财务报表构成重大的影响，并不是审计的主要目标。而且，实际上企业为了管理的需要，建立了内部控制制度，内部控制制度是否严密有效，直接影响到企业财务报表的公允性。在审计实践过程中，审计人员发现内部控制制度的可靠性

对于审计工作具有非常重要的意义。一种从审查内部控制制度着手的审计方法就应运而生了，这就是制度基础审计。制度基础审计要求审计人员对委托单位的内部控制制度有全面了解，强调对于内部控制制度的评价，并在此基础上决定实质性测试的时间、范围和程度。这样就改变了传统的对于经济业务结果进行详细审计的做法。

制度基础审计将重点放在对制度中各个控制环节的审查上，目的在于发现控制制度中的薄弱之处，找出问题发生的根源，然后针对这些环节扩大检查范围。这种审计模式不是漫无目的，而是方向明确的重点审查。由于着眼于对整体制度情况的了解和分析，这种审计模式可以发现一些程序上的错误和工作步骤不合理的现象，因此，可以就管理上的问题提出总体上的建设性的意见。制度基础审计在保证审计结论具有一定的可靠水平的前提下提高了审计工作的效率，正因为如此，制度基础审计从 20 世纪 40 年代诞生以来便风行于世界各国。

制度基础审计面对新的环境，相比于账项基础审计是前进了一大步，但是它本身也存在着重大的缺陷。制度基础审计虽然也涉及审计风险问题，但它并不直接处理审计风险，而是使审计人员的注意力过于集中在被审单位的内部控制制度方面，使审计人员过于依赖内部控制的测试而忽视审计风险产生的其他环节；为了适应新的情况，必须发展一种新的、多维的审计技术，以降低审计人员所面临的错综复杂的风险，以迎合高度风险社会的审计工作需要。程序驱动审计（账项基础审计与制度基础审计的统称）的明显不足之处在于审计资源不恰当分配到高风险和低风险审计领域，适应不了现代社会的需要，因此，风险基础审计就应运而生了。

（三）风险基础审计

由于制度基础审计的不足，适应不了社会公众对审计的要求，风险基础审计方法随之兴起。风险基础审计立足于对审计风险进行系统的分析和评价，并以此作为出发点，制定审计战略，制订与企业状况相适应的多样化的审计计划，使审计工作适应社会发展的需求。风险基础审计要求审计人员不仅要对控制风险进行评价，而且要对产生风险的各个环节进行评价，用以确定审计人员实质性测试的重点和测试水平，确定如何收集、收集多少和收集何种性质证据的决策。风险基础审计大量运用了分析的方法，这种分析的方法贯穿于审计的准备阶段、实施阶段和终结阶段，使审计风险理论和整个审计过程联系更为紧密，使审计人员能够重视产生审计风险的各个重要环节，使审计过程成为一个不断克服和降低审计风险的过程。一旦审计人员认为审计风险已经控制在可容忍的水平范围内，审计人员就可以发表审计意见。风险基础审计为更有效地控制和提高审计效果和审计效率提供了完整的结构，有利于进一步弥合公众期望差，有利于减轻审计人员的责任，审计人员由被动地承受审计风险到主动地控制审计风险，因此，它不失为现代审计的一个新思路。

（四）风险导向审计

风险基础审计主要还是一种观念上的审计模式，它并没有使审计过程和审计方法在审计实务方面产生较大的变化。21 世纪初，安然、世通等重大的财务欺诈案的不断出现，导致了社会对审计职业极度怀疑，社会公众总是要问“审计师在哪里”。虽然审计职业主要的职责范围是监管机构赋予的，但其来源是社会公众。当重大管理舞弊被社会公众所知悉时，审计职业就会遭到重创。审计模式从制度基础审计转向风险基础审计，不仅改变了审计方法，而且改变了传统的审计理念。国外会计师事务所对风险基础方法进行改进，意识到审计风险与企业经营风险是不可分割的，威胁企业经营的风险也是影响审计风险的来源，因而，有效的审计需要对企业所处的社会环境等进行深入的了解，审计理论、审计实务以及审计准则都开始要求审计人员更多地理解企业的经营，形成了以企业经营风险评价为中心的风险导向审计，或称商业基础审计。这一认识比传统的基于审计风险模型的风险认识更广泛、更深刻。

思考与练习

一、单项选择题

1．注册会计师审计产生的直接原因是（　　）。

A．所有权和经营权的分离　　B．合伙企业制度的产生

C．股份制企业制度的形成　　D．资本市场的发展

2．在20世纪初期，由于金融资本对产业资本更为广泛的渗透，企业同银行利益关系更为紧密，银行逐渐把企业资产负债表作为理解企业信用的主要依据，于是产生了帮助贷款人及其他债权人了解企业信用的资产负债表审计，即（　　）。

A．意大利式注册会计师审计　　B．英国式注册会计师审计

C．美国式注册会计师审计　　D．澳大利亚式注册会计师审计

3．注册会计师的审计范围随着商品经济的发展而不断地扩大。下列表述中，你认为正确的是（　　）。

A．在注册会计师审计的起源阶段，审计范围为会计账目

B．在注册会计师审计的形成阶段，审计范围为损益表

C．在注册会计师审计的发展阶段，审计范围扩大到测试相关的内部控制

D．在注册会计师审计的完善阶段，审计范围为全部会计报表

4．注册会计师审计起源于（　　）。

A．日本股份制企业制　　B．英国股份制企业制度

C．美国合伙企业制度　　D．意大利合伙企业制度

5．注册会计师审计随着商品经济的发展而发展。下列观点不正确的是（　　）。

A．注册会计师审计由初期的会计账目审计发展为资产负债表审计，进而发展为会计报表审计

B．注册会计师审计的目标由查错防弊发展为判断企业信用状况，进而发展为确定会计报表的可信性

C．注册会计师审计报告的使用人，从企业股东为主发展为突出债权人地位，进而扩展为整个社会公众

D．注册会计师审计的方法由详细审计发展为制度基础审计，进而出现抽样审计方法

二、多项选择题

1．从1844年到20世纪初，是西方注册会计师审计形成的时期。下列有关这一时期的说法中，正确的是（　　）。

A．审计的对象扩大到测试被审计单位与财务相关的内部控制

B．审计的主要目的是查错防弊、保护企业资产的安全和完整

C．审计的方法是账项基础审计，即对会计账目进行逐笔审查

D．注册会计师出具的审计报告主要供被审计单位的股东使用

2．注册会计师审计方法的发展经历了以下哪几个阶段（　　）？

A．以会计凭证和账簿的详细检查为特征的账项基础审计

B．以被审计单位是否遵守特定法律、法规、程序或规则为特征的合规性审计

C．以内部控制测试为基础的抽样审计为特征的制度基础审计

D．以重大错报风险的识别、评估、应对为审计工作主线的风险导向审计

3．由于审计环境的变化，注册会计师一直随着审计环境的变化调整着审计方法，审计方法包括（　　）。

A．制度基础审计　　B．报表基础审计

C．账项基础审计　　D．风险导向审计

4．下列关于审计方法的表述中，正确的是（　　）。

A．审计方法从账项基础审计发展到风险导向审计，都是注册会计师为了适应审计环境的变化而作出的调整

B．制度基础审计方法是指以控制测试为基础的抽样审计

C．账项基础审计方法是指以控制测试为基础的抽样审计

D．风险导向审计方法是以审计风险模型为基础进行的审计

5．下列有关财务报表审计的说法中，正确的是（　　）。

A．审计的目的是增强财务报表预期使用者对财务报表的信赖程度

B．审计可以有效满足财务报表预期使用者的需求

C．审计涉及为财务报表预期使用者如何利用相关信息提供建议

D．财务报表审计的基础是注册会计师的独立性和专业性

任务二　注册会计师职业道德

【知识与能力目标】

1．掌握审计职业道德基本原则的基本要求

2．理解对注册会计师职业道德的威胁及防范措施

3. 掌握注册会计师法律责任的认定及法律责任的种类
4. 明确注册会计师避免法律诉讼的具体措施

【素质目标】

1. 培养学生树立正确的职业道德观念
2. 培养学生理性、明确、主动的审计法律意识，牢固树立法治观念
3. 培养学生的社会主义核心价值观

【教学要点】

1. 注册会计师职业道德规范的内容
2. 注册会计师法律责任的认定
3. 注册会计师避免法律诉讼的措施

【教学内容】

所谓注册会计师的职业道德，是指注册会计师的职业品德、职业纪律、执业能力及职业责任等的总称。从世界各地来看，凡是建立注册会计师制度的国家和地区，都制定了相应的注册会计师职业道德规范，以昭示注册会计师应达到的道德水准。

中国注册会计师协会（CICPA）自 1988 年成立以来，一直非常重视注册会计师职业道德规范建设。2009 年 10 月，中国注册会计师协会发布了《中国注册会计师职业道德守则》，全面规范了注册会计师的职业道德行为，实现与国际守则的全面趋同。2020 年 12 月，中国注册会计师协会发布了修订后的《中国注册会计师职业道德守则（2020）》，自 2021 年 7 月 1 日起施行。

一、注册会计师职业道德的基本原则

（一）诚信

诚信是指诚实、守信。要求注册会计师应当在所有的职业关系和商业关系中保持正直和诚实，秉公办事、实事求是。

（二）独立

独立是指不受外来力量控制、支配，按照一定之规行事。独立性是注册会计师执行鉴证业务的灵魂。独立性包括实质上的独立和形式上的独立。实质上的独立是指注册会计师在发表意见时其专业判断不受影响，公正执业，保持客观和专业怀疑。形式上的独立是指使得拥有充分相关信息的理性第三方，在权衡所有相关事实和情况后，认为会计师事务所或鉴证小组没有损害诚信原则、客观和公正原则或职业怀疑态度。

（三）客观

客观是指按照事物的本来面目去考察，不添加个人的偏见。要求注册会计师不因偏见、

利益冲突以及他人的不当影响而损害职业判断。

（四）公正

公正要求注册会计师提供专业服务时，应当坦率、诚实，保证公正。公正不仅指诚实，还有公平交易和真实的含义。无论提供何种服务，担任何种职务，注册会计师都应维护其专业服务的公正性，并在判断中保持客观性。

（五）专业胜任能力和应有关注

1. 专业胜任能力

专业胜任能力要求注册会计师具有专业知识、技能和经验，能够经济、有效地完成客户委托的业务。注册会计师如果不能保持和提高专业胜任能力，就难以完成客户委托的业务。如果注册会计师缺乏足够的知识、技能和经验提供专业服务，就构成了一种欺诈。

2. 专业胜任能力的获取

专业胜任能力的获取包括两个独立阶段：专业胜任能力获取和专业胜任能力的保持。

3. 应有关注

应有关注，要求 CPA 勤勉尽责，按照有关工作要求，认真、全面、及时地完成工作任务。在审计过程中，CPA 应当保持职业怀疑态度，运用专业知识、技能和经验，获取和评价审计证据。同时，CPA 应当采取措施以确保在其授权下工作的人员得到适当的培训和督导。

（六）保密

保密原则要求 CPA 应当对因职业关系和商业关系而获知的信息予以保密。避免出现下列行为：

1. 除非法律法规和职业规范允许或要求，在未经适当且特别授权的情况下，向会计师事务所或雇用单位以外的第三方披露由于职业关系和商业关系获知的涉密信息；
2. 利用因职业关系和商业关系获知的涉密信息为自己或第三方谋取利益。

（七）良好的职业行为

职业行为原则要求 CPA 应当遵守相关法律法规，避免发生任何 CPA 已知悉或应当知悉的有损职业声誉的行为。比如，不得对其能够提供的服务、拥有的资质以及积累的经验进行夸大宣传；不得进行广告宣传以招揽业务；不得对其他注册会计师的工作进行贬低或比较。

二、对职业道德基本原则的威胁及防范措施

（一）对职业道德基本原则的威胁

对职业道德基本原则的威胁见表 2-1。

表 2-1　对职业道德基本原则造成威胁的情况

威胁类型	情况
1. 自身利益威胁	（1）鉴证业务项目组成员在鉴证客户中拥有直接经济利益
	（2）会计师事务所过分依赖向某一客户的收费
	（3）鉴证业务项目组成员与鉴证客户存在重要的密切商业关系
	（4）会计师事务所担心可能失去某一重要客户
	（5）审计项目组成员与审计客户进行雇用协商
	（6）会计师事务所与鉴证业务相关的或有收费安排
	（7）在评价其所在会计师事务所的人员以前提供专业服务的结果时，注册会计师发现重大错误
2. 自我评价威胁	（1）会计师事务所设计或运行财务系统后，对该财务系统运行的有效性出具鉴证报告
	（2）会计师事务所编制用于生成有关记录的原始数据，又将这些数据作为鉴证对象
	（3）鉴证业务项目组成员现在是或最近曾是客户的董事或高级管理人员
	（4）鉴证业务项目组成员现在受雇于或最近曾受雇于客户，且在客户中担任能够对鉴证对象产生重大影响的职务
	（5）会计师事务所为鉴证客户提供的其他服务，直接影响鉴证业务中的鉴证对象信息
3. 过度推介威胁	（1）会计师事务所推介审计客户的股份
	（2）在鉴证客户与第三方发生诉讼或纠纷时，注册会计师担任该客户的辩护人
4. 密切关系威胁	（1）项目组成员与客户的董事或高级管理人员存在直系亲属或近亲属关系
	（2）项目组成员与客户某员工存在直系亲属或近亲属关系，而该员工所处职位能够对业务对象产生重大影响
	（3）客户的董事或管理层，或所处职位能够对业务对象产生重大影响的员工最近曾是会计师事务所的合伙人
	（4）注册会计师接受客户的礼品或享受优惠待遇，除非所涉价值微小
	（5）会计师事务所的高级员工长期与某一鉴证客户发生关联
5. 产生外在压力威胁	（1）会计师事务所受到客户解除业务关系的威胁
	（2）如果会计师事务所坚持不同意审计客户对某项交易的会计处理，审计客户可能不将计划中非鉴证服务合同提供给该会计师事务所
	（3）会计师事务所受到客户的起诉威胁
	（4）会计师事务所受到因降低收费而不恰当地缩小工作范围的压力
	（5）由于客户的员工对所涉事项更具有专长，会计师事务所面临同意客户员工判断的压力
	（6）注册会计师被会计师事务所合伙人告知，除非同意审计客户的不恰当会计处理，否则将不被提升

（二）防范措施

防范措施是指可以消除威胁或将其降至可接受水平的行动或者其他措施，包括由行业、法律法规或监管机构规定的防范措施和在工作环境中应采取的防范措施。

三、注册会计师的法律责任

（一）注册会计师法律责任的认定

1. 违约

违约是指合同的一方或几方未能达到合同条款的要求。当违约给他人造成损失时，注册会计师应负担违约责任。

2. 过失

过失是指在一定条件下缺少应具有的合理的谨慎。当过失给他人造成损害时，注册会计师应承担过失责任。过失按其程度不同可分为普通过失和重大过失两种。对注册会计师而言，普通过失是指没有完全遵循专业准则的要求执行审计，而重大过失是指根本没有遵循专业准则或没有按专业准则的基本要求执行审计。

3. 欺诈

对于注册会计师而言，欺诈就是为了达到欺骗他人的目的，明知委托单位的财务报表有重大错报，却加以虚伪的陈述，出具无保留意见的审计报告。

（二）注册会计师法律责任的种类

注册会计师因违约、过失或欺诈给被审计单位或其他利害关系人造成损失的，按照有关法律和规定，可能会承担行政责任、民事责任或刑事责任。

1. 行政责任

注册会计师由于行政违法而应承担一定的行政责任。对注册会计师个人来说，行政处罚包括警告、暂停执业、吊销注册会计师证书；对会计师事务所而言，行政处罚包括警告、没收违法所得、罚款、暂停执业、撤销等。

2. 民事责任

注册会计师由于民事违法而应承担一定的民事责任。我国会计师事务所和注册会计师承担的民事责任主要是赔偿受害人损失、支付违约金等。

3. 刑事责任

刑事责任主要是指按有关法律程序判处一定的徒刑。注册会计师由于违反国家的法律法规，情节严重，构成刑事犯罪行为而应承担一定的刑事责任。

上述三种责任可单处，也可并处。通常因违约和过失可能使注册会计师负行政责任和民事责任，因欺诈可能会使注册会计师负民事责任和刑事责任。

（三）会计师事务所和注册会计师避免法律诉讼的措施

1．审慎选择客户

注册会计师在选择客户时一定要评价客户的品格。如果被审计单位没有诚实正直的品格，必然会蒙骗注册会计师，使注册会计师落入它们的圈套。注册会计师还要对陷入财务困境的客户要特别注意。周转不灵或面临破产的公司，其股东或债权人总想为他们的损失寻找替罪羊。

2．与委托人签订业务约定书

按照规定，注册会计师承办业务时，会计师事务所应与委托人签订业务约定书。业务约定书具有合同性质，具有法律效力，它是确定双方责任和义务的重要文件。

3．严格遵循职业道德和专业标准的要求

我们不能苛求注册会计师对于财务报表中的所有错报事项都承担法律责任。保持良好的职业道德，严格遵循专业标准，对于避免法律诉讼和保护注册会计师极为重要。

4．建立、健全会计师事务所质量控制制度

会计师事务所必须建立和健全一套科学严密的质量控制制度，并把这套制度推行到每一个人、每一个部门和每一项业务，保证注册会计师能够按照专业标准的要求执业，以保证整个会计师事务所的业务质量。

5．提取风险基金或购买责任保险

职业责任保险作为一种风险转嫁的手段，以缴纳保险费为代价，将风险转嫁给保险人承担，这不仅可以使投保的会计师事务所免受灭顶之灾，有利于注册会计师行业的生存和发展，而且能维护遭受损失的广大报表使用者的正当权益，维护正常的社会经济秩序。

6．聘请律师

会计师事务所应尽可能聘请熟悉相关法规及注册会计师法律责任的律师。在执业过程中，如果遇到重大法律问题，注册会计师应与本所的律师或外聘律师详细讨论所有潜在的威胁，并仔细考虑律师的建议。

思考与练习

一、单选题

1．在下列情形中，注册会计师不被视为违反保密职业道德的是（　　）。

A．发现被审计单位在相当长时期内无任何支付能力，将此告诉正在与被审计单位洽

谈一笔大额贷款事项的银行，以避免银行遭受损失

B．发现被审计单位中层管理人员舞弊后直接向监察部门打举报电话，请其出面查处

C．司法部门调查被审计单位，依法要求注册会计师出庭做证时注册会计师透露被审计单位的有关情况

D．因与其他会计师事务所的注册会计师交流经验的需要而介绍被审计单位的有关情况

2．下列各项中，属于注册会计师违反职业道德规范行为的是（　　）。

A．注册会计师应按照业务约定和专业准则的要求完成委托业务

B．注册会计师应当对执行业务过程中知悉的商业秘密保密，并不得利用其为自己或他人谋取利益

C．除有关法规允许的情形外，会计师事务所不得以或有收费形式为客户提供各种鉴证服务

D．注册会计师可以对其能力进行广告宣传，但不得诋毁同行

3．被审计单位的内部控制设计良好，但由于有关人员串通舞弊使其失效，因此审计人员未能查出此类差错或舞弊，通常被认为负有的责任是（　　）。

A．普通过失　　B．重大过失

C．欺诈　　D．违约

4．被审计单位出现重大的错报，注册会计师按通常的程序可以发现，但由于缺乏足够的职业谨慎未能查出重大错报，属于（　　）。

A．没有过失或普通过失　　B．重大过失

C．欺诈　　D．违约

5．如果会计师事务所坚持不同意审计客户对某项交易的会计处理，审计客户可能不将计划中的非鉴证服务合同提供给该会计师事务所，该情形将（　　）因素导致对职业道德基本原则产生不利影响。

A．密切关系　　B．自身利益

C．自我评价　　D．外在压力

二、多项选择题

1．注册会计师的下列行为违反职业道德的有（　　）。

A．甲注册会计师在审计过程中知悉客户A的经营状况不良，劝持有A公司股票的朋友乙出售其股票，避免损失。

B．丙注册会计师同时在两家事务所任职

C．丁注册会计师分发给客户的名片上说明自己的父亲是某财政局局长

D．戊注册会计师接受客户赠送的贺年礼品，价值2000元

2．甲注册会计师完成了对甲股份公司2006年度的会计报表审计工作后，下列组织和个人对注册会计师的审计工作进行询问或调查，按照职业道德的要求，甲应予回答的有（　　）。

A．注册会计师协会监管部门　　B．甲股份公司所在地省检察院

C．证券监督委员会　　D．持有甲股份公司股票的注册会计师

3．审计人员的法律责任包括（　　）。

A．未能履行合约条款，给客户造成损失

B．未能保持应有的职业谨慎，出具了不恰当的审计报告，给投资者造成损失

C．故意不作充分披露，出具不恰当的审计报告给投资者造成损失

D．在审计范围受到被审计单位管理人中的严重限制情况下出具无法表示意见的审计报告

4．下列属于普通过失的有（　　）。

A．会计报表存在多处不重大错报，但综合起来使报表严重失实，注册会计师未能揭示该类不重大错报

B．被审计单位的内部控制存在重大弱点，注册会计师在进行内部控制测试后未能扩大实质性测试的范围，致使未能查出重大错报。

C．被审计单位的内部控制设计良好，但由于有关人员串通舞弊使其失效，因此审计人员未能查出此类差错或舞弊

D．注册会计师与被审计单位串通作不实披露

5．注册会计师可能承担的法律责任有（　　）。

A．行政责任　　B．违约

C．刑事责任　　D．民事责任

6．属于注册会计师避免法律诉讼的对策有（　　）。

A．建立职业风险基金　　B．出具管理建议书

C．审慎选择被审计单位　　D．深入了解被审计单位业务

三、案例分析题

1．×银行拟申请公开发行股票，委托新光会计师事务所审计其 2015 年度、2016 年度和 2017 年度会计报表，双方于 2018 年年底签订审计业务约定书。假定新光会计师事务所及其审计小组成员与×银行存在以下情况：

（1）新光会计师事务所与×银行签订的审计业务约定书约定：审计费用为 1500000 元，×银行在新光会计师事务所提交审计报告时支付 50%的审计费用，剩余 50%视股票能否发行上市决定是否支付。

（2）2016 年 7 月，新光会计师事务所按照正常借款程序和条件，向×银行以抵押贷款方式借款 1000000 元，用于购置办公用房。

（3）新光会计师事务所的合伙人 A 注册会计师目前担任×银行独立董事。

（4）审计小组负责人 B 注册会计师 2014 年曾担任×银行的审计部经理。

（5）审计小组成员 C 注册会计师自 2016 年以来一直协助×银行编制会计报表。

（6）审计小组成员 D 注册会计师的妻子自 2014 年度起一直担任×银行的统计员。

要求：请根据上述六种情况，判断新光会计师事务所或相关注册会计师的独立性是否会受到损害，并简要说明理由。

2．2021 年，国内某知名电视台播放了上海某事务所的广告，其大致内容为："该所为全国第一家中外合作会计师事务所，净资产××万元，号称'千人所'，聚集了全国注册会计师精英，该所将于近日开业，谨向多年来支持该所工作的有关政府机构和曾与该所合作的国内外各界朋友致以深切的谢意，并愿继续竭诚为各界人士、各国客商提供会计、审计、企业咨询、税务等方面世界一流的专业服务。"但该广告第二天便停播了，电视台称该广告并未违反广告法。请你说说该广告为什么会停播。

（1）简述职业道德中注册会计师对客户、对同行应承担的责任。

（2）担任审计工作的注册会计师应当具备哪些专业胜任能力？

任务三　管理层认定与审计目标

【知识与能力目标】

1．能够对管理层认定与具体审计目标进行分类和解读

2．能够对给出的具体事例进行分析，判断属于哪个管理层认定

3．能够解释被审计单位管理层与审计具体目标的关系

【素质目标】

1．培养学生树立正确的科学观

2．对审计目标建立审慎的审计观

【教学要点】

1．与交易和事项相关的认定和由其得出的审计目标

2．与期末账户余额相关的认定和由其得出的审计目标

3．与列报相关认定和由其得出的审计目标

【教学内容】

一、被审计单位管理层的认定

认定是指管理层对财务报表组成要素的确认、计量、列报做出的明确或隐含的表达。认定与审计目标密切相关，注册会计师的基本职责就是确定被审计单位管理层对其财务报表的认定是否恰当。

管理层在财务报表上的认定有些是明确表达的，有些则是隐含表达的。例如，管理层在资产负债表中列报存货及其金额，意味着作出了下列明确的认定：（1）记录的存货是存在的；（2）存货以恰当的金额包括在财务报表中，与之相关的计价或分摊调整已恰当记录。

同时，管理层也作出下列隐含的认定：（1）所有应当记录的存货均已记录；（2）记录的存货都由被审计单位拥有。

管理层对财务报表各组成要素均做出了认定，注册会计师的审计工作就是要确定管理层的认定是否恰当。

（一）与各类交易和事项相关的认定

注册会计师对所审计期间的各类交易和事项运用的认定通常分为下列类别。

1．发生

记录的交易和事项已发生，且与被审计单位有关。

2．完整性

所有应当记录的交易和事项均已记录。

3．准确性

与交易和事项有关的金额及其他数据已恰当记录。

4．截止

交易和事项已记录于正确的会计期间。

5．分类

交易和事项已记录于恰当的账户。

（二）与期末账户余额相关的认定

注册会计师对期末账户余额运用的认定通常分为下列类别。

1．存在

记录的资产、负债和所有者权益是存在的。

2．权利和义务

记录的资产由被审计单位拥有或控制，记录的负债是被审计单位应当履行的偿还义务。

3．完整性

所有应当记录的资产、负债和所有者权益均已记录。

4．计价和分摊

资产、负债和所有者权益以恰当的金额包括在财务报表中，与之相关的计价或分摊调整已恰当记录。

（三）与列报相关的认定

注册会计师对列报运用的认定通常分为下列类别。

1. 发生以及权利和义务

披露的交易、事项和其他情况已发生。且与被审计单位有关。

2. 完整性

所有应当包括在财务报表中的披露均已包括。

3. 分类和可理解性

财务信息已被恰当地列报和描述，且披露内容表述清楚。

4. 准确性和计价

财务信息和其他信息已公允披露，且金额恰当。

二、具体审计目标

注册会计师了解了认定，就很容易确定每个项目的具体审计目标，并以此作为评估重大错报风险以及设计和实施进一步审计程序的基础。

（一）与各类交易和事项相关的审计目标

1. 真实性

由发生认定推导的审计目标是确认已记录的交易是真实的。例如，如果没有发生销售交易，但在销售日记账中记录了一笔销售，则违反了该目标。

发生认定所要解决的问题是管理层是否把那些不曾发生的项目列入财务报表，它主要与财务报表组成要素的高估有关。

2. 完整性

由完整性认定推导的审计目标是确认已发生的交易确实已经记录。例如，如果发生了销售交易，但没有在销售明细账和总账中记录，则违反了该目标。

发生和完整性两者强调的是相反的关注点。发生目标针对潜在的高估，而完整性目标则针对漏记交易（低估）。

3. 准确性

由准确性认定推导出的审计目标是确认已记录的交易是按正确金额反映的。例如，如果在销售交易中，发出商品的数量与账单上的数量不符，或是开账单时使用了错误的销售价格，或是账单中的乘积或加总有误，或是在销售明细账中记录了错误的金额，则违反了该目标。

准确性与发生、完整性之间存在区别。例如，若已记录的销售交易是不应当记录的（如发出的商品是寄销商品），则即使发票金额是准确计算的，仍违反了发生目标。再如，若已入账的销售交易是对正确发出商品的记录，但金额计算错误，则违反了准确性目标，但没有违反发生目标。在完整性与准确性之间也存在同样的关系。

4. 截止

由截止认定推导出的审计目标是确认接近于资产负债表日的交易记录于恰当的期间。例如，如果本期交易推到下期，或下期交易提到本期，均违反了截止目标。

5. 分类

由分类认定推导出的审计目标是确认被审计单位记录的交易经过适当分类。例如，如果将现销记录为赊销，将出售经营性固定资产所得的收入记录为营业收入，则导致交易分类的错误，违反了分类的目标。

（二）与期末账户余额相关的审计目标

1. 存在

由存在认定推导的审计目标是确认记录的金额确实存在。例如，如果不存在某顾客的应收账款，在应收账款明细表中却列入了对该顾客的应收账款，则违反了存在目标。

2. 权利和义务

由权利和义务认定推导的审计目标是确认资产归属于被审计单位，负债属于被审计单位的义务。例如，将他人寄售商品列入被审计单位的存货中，违反了权利目标；将不属于被审计单位的债务记入账内，违反了义务目标。

3. 完整性

由完整性认定推导的审计目标是确认已存在的金额均已记录。例如，如果存在某顾客的应收账款，在应收账款明细表中却没有列入对该顾客的应收账款，则违反了完整性目标。

4. 计价和分摊

资产、负债和所有者权益以恰当的金额包括在财务报表中，与之相关的计价或分摊调整已恰当记录。

（三）与列报相关的审计目标

各类交易和账户余额的认定正确只是为列报正确打下了必要的基础。财务报表还可能因被审计单位误解有关列报的规定或舞弊等而产生错报。另外，还可能因被审计单位没有遵守一些专门的披露要求而导致财务报表错报。即使注册会计师审计了各类交易和账户余额的认定，实现了各类交易和账户余额的具体审计目标，也不意味着获取了足以对财务报表发表审计意见的充分、适当的审计证据。因此，注册会计师还应当对各类交易、账户余额及相关事项在财务报表中列报的正确性实施审计。

1. 发生及权利和义务

将没有发生的交易、事项，或与被审计单位无关的交易和事项包括在财务报表中，则违反该目标。例如，复核董事会会议记录中是否记载了固定资产抵押等事项，询问管理层固定资产是否被抵押，即是对列报的权利认定的运用。如果抵押固定资产则需要在财务报表中列报，说明其权利受到限制。

2．完整性

如果应当披露的事项没有包括在财务报表中，则违反该目标。例如，检查关联方和关联交易，以验证其在财务报表中是否得到充分披露，即是对列报的完整性认定的运用。

3．分类和可理解性

财务信息已被恰当地列报和描述，且披露内容表述清楚。例如，检查存货的主要类别是否已披露，是否将一年内到期的长期负债列为流动负债，即是对列报的分类和可理解性认定的运用。

4．准确性和计价

财务信息和其他信息已公允披露，且金额恰当。例如，检查财务报表附注是否分别对原材料、在产品和产成品等存货成本核算方法做了恰当说明，即是对列报的准确性和计价认定的运用。

思考与练习

一、单项选择题

1．某公司将 2010 年度的主营业务收入列入 2009 年度的财务报表，则其 2009 年度财务报表中存在错误的认定是（　　）。

A．权利和义务　　B．计价和分摊

C．发生　　D．完整性

2．为证实被审单位对于“销售业务的准确性”认定，注册会计师所实施的下列实质性程序中，效果可能最差的是（　　）。

A．将所选择的销售业务笔数与应收账款和销售发票存根的张数进行比较

B．将销售发票上所列的单价与经过批准的商品价目表进行比较核对，其金额小计和合计数也要进行验算

C．将发票上列出的商品的规格、数量和顾客代号等与发票凭证进行核对

D．将销售单上批准赊销的数量与发货凭证上列示的数量相核对，并将顾客订货单和销售单中的商品数相核对

3．在被审计单位发生的下列事项中，违反管理层对所属项目的“准确性”“计价和分摊”认定的是（　　）。

A．未将向外单位拆借的 120 万元款项列入所属项目中

B．将经营租赁的固定资产原值 80 万元计入固定资产账户中

C．将应付天成公司的款项 180 万元记入某公司名下

D．将应收账款 200 万元记为 160 万元

4．在以下有关期末存货的监盘程序中，与测试存货盘点记录的完整性不相关的是（　　）。

A．从存货盘点记录中选取项目追查至存货实物

B．从存货实物中选取项目追查至存货盘点记录

C．在存货盘点过程中关注存货的移动情况

D．在存货盘点结束前再次观察盘点现场

5．天成公司的下列事项中，涉及分类和可理解性认定的是（　　）。

A．向某公司拆借的款项，未列入账中

B．将一台经营用租赁设备列为企业固定资产

C．将应收账款乙公司一笔货款 50 万元记为 100 万元

D．将预收账款列示于资产负债表应收账款项目

二、多选题

1．审查上市公司财务报表的（　　）项目时，注册会计师应侧重验证“存在”认定。

A．存货　　B．短期借款

C．应收账款　　D．现金

2．注册会计师所确定的以下具体审计目标中，（　　）是根据管理层关于完整性认定推论得出的。

A．主营业务收入明细账余额合计是否与总账余额相符

B．存货是否已适当地计提跌价损失准备

C．存放在其他企业的存在是否包括在存货项目内

D．有关短期借款的入账是否及时

3．对存货项目而言，甲注册会计师能够根据被审单位管理层的计价和分摊认定推论得出的具体审计目标是（　　）。

A．存货入账的期间是恰当的

B．存货项目的合计数与总账一致

C．存货的所有权是明确的

D．可变现净值减少时已作适当冲减

4．截止测试的目的主要是确定被审计单位的交易是否已计入恰当的会计期间。它与管理层对财务报表的（　　）认定相关。

A．存在或发生　　B．完整性

C．截止　　D．表达与披露

5．下列（　　）程序是对财务报表列报的分类和可理解性认定的运用。

A．检查存货的主要类别是否已披露

B．检查是否将 1 年内到期的长期负债列为流动负债

C. 检查存货是否计提了足够的跌价准备

D. 检查是否将1年内到期的长期债券投资列为流动资产

三、案例分析题

下表列示了会计报表审计的具体审计目标，其中包括一般审计目标和应收账款相关审计目标。请根据认定、一般审计目标和报表项目具体审计目标的相互关系，在所附表格的适当位置填列（审计目标用英文大写字母填列）。

（1）与一般审计目标正确对应的被审计单位管理当局认定；

（2）与一般审计目标正确对应的应收账款各相关。

表3-1　会计报表审计的具体审计目标

一般审计目标	应收账款相关审计目标
总体合理性	A. 应收账款以其账面价值在资产负债表内列示
真实性	B. 应收账款的增减与公司销售业务和回款进度存在逻辑关系，无迹象表明有重大错报
完整性	C. 年末销售截止是恰当的
所有权	D. 应收账款已恰当地按客户名称予以分类
估价	E. 应收账款总额余额与各明细账余额合计一致
截止	F. 所有符合销售收入确认条件的赊销金额已计入应收账款
机械准确性	G. 所有应收账款均已按既定的会计政策计提坏账准备
披露	H. 资产负债表日，所有已记录的应收账款存在
分类	I. 所有大额应收账款已通过函证和其他程序被证实属于公司

附表：

管理当局认定	一般审计目标	应收账款相关审计目标
	总体合理性	
	真实性	
	完整性	
	所有权	
	估价	
	截止	
	机械准确性	
	披露	
	分类	

任务四　审计证据的收集和整理

【知识与能力目标】

1. 能够掌握审计证据的含义
2. 能够对审计证据进行正确的分类
3. 能够解释审计证据充分性和适当性的含义
4. 能够对给出的具体事例进行分析，判断审计证据是否充分和适当

【素质目标】

1. 让学生深刻认识到充分适当审计证据对客观公正审计意见的重要性
2. 培养学生树立谨慎执业、勤勉尽责的职业观
3. 培养学生树立敬业的职业道德观念

【教学要点】

1. 掌握审计证据的特征
2. 掌握审计证据的收集方法

【教学内容】

一、审计证据的含义

《中国注册会计师审计准则第1301号——审计证据》对审计证据的含义进行了规定。审计证据是指注册会计师为了得出审计结论、形成审计意见而使用的所有信息，包括财务报表依据的会计记录中含有的信息和其他信息。

依据会计记录编制财务报表是被审计单位管理层的责任，注册会计师应当测试会计记录以获取审计证据。财务报表依据的会计记录一般包括对初始分录的记录和支持性记录，如支票、电子资金转账记录、发票、合同、总账、明细账、记账凭证和未在记账凭证中反映的对财务报表的其他调整，以及支持成本分配、计算、调节和披露的手工计算表和电子数据表。上述会计记录是编制财务报表的基础，构成注册会计师执行财务报表审计业务所需获取的审计证据的重要部分。

可用作审计证据的其他信息包括注册会计师从被审计单位内部或外部获取的会计记录以外的信息，如被审计单位会议记录、内部控制手册、询证函的回函、分析师的报告、与竞争者的比较数据等；通过询问、观察和检查等审计程序获取的信息，如通过检查存货获取存货存在性的证据等；以及自身编制或获取的可以通过合理推断得出结论的信息，如注册会计师编制的各种计算表、分析表等。

财务报表依据的会计记录中包含的信息和其他信息共同构成了审计证据，两者缺一不可。

收集和评价审计证据是注册会计师得出审计结论、支撑审计意见的基础。注册会计师应当获取充分、适当的审计证据，以得出合理的审计结论，作为形成审计意见的基础。

二、审计证据的分类

审计证据有多种多样，它们的可靠性并不是千篇一律的，有些审计证据的可靠性相对强一些，有些则差一些，为便于审计人员能够正确、科学地研究和有效地利用审计证据，按审计证据的外形特征，可分为以下四种类型。

（一）实物证据

实物证据就是在审计对象作为实物（现金、有价证券、库存资产等）形态而存在的情况下，通过查明其实在性而取得的证据。也就是通过审计人员的直接观察、实地调查而获得的被审单位（人员）的工作情况、财产状况和诸如此类的审计证据资料。实物证据通常与存货和现金有关，也适用于有价证券、应收票据以及固定资产等。实地盘点某类资产是确定其存在和数量的最佳实物证据，因为实物本身就具有很大的可靠性。但实地盘点通常只能确认其数量、完好程度，无法确定其归属、质量以及报表中相应项目的计价是否合理、适当。因此，在使用实物证据的同时，通常还应配合其他证据。

（二）书面证据

书面证据就是在审计对象作为一定审计项目的会计记录（会计账簿、各种计算书和明细表、记账凭证等）凭证、各种会计记录、各种合同、通知书、报告书等。通过查明上述文件记载的内容是否正确而取得的证据，也就是审计人员在审核被审单位经济活动的有关文件时获得的证据资料。这类证据是审计证据中最大量、最基本的证据，是审计证据的主体，也可以称为基本证据。文件证据的价值如何，要看取得它的途径。一般而言，从企业内部得到的证据，其可靠性就小于由企业外部得到的证据。

（三）口头证据

口头证据是指审计人员本人无法亲眼看到或亲临现场查到的而向所发生情况或事件的见证人收集来的意见、看法、说明及答复等口头陈述资料。由于口头证据是某些人感觉到的有关现实世界的事物，并告知给审计人员，因此也称口头证据为做证证据。由于口头证据常常带有证明者的个人感情色彩、偏见和意见倾向，因此证明力较小。在收集口头证据时，特别要注意证明人与被审单位之间的关联关系。口头证据往往可以提供进一步审查的线索，或为其他证据提供佐证。

（四）环境证据

环境证据也称状况证据，指对被审单位经济活动产生影响的各种环境事实。具体来说应包括以下几种：（1）有关内部控制制度、会计机构和人员的情况；（2）有关管理制度、管理

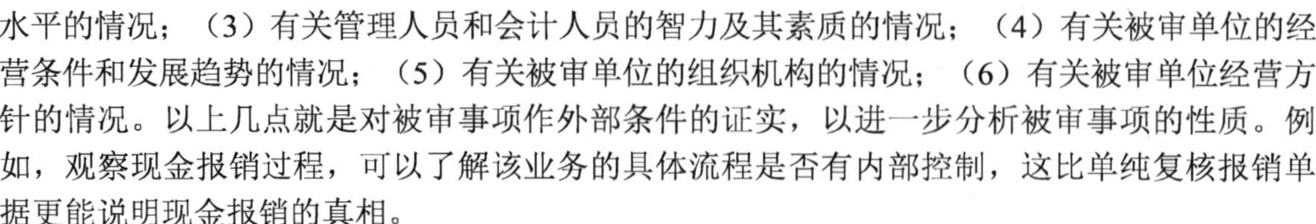

水平的情况；（3）有关管理人员和会计人员的智力及其素质的情况；（4）有关被审单位的经营条件和发展趋势的情况；（5）有关被审单位的组织机构的情况；（6）有关被审单位经营方针的情况。以上几点就是对被审事项作外部条件的证实，以进一步分析被审事项的性质。例如，观察现金报销过程，可以了解该业务的具体流程是否有内部控制，这比单纯复核报销单据更能说明现金报销的真相。

三、审计证据的特性

（一）审计证据的充分性

审计证据的充分性是对审计证据数量的衡量，主要与注册会计师确定的样本量有关。例如，对某个审计项目实施某一选定的审计程序，从 200 个样本中获得的证据要比从 100 个样本中获得的证据更充分。

注册会计师需要获取的审计证据的数量受错报风险的影响。错报风险越大，需要的审计证据可能越多。例如，注册会计师对某电脑公司进行审计，经过分析认为，受被审计单位行业性质的影响，存货陈旧的可能性相当高，存货计价的错报可能性就比较大。为此，注册会计师在审计中，就要选取更多的存货样本进行测试，以确定存货陈旧的程度，从而确认存货的价值是否被高估。

（二）审计证据的适当性

审计证据的适当性是对审计证据质量的衡量，包括相关性和可靠性。

1．相关性

审计证据是否相关必须结合具体审计目标来考虑。在确定审计证据的相关性时，注册会计师应当考虑以下内容。

（1）特定的审计程序可能只为某些认定提供相关的审计证据，而与其他认定无关。

（2）针对同一项认定可以从不同来源获取审计证据或获取不同性质的审计证据。

（3）只与特定认定相关的审计证据并不能替代与其他认定相关的审计证据。

2．可靠性

审计证据的可靠性受其来源和性质的影响，并取决于获取审计证据的具体环境。注册会计师在判断审计证据的可靠性时，通常会考虑下列原则。

（1）从外部独立来源获取的审计证据比从其他来源获取的审计证据更可靠。从外部独立来源获取的审计证据未经被审计单位有关职员之手，从而减少了伪造、更改凭证或业务记录的可能性，因而其证明力最强。此类证据如银行询证函回函、应收账款询证函回函、保险公司等机构出具的证明等。相反，从其他来源获取的审计证据，由于证据提供者与被审计单位存在经济或行政关系等，其可靠性应受到质疑。此类证据如被审计单位内部的会计记录、会议记录等。

（2）内部控制有效时内部生成的审计证据比内部控制薄弱时内部生成的审计证据更可靠。如果被审计单位有着健全的内部控制且在日常管理中得到一贯的执行，会计记录的可信赖程度将会增加。如果被审计单位的内部控制薄弱，甚至不存在任何内部控制，被审计单位内部凭证记录的可靠性就大为降低。例如，如果与销售业务相关的内部控制有效，注册会计师就能从销售发票和发货单中取得比内部控制不健全时更加可靠的审计证据。

（3）直接获取的审计证据比间接获取或推论得出的审计证据更可靠。例如，注册会计师观察某项内部控制的运行得到的证据比询问被审计单位某项内部控制的运行得到的证据更可靠。间接获取的证据有被涂改及伪造的可能性，降低了可信赖程度。推论得出的审计证据，其主观性较强，人为因素较多，可信赖程度也受到影响。

（4）以文件、记录形式（无论是纸质、电子或其他介质）存在的审计证据比口头形式的审计证据更可靠。例如，会议的同步书面记录比对讨论事项事后的口头表述更可靠。口头证据本身并不足以证明事实的真相，仅仅提供一些重要线索，为进一步调查确认所用。如注册会计师在对应收账款进行账龄分析后，可以向应收账款负责人询问逾期应收账款收回的可能性。如果该负责人的意见与注册会计师自行估计的坏账损失基本一致，则这一口头证据就可成为证实注册会计师对有关坏账损失的判断的重要证据。但在一般情况下，口头证据往往需要得到其他相应证据的支持。

（5）从原件获取的审计证据比从传真件或复印件获取的审计证据更可靠。注册会计师可审查原件是否有被涂改或伪造的迹象，排除伪证，提高证据的可信赖程度。而传真件或复印件容易是变造或伪造的结果，可靠性较低。

充分性和适当性是审计证据的两个重要特征，两者缺一不可，只有充分且适当的审计证据才是有证明力的。

四、获取审计证据的审计方法

审计证据是注册会计师在执行审计业务过程中，为了得出审计结论，形成审计意见而使用的所有信息，包括财务报表依据的会计记录中含有的信息和其他信息。按其外形特征分为实物证据、书面证据、口头证据和环境证据四大类。注册会计师只有在取得充分、适当的审计证据后，才能形成合理的审计结论，形成审计意见，因此如何获取充分、适当的审计证据就成为执行审计业务中的关键。

依据《中国注册会计师审计准则第 1301 号——审计证据》的要求，注册会计师在审计过程中可以采用检查、监盘、观察、询问、函证、重新计算、重新执行和分析等审计程序获取审计证据。本部分以笔者在审计工作中所遇到的情况为例，对获取审计证据的方法作简单阐述。

（一）检查

检查包括检查记录或文件、检查有形资产。

在审计实务中，对检查记录或文件最常使用的就是检查会计记录和其他书面文件有无涂改或伪造现象。如在一次审计中，发现被审单位提供的会计资料不真实，记账凭证中有抽页替换的现象，账簿中的数据有涂改痕迹，原始凭证中所附的同一单位开具的连号报销发票中，日期在前的发票号大，日期在后的发票号小，而且票据内容填写未经复写。经查系财务人员索要空白发票后自己填写的。又如在银行对账单中有相同金额的一进一出内容，但在账簿和凭证中均无此笔业务记录，经查系其他单位借用银行账户套取现金。在不能保证会计资料的真实、合法性时，审计人员应当出具无法表示意见的审计报告。

在对某一单位的审计中，对金柜中的全部物品进行检查时，发现有一张以出纳个人名称开户的金额巨大的存折，经查系被审单位以科技经费的名义通过“技术市场”提取的技术合同酬金，未实际发放所形成的账外资金。又如在对某房地产开发企业的库存商品房进行抽查时，发现有部分未出售的商品房有人居住，甚至有部分房子已挂上了公司的牌子，经查系被审单位将部分房子出租，而租金收入未入账。

虽然检查这一审计程序比较简单，但如果认真仔细，方法得当，也是可以利用它获取不少审计证据。但通过这种程序不能保证被审计单位对资产拥有所有权，并且也不能对该资产的价值提供审计证据，有时，被审计单位对存货账实不符的原因解释为租借或委托代销（售），那么注册会计师就要在监盘之外检查其租借协议、委托代销合同等证明其所有权的凭据。

（二）观察

观察是注册会计师实地察看被审计单位的经营场所、实物资产和有关业务活动及其内部控制的执行情况等，以获取证据的方法。最常用的观察有：各项业务的会计记录和保管等方面是否有适当的职责分离；各项业务的授权和执行是否经过正确的授权审批；是否有独立稽核。

在对某一企业库存材料进行盘点时，观察了其进出库的业务流程，发现企业入库并不开具自己的入库票，而是用销货方的商品销售明细清单做替代，对此保管人员的解释为对方不要了，图省事就用作自己的入库票；出库不能做到笔笔经过领导签字审核，有时工程人员一句“工地急需”就领出了库存材料，而且对退库和换材料的情况不开出入库票，对此保管人员的解释为不能耽误工程进度，过后再补手续。但是经过对财务账的细查，发现仓库保管不但做不到进出库手续完备，而且与财务的衔接不好，造成实际的进出退库不能在财务账上一一反映，财务账与仓库保管账的库存金额有差额。这就是财务和保管的双方失职和财务保管制度不健全造成的。

在对固定资产科目进行审计时，主要是观察固定资产的使用情况，使用状态；取得和处置是否确实经过授权批准；是否建立了固定资产预算、定期盘点、维护保养制度；同时结合“在建工程”科目的审计，实地观察已交付使用但尚未办理竣工结算手续的固定资产是否已按有关规定暂估入账并计提折旧。

由于现代会计报表审计要求先了解被审计单位的内部控制，再根据了解到的情况决定进行符合性测试和实质性测试。因此，观察了解被审计单位内部控制是怎样设计和是否得到执行，就是首要完成的工作，它不仅可以加深对被审计单位经济业务的理解，更有利于执行符合性测试和实质性测试。

（三）询问及函证

询问是注册会计师对有关人员进行书面或口头询问以获取审计证据的方法。

如在监盘或抽查被审计单位的存货时，可同时向技术人员、仓库管理人员询问了解存货中属于霉烂变质、滞销积压、过期且无转让价值的存货，生产中已不再需要，并且已无使用价值和转让价值的存货及其对审计期损益的影响，并结合财务账，检查是否计提存货跌价准备。

函证是指注册会计师为印证被审计单位会计记录所载事项而向第三者发函询证的一种方法。

在进行会计报表审计时，对货币资金科目应索取被审单位银行存款对账单，或向所有的银行存款户（含外埠存款、银行汇票、银行本票存款）函证期末余额；对债权债务应分析账龄及余额构成，选取账龄长、金额大、非正常、有纠纷、关联方的项目进行函证，并根据回函情况编制函证结果汇总表。回函金额不符的，要查明原因作出记录或适当调整；未回函的可复询，如不复询可采用替代审计程序进行检查，根据替代检查结果判断其债权债务的真实性和实现能力。

（四）重新计算

重新计算是注册会计师对被审计单位记录或文件中的数据进行准确性核对。

在对某一企业的管理费用中的差旅费进行抽查时，发现记账凭证所附的机票、车票和旅费发票的合计数小于实报销数额。经查系会计和出纳联合利用报销票据较多、领导一般只签字不复核的特点，替报销人填写报销单，从而虚增报销金额套取现金，而且利用领导的信任多次将私人的消费票据混在正常工作的费用中报销。这不但是财务人员的违纪行为，更是由领导的失职造成的。

（五）分析程序

分析程序是指注册会计师通过研究不同财务数据之间以及财务数据与非财务数据之间的内在关系，对财务信息作出评价。在进行分析性复核时，对于异常变动项目，注册会计师应重新考虑其所采用的审计方法是否合适；必要时，应追加适当的审计程序，获取相应的审计证据。

例如在对一成熟餐饮企业 2022 年度的会计报表进行审计时，通过与以前年度及当年各月份的主营业务收入进行比较发现，当年的收入较往年减少较多，且当年各月份收入实现情况亦不均匀，经分析产生这一异常情况的原因是当年的疫情对于餐饮行业的收入产生重大的影响。对于像餐饮、旅游、运输业在这一非常时期的审计，就应该加大实质性测试以获取充分的审计证据。

又如在对某一企业的财务费用科目进行审计时，发现其利息支出金额过大，在成本及各项期间费用中的比例较大，与贷款的比例超过同时期银行存款利率而且未作纳税调整。经过审计发现，系被审计单位为了其关联企业多实现利润而多计的利息成本。

有时，通过分析程序的结果可以获取对被审科目的第一印象，初步确定审计重点，进而决定实质性测试的繁简。

审计程序与审计证据并非一一对应关系，一种审计程序可产生多种审计证据，而要获得某类证据，也可选用多种审计程序。比如我们要验证应收账款余额的真实性，既可以通过函证获取外部书面证据来证实，又可以通过“检查”“重新计算”原始凭证和会计记录达到目的。

注册会计师获取了一定数量审计证据后，还不能直接形成意见，要对分散的、个别的审计证据进行整理和分析，通过加工整理将原始状态的证据变成有序的、系统的、彼此联系的审计证据，从而对被审计单位得出较为恰当的审计结论，形成正确的审计意见。

思考与练习

一、单项选择题

1．在执行审计程序后获取的审计证据，以下操作正确的是（　　）。

A．审计员小张获取企业固定资产盘点报告，用来证实固定资产是属于被审计单位

B．审计员小李获取企业提供的对账单，并以此来证实银行存款的存在

C．审计员小王通过询问管理层及各部门管理人员和主要员工相关的内部控制，以此认为内部控制运行有效

D．审计员小肖对应收账款进行发函，并对函证整个程序进行控制，最后得到回函，以此认为应收账款期末余额存在

2．以下哪种证据可靠性最高（　　）。

A．出库单　　B．工资计算表

C．签收单　　D．企业征信报告

3．关于审计证据的适当性与审计证据的质量说法正确的是（　　）。

A．相关性越高，审计的质量越高

B．可靠性越高，审计的质量越高

C．审计质量取决于数量、相关性及可靠性

D．审计证据的质量与适当性无关

4．下列关于审计证据说法正确的是（　　）。

A．如果从不同来源获取的审计证据或获取的不同性质的审计证据不一致，表明审计证据可能不可靠

B．注册会计师无须鉴定审计证据的真伪

C．如果获取的审计证据越多，则可以弥补审计质量的缺陷

D．在内部来源的证据和外部证据矛盾时，注册会计师应该采用外部证据

5．以下环节无须运用分析程序的是（　　）。

A．风险评估程序　　B．控制测试

C．细节测试　　D．总体复核

6．天发股份有限公司 2018 年 7 月 1 日销售一批货物给新天地股份有限公司，2018 年 12 月 31 日未取得销售款，公司计提了 10%的坏账准备，为获取与坏账准备计价有关的审计证据，采用哪项措施最有效（　　）。

A．检查出库单　　B．检查销售发票

C．检查日后收款情况　　D．检查明细账

7．万中股份有限公司销售部经理李清华 2019 年 1 月份刚上任，原经理施雷是由于业绩压力而辞职，则选择应收账款进行函证最恰当的是哪个选项（　　）。

A.

企业询证函

北京泰禾股份有限公司：

本公司聘请的正则会计师事务所正在对本公司 2018 年财务报表进行审计，按照中国注册会计师执业准则的要求，应当询证本公司与贵公司的往来账项等事项。请列示截至 2018 年 12 月 31 日贵公司与本公司往来款项余额。回函请直接寄至正则会计师事务所。

回函地址：北京市海淀区吉祥路 24 号福兴大厦六楼正则会计师事务所

邮编：100026 电话：010-65674857 传真：010-65686425 联系人：张正和

本函仅为复核账目之用，并非催款结算。若款项在上述日期之后已经付清，仍请及时函复为盼。

1. 本公司与贵公司的往来账项列示如下：

单位：元

截止日期	贵公司欠	欠贵公司	备注
2018.12.31	0.00	10000.00	

2. 其他事项。

B.

B.

企业询证函

北京颐和实业有限公司：

本公司聘请的正则会计师事务所正在对本公司 2018 年财务报表进行审计，按照中国注册会计师执业准则的要求，应当询证本公司与贵公司的往来账项等事项。请列示截至 2018 年 12 月 31 日贵公司与本公司往来款项余额。回函请直接寄至正则会计师事务所。

回函地址：北京市海淀区吉祥路 24 号福兴大厦六楼正则会计师事务所

邮编：100026 电话：010-65674857 传真：010-65686425 联系人：张正和

本函仅为复核账目之用，并非催款结算。若款项在上述日期之后已经付清，仍请及时函复为盼。

1. 本公司与贵公司的往来账项列示如下：

单位：元

截止日期	贵公司欠	欠贵公司	备注
2018.12.31	2000.00	4000.00	与上年底相比没有变化

2. 其他事项。

C.

企业询证函

上海慧达贸易有限公司：

本公司聘请的正则会计师事务所正在对本公司 2018 年财务报表进行审计，按照中国注册会计师执业准则的要求，应当询证本公司与贵公司的往来账项等事项。请列示截至 2018 年 12 月 31 日贵公司与本公司往来款项余额。回函请直接寄至正则会计师事务所。

回函地址：北京市海淀区吉祥路 24 号福兴大厦六楼正则会计师事务所

邮编：100026 电话：010-65674857 传真：010-65686425 联系人：张正和

本函仅为复核账目之用，并非催款结算。若款项在上述日期之后已经付清，仍请及时函复为盼。

1. 本公司与贵公司的往来账项列示如下：

单位：元

截止日期	贵公司欠	欠贵公司	备注
2018.12.31	50000.00	0.00	

2. 其他事项。

D.

企业询证函

厦门信达贸易有限公司：

本公司聘请的正则会计师事务所正在对本公司 2018 年财务报表进行审计，按照中国注册会计师执业准则的要求，应当询证本公司与贵公司的往来账项等事项。请列示截至 2018 年 12 月 31 日贵公司与本公司往来款项余额。回函请直接寄至正则会计师事务所。

回函地址：北京市海淀区吉祥路 24 号福兴大厦六楼正则会计师事务所

邮编：100026 电话：010-65674857 传真：010-65686425 联系人：张正和

本函仅为复核账目之用，并非催款结算。若款项在上述日期之后已经付清，仍请及时函复为盼。

1. 本公司与贵公司的往来账项列示如下：

单位：元

截止日期	贵公司欠	欠贵公司	备注
2018.12.31	1000.00	0.00	

2. 其他事项。

二、多项选择题

1．注册会计师在审计过程中获取实物证据的方法有（　　）。

A．检查　　B．函证

C．观察　　D．监盘

2．属于外部书面证据的，包括（　　）。

A．注册会计师编制的有关计算表　　B．应收账款函证回函

C．银行对账单　　D．购货发票

3．观察是注册会计师实地察看被审计单位的（　　），以获取审计证据的方法。

A．内部控制的执行情况　　B．有关业务活动

C．实物资产　　D．会计资料

4 下列各项审计证据中，属于内部证据的有（　　）。

A．被审计单位已对外报送的会计报表

B．被审计单位提供的销售合同

C．被审计单位提供的供应商开具的发票

D．被审计单位管理当局声明书

5．注册会计师判断审计证据是否充分，应当考虑下列（　　）主要因素。。

A．审计风险

B．具体审计项目的重要程度

C．审计证据的类型与获取途径

D．审计过程中是否发现错误或舞弊

三、案例分析题

1．注册会计师在对某客户审计过程中，收集到下列三组审计证据：

（1）销货发票副本与购货发票。

（2）审计助理人员盘点存货的记录与客户自编的存货盘点表。

（3）审计人员收回的应收账款函证回函与询问客户应收账款负责人的记录。

（4）银行存款余额调节表与银行对账单。

请分别说明：每组审计证据中的哪项审计证据更为可靠？为什么？

2．甲注册会计师在对 N 公司 1999 年度会计报表审计时，可采用不同的审计方法获取充分、适当的审计证据。

要求：

（1）请问甲注册会计师获取审计证据的审计方法有哪些？

（2）请问审计证据按其外形特征可分为哪几类？

（3）请将不同的审计方法所能获取的不同外形特征的审计证据填入答题卷相应的表格中。

表 4-1　不同的审计方法所能获取的不同外形特征的审计证据

审计方法	审计证据

任务五　审计工作底稿的编制

【知识与能力目标】

1. 能够解释审计工作底稿的含义
2. 能够分析评价审计工作底稿编制的规范性
3. 能够描述审计工作底稿的复核和保管要求

【素质目标】

1. 让学生深刻认识到在审计工作中规范的审计工作底稿的重要性
2. 培养学生认真严谨、一丝不苟的职业观
3. 培养学生树立客观、公正的职业道德观念

【教学要点】

1. 审计工作底稿的编制要素
2. 审计工作底稿的归档与保管

【教学内容】

一、审计工作底稿的含义和编制目的

（一）审计工作底稿的含义

审计工作底稿，是指注册会计师对制订的审计计划、实施的审计程序、获取的相关审计证据，以及得出的审计结论做出的记录。审计工作底稿是审计证据的载体，是注册会计师在审计过程中形成的审计工作记录和获取的资料。它形成于审计过程，也反映整个审计过程。

（二）编制审计工作底稿的目的

注册会计师应当及时编制审计工作底稿，以实现下列目的：一是提供充分、适当的记录，作为审计报告的基础；二是提供证据，证明其按照中国注册会计师审计准则的规定执行了审计工作。

审计工作底稿是注册会计师形成审计结论发表审计意见的直接依据。在会计师事务所因执业质量而涉及诉讼或有关监管机构进行执业质量检查时，审计工作底稿能够提供证据，证明会计师事务所是否按照审计准则的规定执行了审计工作。

及时编制审计工作底稿有助于提高审计工作的质量，便于在出具审计报告之前，对取得的审计证据和得出的审计结论进行有效复核和评价。如果时间拖延过久，注册会计师可能会遗忘某些事项，使得审计工作底稿的记录不能全面地反映注册会计师所执行的审计工作。一般情况下，在审计工作执行过程中编制的审计工作底稿比事后编制的审计工作底稿更准确。

二、审计工作底稿的性质

（一）审计工作底稿的存在形式和内容

1. 审计工作底稿的存在形式

审计工作底稿可以以纸质、电子或其他介质形式存在。在实务中，为便于复核，注册会计师可以将以电子或其他介质形式存在的审计工作底稿通过打印等方式，转换成纸质形式的审计工作底稿，并与其他纸质形式的审计工作底稿一并归档，同时，单独保存这些以电子或其他介质形式存在的审计工作底稿。

2. 审计工作底稿通常包括的内容

审计工作底稿通常包括总体审计策略、具体审计计划、分析表、问题备忘录、重大事项概要、询证函回函、管理层声明书、核对表、有关重大事项的往来信件（包括电子邮件），以及对被审计单位文件记录的摘要或复印件等。

此外，审计工作底稿通常还包括业务约定书、管理建议书、项目组内部或项目组与被审计单位举行的会议记录、与其他人士（如其他注册会计师、律师、专家等）的沟通文件及错报汇总表等。

（二）审计工作底稿的归整

对每项具体审计业务，注册会计师应当将审计工作底稿归整为审计档案。归整审计档案时，有些会计师事务所将审计档案分为永久性档案和当期档案。这一分类主要是基于具体实务中对审计档案使用的时间。

1. 永久性档案

永久性档案是指那些记录内容相对稳定，具有长期使用价值，并对以后审计工作具有重要影响和直接作用的审计档案。例如，被审计单位的组织结构、批准证书、营业执照、章程、重要资产的所有权或使用权的证明文件复印件等。若永久性档案中的某些内容已发生变化，注册会计师应当及时予以更新。为保持资料的完整性以便满足日后查阅历史资料的需要，永久性档案中被替换下的资料一般也需保留。例如，被审计单位因增加注册资本而变更了营业执照等法律文件，被替换的旧营业执照等文件可以汇总在一起，与其他有效的资料分开，作为单独部分归整在永久性档案中。

2. 当期档案

当期档案是指那些记录内容经常变化，主要供当期审计使用的审计档案。例如，总体审计策略和具体审计计划。

三、审计工作底稿的格式、内容和范围

（一）总体要求

1. 编制工作底稿应达到的要求

注册会计师编制的审计工作底稿，应当使未曾接触该项审计工作的有经验的专业人士清楚地了解下列内容：

（1）按照审计准则的规定实施的审计程序的性质、时间和范围；

（2）实施审计程序的结果和获取的审计证据；

（3）就重大事项得出的结论。

2. 确定审计工作底稿的格式、内容和范围时考虑的因素

在确定审计工作底稿的格式、内容和范围时，注册会计师应当考虑下列因素：

（1）实施审计程序的性质。通常，不同的审计程序会使得注册会计师获取不同性质的审计证据，由此注册会计师可能会编制不同格式、内容和范围的审计工作底稿。例如，注册会计师编制的有关函证程序的审计工作底稿和存货监盘程序的审计工作底稿在内容、格式及范围方面是不同的。

（2）已识别的重大错报风险。识别和评估的重大错报风险水平的不同可能导致注册会计师实施的审计程序和获取的审计证据不尽相同。例如，如果注册会计师识别出应收账款存在较高的重大错报风险，而其他应收款的重大错报风险较低，则注册会计师可能对应收账款实施较多的审计程序并获取较多的审计证据。

（3）在执行审计工作和评价审计结果时需要作出判断的范围。审计程序的选择和实施及审计结果的评价通常需要不同程度的职业判断。例如，运用非统计抽样的方法选取样本进行应收账款函证程序时，注册会计师可能基于应收账款账龄、以前的审计经验及是否为关联方欠款等因素，考虑哪些应收账款存在较高的重大错报风险，并运用职业判断在总体中选取样本，并对做出职业判断时的考虑事项进行适当的记录。因此，在作出职业判断时所考虑的因素及范围可能使注册会计师作出不同的内容和范围的记录。

（4）已获取审计证据的重要程度。注册会计师通过执行多项审计程序可能会获取不同的

审计证据，有些审计证据的相关性和可靠性较高，有些质量则较差，注册会计师可能区分不同的审计证据进行有选择性的记录，因此，审计证据的重要程度也会影响审计工作底稿的格式、内容和范围。

（5）已识别的例外事项的性质和范围。有时注册会计师在执行审计程序时会发现例外事项，由此可能导致审计工作底稿在格式、内容和范围方面的不同。例如，某个函证的回函表明存在不符事项，如果在实施恰当的追查后发现该例外事项并未构成错报，注册会计师可能只在审计工作底稿中解释发生该例外事项的原因及影响；反之。如果该例外事项构成错报，注册会计师可能需要执行额外的审计程序并获取更多的审计证据，由此编制的审计工作底稿在内容和范围方面可能有很大不同。

（6）当从已执行审计工作或获取审计证据的记录中不易确定结论或结论的基础时，记录结论或结论基础的必要性。在某些情况下，特别是在涉及复杂的事项时，注册会计师仅将已执行的审计工作或获取的审计证据记录下来，并不容易使其他有经验的注册会计师通过合理的分析，得出审计结论或结论的基础。此时注册会计师应当考虑是否需要进一步说明并记录得出结论的基础（得出结论的过程）及该事项的结论。

（7）使用的审计方法和工具。使用的审计方法和工具可能影响审计工作底稿的格式、内容和范围。例如，如果使用计算机辅助审计技术对应收账款的账龄进行重新计算时，通常可以针对总体进行测试，而采用人工方式重新计算时，则可能会针对样本进行测试，由此形成的审计工作底稿会在格式、内容和范围方面有所不同。

（二）审计工作底稿的内容和范围

通常，审计工作底稿包括下列全部或部分要素：

（1）被审计单位名称；

（2）审计项目名称；

（3）审计项目时点或期间；

（4）审计过程记录；

（5）审计结论；

（6）审计标识及其说明；

（7）索引号及编号；

（8）编制人员姓名及编制日期；

（9）复核人员姓名及复核日期；

（10）其他应说明事项。

下面分别对以上所述要素中比较重要的第（4）至第（9）项进行说明。

（三）审计过程记录

1. 记录特定项目或事项的识别特征

在记录实施审计程序的性质、时间和范围时，注册会计师应当记录测试的特定项目或事项的识别特征。

识别特征是指被测试的项目或事项表现出的征象或标志。识别特征因审计程序的性质和所测试的项目或事项不同而不同。如在对被审计单位生成的订购单进行细节测试时，注册会计师可能以订购单的日期或编号作为测试订购单的识别特征。对于需要询问被审计单位中特定人员的审计程序：注册会计师可能会以询问的时间、被询问人的姓名及职位作为识别特征；对于观察程序，注册会计师可能会以观察的对象或观察过程、观察的地点和时间作为识别特征。

2．重大事项

注册会计师应当根据具体情况判断某一事项是否属于重大事项。注册会计师应当及时记录与管理层、治理层和其他人员对重大事项的讨论，包括讨论的内容、时间、地点和参加人员。

3．记录针对重大事项如何处理矛盾或不一致的情况

如果识别出的信息与针对某重大事项得出的最终结论相矛盾或不一致，注册会计师应当记录形成最终结论时如何处理该矛盾或不一致的情况。

（四）审计结论

注册会计师恰当地记录审计结论非常重要。注册会计师需要根据所实施的审计程序及获取的审计证据得出结论，并以此作为对财务报表发表审计意见的基础。在记录审计结论时需注意，在审计工作底稿中记录的审计程序和审计证据是否足以支持所得出的审计结论。

（五）审计标识及其说明

审计工作底稿中可使用各种审计标识，但应说明其含义，并保持前后一致。以下是注册会计师在审计工作底稿中列明标识并说明其含义的例子，供参考。在实务中，注册会计师也可以依据实际情况运用更多的审计标识。

∧：纵加核对

<：横加核对

B：与上年结转数核对一致

T：与原始凭证核对一致

G：与总分类账核对一致

S：与明细账核对一致

T/B：与试算平衡表核对一致

C：已发询证函

₵：已收回询证函

（六）索引号及编号

通常，审计工作底稿需要注明索引号及顺序编号，相关审计工作底稿之间需要保持清晰的钩稽关系。在实务中。注册会计师可以按照所记录的审计工作底稿的内容层次进行编号。例如，固定资产汇总表的编号为C1。按类别列示的固定资产明细表的编号为C1－1，房屋建

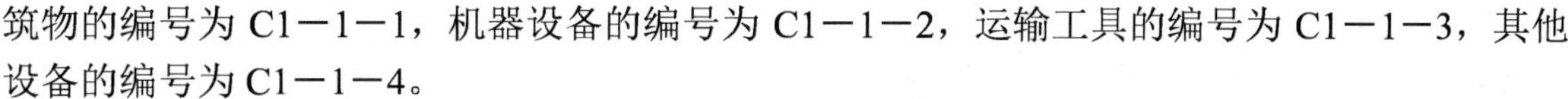

筑物的编号为 C1—1—1，机器设备的编号为 C1—1—2，运输工具的编号为 C1—1—3，其他设备的编号为 C1—1—4。

（七）编制人员和复核人员及日期

在记录实施审计程序的性质、时间和范围时，注册会计师应当记录以下内容：一是审计工作的执行人员及完成该项审计工作的日期；二是审计工作的复核人员及复核的日期和范围。

在需要项目质量控制复核的情况下，还需要注明项目质量控制复核人员及复核的日期。

通常，需要在每一张审计工作底稿上注明执行审计工作的人员和复核人员、完成该项审计工作的日期以及完成复核的日期。

审计工作底稿的格式见表 5-1。

表 5-1 审计工作底稿的格式

抽查盘点存货的工作底稿

原材料抽查盘点表

客户：W 公司　　页次：53 W/P　索引：E-2

编制人：Zjr　日期：2015.12.31

B/S 日：2015.12.31　　复核人：Esq　日期：2016.1.5

盘点标签号码	存货表号码	存货		盘点结果		差异
		号码	内容	客户	审计人员	
123	3	1-25	a	100	150	50kg
224	20	1-90	b	50	50	
367	25	2-30	c	2000	2000	
485	31	3-20	d	1200	1500	300kg
497	60	4-5	e	60	60	
503	71	6-23	f	1100	1100	
610	80	6-26	g	230	230	
720	88	7-15	h	70	70	

以上差异已由客户纠正，纠正差异后使被审计单位存货账户增加 500 元，抽查盘点的存货总价值为 50000 元，占全部存货价值的 20%。经追查至存货汇总表没有发现其他例外。我们认为错误并不重要。

四、审计工作底稿的复核

由于一张单独的审计工作底稿往往由一名注册会计师编制完成，难免造成在资料引用、专业判断和计算分类方面的误差。因此，对已经编制完成的审计工作底稿必须安排有关专业人员进行复核，以保证审计意见的正确性和审计工作底稿的规范性。会计师事务所采取三级复核制度。三级复核的具体内容见表 5-2。

表 5-2　三级复核表

项目	复核人	性质	复核对象	主要内容
一级复核	项目经理	详细复核	审计人员形成的每一张审计工作底稿	复核每一张审计工作底稿： 1. 引用资料是否翔实、可靠； 2. 所获取的审计证据是否充分、适当； 3. 审计判断是否有理有据； 4. 审计结论是否适当
二级复核	部门经理	重点复核	审计工作底稿中重要会计账项的审计，重要审计程序的执行，一级审计调整事项	1. 重点审计程序是否适当，是否得到较好实施，是否实现了审计目标； 2. 复核重点审计项目的审计证据是否充分、适当； 3. 复核审计范围是否充分； 4. 复核对建议调整的不符事项和未调整不符事项的处理是否恰当； 5. 复核审计工作底稿中重要的钩稽关系是否正确； 6. 检查审计工作中发现的问题及其对会计报表和审计报告的影响； 7. 复核已审会计报表总体上是否合理、可信
三级复核	合伙人	原则性复核	审计过程中重大的会计审计问题；重大审计调整事项及重要的审计工作底稿	1. 复核所采用的审计程序是否适当； 2. 复核审计工作底稿的充分性； 3. 复核审计过程中是否存在重大遗漏； 4. 复核审计工作是否符合会计师事务所的质量要求

五、审计工作底稿的归档

（一）审计工作底稿归档的期限

注册会计师应当按照会计师事务所质量控制政策和程序的规定，及时将审计工作底稿归整为最终审计档案。审计工作底稿的归档期限为审计报告日后 60 天内。如果注册会计师未能完成审计业务，审计工作底稿的归档期限为审计业务中止后的 60 天内。

（二）审计工作底稿的保存期限

会计师事务所应当自审计报告日起，对审计工作底稿至少保存 10 年。如果注册会计师未能完成审计业务，会计师事务所应当自审计业务中止日起，对审计工作底稿至少保存 10 年。

思考与练习

一、单项选择题

1．注册会计师对阳光股份公司进行 2018 年半年度审计，注册会计师通过风险评估及风险应对等一系列程序获取了充分、适当的审计证据，并于 6 月 15 日签署审计报告，管理层对外报出报告时间为 6 月 25 日，则该项业务的审计工作底稿最迟归档日期是（　　）。

A．2018 年 8 月 14 日　　B．2018 年 8 月 15 日

C．2018 年 8 月 24 日　　D．2018 年 8 月 25 日

2．注册会计师对五一药业股份有限公司进行财报审计，审计报告日期为 2018 年 6 月 23 日，审计截止日为 2018 年 5 月 31 日，被审计单位提交监管部门日期为 2018 年 6 月 28 日，下列有关审计底稿保存期限说法正确的是（　　）。

A．应当自 2018 年 6 月 23 日起至少保存十年

B．应当自 2018 年 5 月 31 日起至少保存十年

C．应当自 2018 年 6 月 28 日起至少保存十年

D．应当自 2018 年 6 月 29 日起至少保存十年

3．下列原始单据为各工作底稿的封面，请选择工作底稿的归档期间为正确的选项（　　）。

A．

北京合友会计师事务所工作底稿

审计工作档案封面

被审计单位：	东城股份有限公司
财务报表截止日/期间：	2021.12.31/2021
审计档案类别：	当期档案/永久档案
审计意见类型：	标准无保留意见
项目负责人：	林小超
审计报告日期：	2022.03.01
审计工作档案页码：	345 页

送档人：赵巍　　送档时间：2022.03.04

收档人：任军　　收档时间：2022.07.09

B.

北京合友会计师事务所工作底稿

审计工作档案封面

被审计单位：	东城股份有限公司
财务报表截止日/期间：	2021.12.31/2021
审计档案类别：	当期档案/永久档案
审计意见类型：	标准无保留意见
项目负责人：	林小超
审计报告日期：	2022.03.01
审计工作档案页码：	345 页

送档人：	赵巍	送档时间：	2022.03.04
收档人：	任军	收档时间：	2022.06.09

C.

北京合友会计师事务所工作底稿

审计工作档案封面

被审计单位：	东城股份有限公司
财务报表截止日/期间：	2021.12.31/2021
审计档案类别：	当期档案/永久档案
审计意见类型：	标准无保留意见
项目负责人：	林小超
审计报告日期：	2022.03.01
审计工作档案页码：	345 页

送档人：	赵巍	送档时间：	2022.03.04
收档人：	任军	收档时间：	2022.03.09

D.

北京合友会计师事务所工作底稿

审计工作档案封面

被审计单位：	东城股份有限公司
财务报表截止日/期间：	2021.12.31/2021
审计档案类别：	当期档案/永久档案
审计意见类型：	标准无保留意见
项目负责人：	林小超
审计报告日期：	2022.03.01
审计工作档案页码：	345 页
送档人：赵巍	送档时间：2022.03.04
收档人：任军	收档时间：2022.05.09

4．下面有关审计工作底稿叙述不正确的是（　　）。

A．审计业务约定书属于长期档案

B．审计工作底稿的复核施行三级复核制

C．应收账款函证的回函属于当期档案

D．审计工作底稿是审计过程中所形成的工作草稿

5．根据《中国注册会计师审计准则第 1131 号——审计工作底稿》的相关规定，下列各项中属于泄露被审计单位商业秘密的是（　　）。

A．未经委托人同意，允许法院查阅有关审计工作底稿

B．未经委托人同意，允许政府审计部门派出的检查组查阅审计工作底稿

C．未经委托人同意，允许注册会计师协会执业检查组查阅审计工作底稿

D．未经委托人同意，允许审计其母公司的注册会计师调阅审计工作底稿

二、多项选择题

1．审计工作底稿通常包括（　　）。

A．总体审计策略　　B．询证函

C．管理建议书　　D．重复的文件记录

2．审计工作底稿的复核要点包括（　　）。

A．所引用的有关资料是否翔实可靠

B．所获取的审计证据是否充分适当

C．审计判断是否有理有据

D．审计结论是否恰当

3．下列审计工作底稿中，应该归入永久性档案管理的有（　　）。

A．被审计单位的设立批准证书、营业执照副本

B．相关内部控制及其调查和平价记录

C．资产、负债、权益、损益类项目实质性测试记录

D．审计报告、管理建议书

4．根据审计工作底稿的性质，下列各项中不应当形成审计工作底稿的有（　　）。

A．注册会计师对被审计单位重要性进行初步思考的记录

B．被审计单位在按照审计建议进行重大调整之前的未审财务报表

C．项目组内部的会议记录

D．注册会计师从被审计单位不同部门获取的多份同一文件

5．通常，审计工作底稿需要注明索引号及顺序编号，下列说法中，正确的有（　　）。

A．不必每张表或记录都编写索引号

B．利用计算机编制工作底稿时，可以采用电子链接或索引

C．如果若干页的审计工作底稿记录同一性质的具体审计程序或事项，并且编制在同一个索引号中，可以仅在第一页中记录执行人员和复核人员

D．在实务中，注册会计师可以按照所记录的审计工作的内容层次进行编号

三、案例分析题

A注册会计师负责审计甲公司2017年度财务报表。与审计工作底稿相关的部分事项如下：

（1）A注册会计师拟利用2016年度审计中获取的有关舞弊导致重大错报风险的控制运行有效性的审计证据，将信赖这些控制的理由和结论记录于审计工作底稿。

（2）A注册会计师在具体审计计划中记录拟对应收账款采用综合性方案，因在测试控制时发现相关控制运行无效，将其改为实质性方案，重新编制具体审计计划工作底稿，并替代原具体审计计划工作底稿。

（3）A注册会计师在审计工作底稿归档之后收到了一份应收账款询证函回函原件，于是用原件替换审计档案中的回函传真件。

（4）审计报告日后，A注册会计师对在审计报告日前收到的应收账款询证函回函中存在的差异进行调查，确认其金额和性质均不重大，并记录于审计工作底稿。

（5）审计报告日期为2018年4月18日。A注册会计师于2018年4月20日将审计报告提交给甲公司管理层，并于2018年6月19日完成审计工作底稿的归档工作。

要求：针对上述第（1）至第（5）项，逐项指出A注册会计师的做法是否恰当。如不恰当，简要说明理由。

任务六　重要性水平的确定

【知识与能力目标】

1. 能够解释审计重要性的含义
2. 能够掌握审计重要性水平的确定方法

【素质目标】

1. 培养学生能根据不同情况确定重要性水平的能谋善断的职业素养
2. 培养学生对待审计工作小心谨慎、一丝不苟的职业态度

【教学要点】

1. 重要性的含义
2. 重要性水平的确定方法

【教学内容】

审计重要性是审计学的一个基本概念，审计重要性概念的运用贯穿于整个审计过程。在计划审计工作时，注册会计师应当考虑导致财务报表发生重大错报的原因，并应当在了解被审计单位及其环境的基础上，确定一个可接受的重要性水平，即首先为财务报表层次确定重要性水平，以发现在金额上重大的错报。同时，注册会计师还应当评估各类交易、账户余额及列报认定层次的重要性。以便确定进一步审计程序的性质、时间和范围，将审计风险降至可接受的低水平。在确定审计意见类型时，注册会计师也需要考虑重要性水平。

一、重要性的含义

重要性是指被审计单位会计报表中错报或漏报的严重程度，这一程度在特定的环境下可能影响会计报表使用者的判断或决策。要想正确理解重要性概念必须注意以下几点。

（一）重要性概念是针对会计报表使用者决策而言的

某项错报或漏报是否重要不是针对审计人员而言的，而是针对会计报表使用者决策而言的。若某项错报或漏报影响会计报表使用者的决策了，那么它就是重要的；反之，就是不重要的。

（二）重要性的判断离不开特定环境

影响重要性判断的因素是多方面的，不同企业面临的环境不同，因而判断重要性的标准也不相同。例如，某一错报金额对某个企业是重要的，而对另一个企业来说可能就是不重要

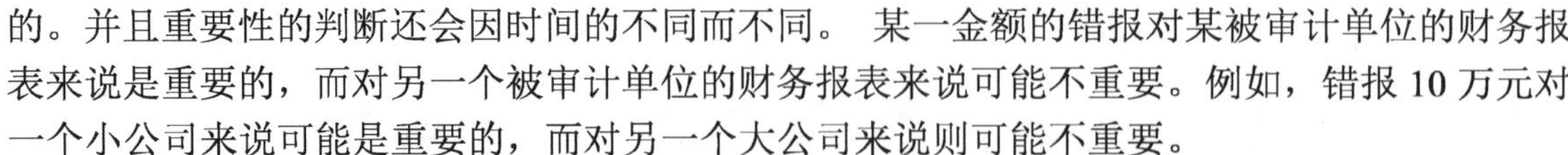
的。并且重要性的判断还会因时间的不同而不同。某一金额的错报对某被审计单位的财务报表来说是重要的，而对另一个被审计单位的财务报表来说可能不重要。例如，错报 10 万元对一个小公司来说可能是重要的，而对另一个大公司来说则可能不重要。

（三）重要性与可容忍误差之间的关系

重要性与可容忍误差之间关系密切，账户层次的重要性水平就是实质性测试的可容忍误差。

二、重要性与审计风险的关系

重要性与审计风险之间存在反向关系。重要性水平越高，审计风险越低；重要性水平越低，审计风险越高。这里所说的重要性水平高低指的是金额的大小。通常，4000 元的重要性水平比 2000 元的重要性水平高。在理解两者之间的关系时，必须注意，重要性水平是注册会计师从财务报表使用者的角度进行判断的结果。如果重要性水平是 4000 元，则意味着低于 4000 元的错报不会影响到财务报表使用者的决策，此时注册会计师需要通过执行有关审计程序合理保证能发现高于 4000 元的错报。如果重要性水平是 2000 元，则金额在 2100 元以上的错报就会影响财务报表使用者的决策。此时注册会计师需要通过执行有关审计程序合理保证能发现金额在 2000 元以上的错报。显然，重要性水平为 2000 元时审计不出这样的重大错报的可能性即审计风险，要比重要性水平为 4000 元时的审计风险高。审计风险越高，越要求注册会计师收集更多更有效的审计证据，以将审计风险降至可接受的低水平。因此，重要性和审计证据之间也是反向变动关系。

注册会计师不能通过不合理地人为调高重要性水平，降低审计风险。因为重要性是依据重要性概念中所述的判断标准确定的，而不是由主观期望的审计风险水平决定。

由于重要性和审计风险存在上述反向关系，而且这种关系对注册会计师将要执行的审计程序的性质、时间和范围有直接的影响，因此，注册会计师应当综合考虑各种因素，合理确定重要性水平。

三、审计重要性水平的确定

（一）从数量上考虑重要性水平

从数量上考虑重要性水平是注册会计师审计计划中重要环节，一般可以从财务报表层次和各类交易、账户余额及列报认定层次两个方面展开。

1. 财务报表层次的重要性水平

准则明确规定，在计划审计工作时，注册会计师应当在考虑对被审计单位及其环境的了解、审计的目标、财务报表各项目的性质及其相互关系以及财务报表项 目的金额及其波动幅度的基础上，确定一个可接受的重要性水平，以发现在金额上重大的错报。

在计划阶段确定重要性水平时，执业人员应先选择一个适当的基准，再选用适当的百分比乘以该基准，从而得出财务报表层次的重要性水平。在实务中，有许多汇总性财务数据可以用作确定财务报表层次重要性水平的基准。例如，总资产、净资产、销售收入、费用总额、毛利、净利润等。

在确定恰当的基准后，注册会计师通常运用职业判断合理选择百分比，据以确定重要性水平。以下是一些参考数值的举例。

（1）对于以营利为目的的企业，来自经常性业务的税前利润或税后净利润的 5%，或总收入的 0.5%。

（2）对于非营利组织，费用总额或总收入的 0.5%。

（3）对于共同基金公司，净资产的 0.5%。

对于一些特殊行业，在确定其重要性水平计算基准时，根据实际情况需要考虑其他一些指标。大多数商品流通业的公司，资产总额较小但营业收入很大，而且审计的重点是利润表，因此不宜用资产总额为基准从而确定过低的重要性水平。对于房地产公司来说，其生产经营具有较强的周期性，税前利润不能较好地体现其经营状况，因此，不宜用税前利润来确定重要性水平。对于软件开发公司而言，其生产经营亦具有较强的周期性，一般资产规模较小，研发周期较长且费用支出较大，因此，资产总额和税前利润（净利润）不能客观及时地体现其经营状况，不宜将其作为确定重要性水平的基准。对于酒店行业，大多资产总额及营业收入较大，而税前利润偏低，因此，不宜采用税前利润来确定重要性水平。对于金融行业，一般资产总额较大，资产负债率较高（其中银行类基本在 90%以上；证券公司 70%左右）而总资产周转率低（其中银行类基本在 3%左右；证券公司 10%左右），因此，不宜采用资产总额、营业收入等来确定重要性水平。

劳动密集型的企业，一般资产总额偏低，不宜将其作为重要性水平的确定基准。利润波动幅度较大的企业，当期的税前利润（净利润）并不能完全体现其经营状况，可采用近几年平均税前利润（净利润）来确定重要性水平。亏损或微利企业，用税前利润（净利润）计算出来的重要性水平往往偏低，一般也不宜采用。经营不稳定企业，由于其生产经营不稳定，导致其营业收入、利润及资产总额等均波动较大，因此这些指标均不宜作为重要性水平的确定基准，而净资产相对稳定，可予考虑作为确定重要性水平的基准。

2．各类交易、账户余额及列报认定层次的重要性水平

各类交易、账户余额、列报认定层次的重要性水平即可容忍错报主要运用于在细节测试中采用审计抽样时确定样本规模，对审计数据数量有直接的影响。实务中，各类交易、账户余额、列报认定层次的重要性水平以财务报表层次重要性水平的初步评估为基础，同时考虑各类交易、账户余额、列报的性质及错报的可能性以及其与财务报表层次重要性水平的关系。一般而言，对于交易、账户余额及列报认定层次的重要性水平，既可以采用分配的方法，也可以采用不分配的方法。

（1）采用分配的方法。采用分配的方法时，分配的对象一般是资产负债表项目，并且交易或账户余额重要性水平之和应等于财务报表层次的重要性水平，故一般按项目本身在报表中所占的金额比重分配，比重越大，相对来说出现差错的可能性就越大。同时，也要考虑成本效益原则，予以适当调整分配。但由于受各种因素的影响，各类交易、账户余额、列报认定层次内部的重要性水平是不同的，账户余额在具体的环境中，即便同一个账户出错的可能

性也会不同，比如某企业固定资产较大，前一年度可能因为企业大量购建会导致其错报风险较大，而今年固定资产和去年相比没有变化，这样的话今年出错的可能性就会下降，而且即使出错也很容易检查出来。但其比重依然很大，采用分配的方法时分配的较高的重要性水平会显得不合理。

（2）采用不分配的方法。采用不分配的方法，即财务报表层次的重要性水平不分至各交易、账户余额及列报认定层次，而是采用其他方法进行分配。如根据出现错误或舞弊的可能性大小，按报表层次重要性水平的一定百分比确定各类交易、账户余额和列报认定层次的重要性水平。如财务报表层次的重要性水平是100万，各类交易、账户余额和列报认定层次的重要性水平可确定为财务报表层次重要性水平的30%～40%即30万～40万，审计过程中，只要发现某类交易、账户余额和列报认定层次的错报或漏报超过这一水平，就建议被审计单位予以调整。而其他低于这一水平的错报，在考虑其性质及连同其他错报后的累计错报的基础上，进行适当调整。

（二）从性质方面考虑重要性水平

金额不重要的错报从性质上看有可能是重要的。注册会计师在判断错报的性质是否重要时应该考虑以下具体情况：

（1）错报对遵守法律法规要求的影响程度。

（2）错报对遵守债务契约或其他合同要求的影响程度。

（3）错报掩盖收益或其他趋势变化的程度（尤其在联系宏观经济背景和行业状况进行考虑时）。

（4）错报对于评价被审计单位财务状况、经营成果或现金流量的有关比率的影响程度。

（5）错报对财务报表中列报的分部信息的影响程度。例如，错报事项对分部或被审计单位其他经营部分的重要程度，而这些分部或经营部分对被审计单位的经营或盈利有重大影响。

（6）错报对增加管理层报酬的影响程度。例如，管理层通过错报来达到有关奖金或其他激励政策规定的要求，从而增加其报酬。

（7）错报对某些账户余额之间错误分类的影响程度，这些错误分类影响到财务报表中应单独披露的项目。例如，经营收益和非经营收益之间的错误分类，非营利单位的受到限制资源和非限制资源的错误分类。

（8）相对于注册会计师所了解的以前向报表使用者传达的信息（例如，盈利预测）而言；错报的重大程度。

（9）错报是否与涉及特定方的项目相关。例如，与被审计单位发生交易的外部单位是否与被审计单位管理层的成员有关联。

（10）错报对信息漏报的影响程度。在有些情况下，适用的会计准则和相关会计制度并未对该信息做出具体要求，但是注册会计师运用职业判断，认为该信息对财务报表使用者了解被审计单位的财务状况、经营成果或现金流量很重要。

（11）错报对与已审计财务报表一同披露的其他信息的影响程度，该影响程度能被合理预期将对财务报表使用者做出经济决策产生影响。

四、重要性水平在审计过程中的应用

（一）重要性概念在审计计划阶段的运用

1. 评价会计报表和账户余额层次的重要性水平

即确定多少的错误金额即为重要；对重要性水平作出初步的判断，以合理确定所需审计证据的数量，并据此初步决定审计程序的性质、时间和范围。

2. 确定审计的重点范围和重点领域

通过对会计报表的总体复核，检查波动幅度较大的项目，分析其合理性，对波动异常的项目，确定为重要审计领域。

（二）重要性概念在审计实施阶段的运用

1. 履行重要的审计程序

所谓重要的审计程序，就是确认某一审计项目最关键、具有决定意义的程序。当重要审计程序不能如愿实施时，应当追加相应的替代程序。当发现可能存在错误和弊端的迹象，并可能因此导致重要反映失实时，审计人员必须扩大审计范围，以证实问题或排除疑点。

2. 获取重要的审计证据

所谓重要的审计证据，是指能对重要的审计意见显示出其充分证明力的审计证据。它包括两层含义：其一是相对审计意见而言是重要的，其二是就其本身证明力而言是重要的。越是重要的审计项目，注册会计师就越需获取充分、相关的审计证据以支持审计意见。对不太重要的审计项目，可适当减少审计证据的数量。

3. 确定要调整的重要会计误差

会计误差是指未正确地记录与报告经济事项或业务发生时存在的事实。会计报表中的会计误差由计算错误、误用会计方法或忽视会计报表编制时存在的事实而引起。注册会计师对于会计误差，并不是一概作出调整建议，而是根据自己的专业判断和当时的实际情况，具体确定报表各项目可接受的最大差错额，对重要的会计误差作出调整建议，对次要的、不足以影响会计报表公允性的会计误差事项，可以适当忽略。

（三）重要性概念在审计报告阶段的运用

1. 复核审计过程中是否存在重大遗漏

根据审计结果和职业经验，判断会计报表中是否存在可能导致报表使用者改变其决策的重大遗漏或歪曲。

2. 错报和漏报的汇总

注册会计师在汇总尚未调整的错报或漏报时，应当包括已发现的和推断的错报或漏报，并考虑期后事项和或有事项是否已进行适当处理。

3．决定发表何种审计意见

注册会计师在完成审计外勤工作后，汇总所有的审计差异而形成审计结果，并对其进行评价，这是形成审计报告的重要前提。注册会计师在发表审计意见时，应考虑以下几个方面：

（1）如果尚未调整的错报、漏报金额的汇总数超过重要性水平，注册会计师应当考虑采用两种措施以降低审计风险：一是扩大实质性测试范围，以进一步确认汇总数是否重要；二是提请被审计单位调整会计报表，以使其汇总数低于重要性水平。

（2）如果尚未调整的错报。漏报金额的汇总数接近重要性水平，但连同尚未发现的错报或漏报可能超过重要性水平，注册会计师应当实施追加审计程序，或提请被审计单位进一步调整已发现的错报、漏报，以降低审计风险。

（3）如果被审计单位拒绝调整会计报表或扩大实质性测试范围，尚未调整的错报、漏报仍超过重要性水平的，注册会计师应当发表保留意见或否定意见的审计报告。一般来说，如果尚未调整的错报、漏报的汇总数可能影响某个会计报表使用者的决策，但会计报表的反映就其整体而言是公允的，注册会计师应当发表保留意见的审计报告；如果尚未调整的错报、漏报非常重要，可能影响到大多数甚至全部会计报表使用者的决策，注册会计师就应当发表否定意见的审计报告。具体举例可见表 6-1。

表 6-1　尚未调整错报对审计报告影响的情形

情形	汇总错报	重要性水平	措施	拒绝调整后
小于	60 万元	100 万元	提请调整	无保留意见
接近	95 万元	100 万元	追加审计程序；提请进一步调整	视追加程序之后发现的错报情况而定
超过	150 万元	100 万元	扩大实质性程序范围；提请进一步调整	保留或否定意见

思考与练习

一、单项选择题

1．如果审计人员所确定的尚未调整的错漏报总数接近重要性水平，审计人员应考虑（　　）相加后是否可能超过重要性水平。

A．尚未发现的错漏报　　B．已发现的错漏报

C．尚未调整的错漏报　　D．推断的错漏报

2．编制审计计划时对重要性水平作出初步判断的目的是（　　）。

A．评价固有风险水平　　B．评价总体审计风险水平

C．确定所需审计证据的数量　　D．确定初步审计策略

3．如果同一期间不同会计报表的审计重要性水平不同，注册会计师应取其（　　）作为会计报表层次的重要性水平。

A．最高者　　B．最低者

C．平均数　　D．加权平均数

4．如果注册会计师认为资产负债表的错漏报加总为 10 万元时是重要的，损益表的错漏报加总为 20 万元是重要的，在制订审计计划时，审计重要性水平应定为（　　）万元。

A．10　　B．20

C．15　　D．30

5．下列有关审计重要性的表述中，错误的是（　　）。

A．在考虑一项错报是否重要时，既要考虑错报的金额，又要考虑错报的性质

B．如果一项错报单独或连同其他错报可能影响财务报表使用者依据财务报表做出的经济决策，则该项错报是重要的

C．如果已识别但尚未更正的错报汇总数接近但不超过重要性水平，注册会计师无须要求管理层调整

D．重要性的确定离不开职业判断

二、多项选择题

1．如果已发现但尚未调整的错报、漏报的汇总数超过重要性水平，为降低审计风险，注册会计师应当采取的必要措施包括（　　）。

A．修改审计计划，将重要性水平调整至更高的水平

B．扩大实质性测试范围，进一步确认汇总数是否重要

C．提请被审计单位调整会计报表，以使汇总数低于重要性水平

D．发表保留意见或否定意见

2．重要性与审计风险之间存在反向关系。通常，4000 元的重要性水平比 2000 元的重要性水平高。在理解两者之间的关系时，必须注意，重要性水平是 CPA 从财务报表使用者的角度进行判断的结果。如果重要性水平是 4000 元，则意味着（　　）。

A．低于 4000 元的错报不会影响到财务报表使用者的决策

B．低于 4000 元的错报会影响到财务报表使用者的决策

C．此时 CPA 需要通过执行有关审计程序合理保证能发现高于 4000 元的错报

D．此时 CPA 不需要通过执行有关审计程序合理保证能发现高于 4000 元的错报

3．如果管理当局拒绝调整注册会计师认为属于重要错漏报的会计报表，按照有关审计报告准则的要求，注册会计师可以考虑（　　）。

A．保留意见　　B．拒绝表示意见

C．否定意见　　D．带说明段的无保留意见

4．下列情况中，注册会计师应当合理运用重要性原则的有（　　）。

A．确定是否接受委托　　B．确定审计程序的性质、时间和范围

C．执行审计程序　　D．评价审计结果

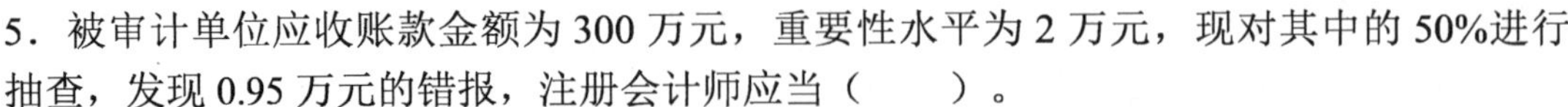

5．被审计单位应收账款金额为 300 万元，重要性水平为 2 万元，现对其中的 50%进行抽查，发现 0.95 万元的错报，注册会计师应当（　　）。

A．确认其金额　　B．追加审计程序

C．扩大审计程序　　D．建议调整

三、案例分析题

审计人员受委托对某公司会计报表审计时，初步判断的会计报表层次的重要性水平按资产总额的 1%计算为 140 万，即资产账户可容忍的错误或漏报为 140 万元。并采用两种分配方案将这一重要性水平分给了各资产账户。某公司资产构成及重要性水平分配方案见表 6-2。

表 6-2　重要性水平的分配　　单位：万元

项目	金额	甲方案	乙方案
现金	700	7	2.8
应收账款	2100	21	25.2
存货	4200	42	70
固定资产	7000	70	42
总计	14000	140	140

要求：根据上述资料，说明哪一种方案较为合理，并简要说明理由。

答案：乙方案较为合理。因为现金账户属于重要的资产账户，其重要性水平应当从严制定；而应收账款和存货项目出现错报或漏报的可能性较大，为节约审计成本，其重要性水平可确定得高些；固定资产项目出现错报或漏报的可能性较小，可将其重要性水平确定得低些。因此，乙方案较为合理。

任务七　审计风险的确定

【知识与能力目标】

1．能够解释审计风险的含义

2．能够解释审计风险各组成因素的含义

3．能够掌握审计风险模型的使用方法

【素质目标】

1．培养学生在审计中具有强烈的风险意识的职业素养

2．培养学生树立谨慎执业的职业观

【教学要点】

1. 审计风险的含义
2. 审计风险模型的使用方法

【教学内容】

审计风险是指财务报表存在重大错报而注册会计师发表不恰当审计意见的可能性。审计业务是一种保证程度高的鉴证业务，可接受的审计风险应当足够低，以使注册会计师能够合理保证所审计财务报表不含有重大错报。审计风险取决于重大错报风险和检查风险。

一、重大错报风险

重大错报风险是指财务报表在审计前存在重大错报的可能性。注册会计师应当从财务报表层次和各类交易、账户余额、列报认定层次方面考虑重大错报风险。

（一）两个层次的重大错报风险

财务报表层次重大错报风险与财务报表整体存在广泛联系，可能影响多项认定。此类风险通常与控制环境有关，但也可能与其他因素有关，如经济萧条。此类风险难以界定于某类交易、账户余额、列报的具体认定。

注册会计师同时考虑各类交易、账户余额、列报认定层次的重大错报风险，考虑的结果直接有助于注册会计师确定认定层次实施的进一步审计程序的性质、时间和范围。

（二）固有风险和控制风险

认定层次的重大错报风险又可以进一步细分为固有风险和控制风险。

固有风险是指假设不存在相关的内部控制某项认定发生最大错报的可能性，无论该错报单独考虑，还是连同其他错报构成重大错报。

控制风险是指某项认定发生了重大错报，无论该错报单独考虑，还是连同其他错报构成重大错报，而该错报没有被企业的内部控制及时防止、发现和纠正的可能性。

需要特别说明的是：由于固有风险和控制风险不可分割地交织在一起，有时无法单独进行评估，审计准则通常不再单独提到固有风险和控制风险，而只是将两者合并称为“重大错报风险”。

二、检查风险

检查风险是指某一认定存在错报，该错报单独或连同其他错报是重大的，但注册会计师未能发现这种错报的可能性。

检查风险取决于审计程序设计的合理性和执行的有效性。由于注册会计师通常并不对所有的交易、账户余额和列报进行检查，以及其他原因，检查风险不可能降低为零。其他原因包括注册会计师可能选择了不恰当的审计程序、审计过程执行不当，或者错误解读了审计结

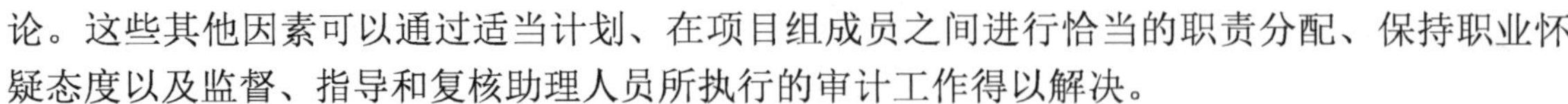

论。这些其他因素可以通过适当计划、在项目组成员之间进行恰当的职责分配、保持职业怀疑态度以及监督、指导和复核助理人员所执行的审计工作得以解决。

三、检查风险与重大错报风险的反向关系

在既定的审计风险水平下，可接受的检查风险水平与认定层次重大错报风险的评估结果成反比例关系。评估的重大错报风险越高，可接受的检查风险越低；评估的重大错报风险越低，可接受的检查风险越高。检查风险与重大错报风险的反向关系用数学模型表示如下：

审计风险=重大错报风险×检查风险

这个模型也就是审计风险模型。假设针对某一认定，注册会计师将可接受的审计风险水平设定为 5%，注册会计师实施风险评估程序后将重大错报风险评估为 25%，则根据这一模型，可接受的检查风险为 20%。当然，实务中，注册会计师不一定用绝对数量表达这些风险水平，而选用“高”“中”“低”等文字描述。

思考与练习

一、单项选择题

1．注册会计师可以降低以下哪些风险（　　）？

A．固有风险　　B．控制风险

C．财务报表层次重大错报风险　　D．检查风险

2．实务中，当可接受的检查风险降低时，注册会计师有可能采取的措施是（　　）。

A．降低或消除评估的重大错报风险

B．缩小实质性程序的范围

C．扩大实质性程序范围

D．降低固有风险

3．在实务中，注册会计师将审计风险量化，注册会计师对某一认定的可接受审计风险设定为 12%，评估的认定层次重大错报风险为 30%，报表层次重大错报风险为 31%，则可接受的检查风险是（　　）。

A．0.4　　B．0.3871　　C．0.1967　　D．0

4．注册会计师通过设计的审计程序未能检查出会计报表中存在重大错误的风险是（　　）。

A．程序风险　　B．控制风险　　C．检查风险　　D．固有风险

5．在审计风险要素中，（　　）是客观存在的，注册会计师无能为力。

A．审计风险　　B．检查风险

C．重大错报风险　　D．被审计单位经营风险

二、多项选择题

1．一般情况下，审计风险取决于哪几个因素（　　）？

A．认定层次的重大错报风险

B．财务报表层次的重大错报风险

C．检查风险

D．自然灾害

2．关于审计风险模型，说法不正确的有（　　）。

A．在既定的审计风险水平下，检查风险越高，重大错报风险越低

B．在既定的审计风险水平下，重大错报风险越高，检查风险越低

C．在既定的审计风险水平下，检查风险越低，重大错报风险越高

D．在既定的审计风险水平下，重大错报风险越低，检查风险越高

3．关于重大错报风险说法正确的有（　　）。

A．注册会计师可通过合理设计并有效地执行审计程序来降低重大错报风险

B．注册会计师无法降低重大错报风险

C．根据审计风险模型：审计风险=重大错报风险×检查风险，可得知，在既定的审计风险水平下，注册会计师可通过提高检查风险来降低重大错报风险

D．审计模型中的重大错报风险为认定层次的重大错报风险，又可分为固有风险和控制风险

4．对于特定的被审计单位而言，审计风险和审计证据的关系可以表述为（　　）。

A．可接受的审计风险水平越低，所需的审计证据数量就越多

B．可接受的检查风险水平越高，所需的审计证据数量就越少

C．评估的重大错报风险水平越低，所需的审计证据数量就越少

D．评估的重大错报风险水平越高，所需的审计证据数量就越多

5．关于审计风险的下列说法中，正确的有（　　）。

A．审计人员确实遵循了审计准则，但却提出了错误的审计意见的可能性

B．会计报表存在重大错误，审计人员审计后发表不恰当审计意见的可能性

C．审计风险既与会计报表错报的多少有关又与注册会计师实施的审计程序有关

D．审计风险既是抽样引起的风险与非抽样风险之和，又是固有风险、控制风险、检查风险之积

三、计算题

A和B注册会计师对×股份有限公司 2009 年度财务报表进行审计，其未经审计的有关财务报表项目金额如表 7-1（单位：人民币万元）。

表 7-1　财务报表项目金额

财务报表项目名称	金　额
资产总计	180000
股东权益合计	88000
营业收入	240000
利润总额	36000
净利润	24120

要求：

（1）如果以资产总额、净资产（股东权益）、营业收入和净利润作为判断基础，采用固定比率法，并假定资产总额、净资产、营业收入和净利润的固定百分比数值分别为 0.5%、1%、0.5%和 5%，请代 A 和 B 注册会计师计算确定×股份有限公司 2009 年度财务报表层次的重要性水平（请列示计算过程）。

（2）简要说明重要性水平与审计风险之间的关系。

（3）简要说明重要性水平与审计证据之间的关系。

任务八　审计抽样

【知识与能力目标】

1. 能够解释审计抽样的含义
2. 能够理解审计抽样的分类
3. 能够解释审计抽样的一般程序
4. 能够熟练掌握审计抽样的方法

【素质目标】

1. 培养学生小心谨慎、认真严谨的职业素养
2. 培养学生树立专业胜任能力的职业道德观念

【教学要点】

1. 审计抽样特征
2. 审计抽样的程序
3. 属性抽样和变量抽样的应用

【教学内容】

我们在对被审计单位进行审计的时候，不可能对被审计单位所有的项目进行审计，一是

我们要在合理的时间以合理的成本完成审计业务，二是风险导向审计的要求。为了控制审计成本、提高审计效率和保证审计效果，注册会计师在审计业务中使用审计抽样愈加普遍。因此掌握审计抽样，这也是注册会计师审计的一项重要内容。

一、审计抽样的定义

审计抽样是指注册会计师对某类交易或账户余额中低于百分之百的项目实施审计程序，使所有抽样单元都有被选取的机会，这使注册会计师能够获取和评价与被选取项目的某些特征有关的审计证据，以形成或帮助形成对从中抽取样本的总体的结论。

审计抽样应当具备三个基本特征：对某类交易或账户余额中低于百分之百的项目实施审计程序；所有抽样单元都有被选取的机会；审计测试的目的是评价该账户余额或交易类型的某一特征。

在审计过程中，有些审计程序可以使用审计抽样，有些审计程序则不宜使用审计抽样。

风险评估程序通常不涉及审计抽样。如果注册会计师在了解控制的设计和确定控制是否得到执行的同时计划和实施控制测试，则会涉及审计抽样，但此时审计抽样是针对控制测试进行的。

当控制的运行留下轨迹时，注册会计师可以考虑使用审计抽样实施控制测试。对于未留下运行轨迹的控制，注册会计师通常实施询问、观察等审计程序，以获取有关控制运行有效性的审计证据，此时不涉及审计抽样。

实质性程序包括对各类交易、账户余额、列报的细节测试以及实质性分析程序。在实施细节测试时，注册会计师可以使用审计抽样获取审计证据，以验证有关财务报表金额的一项或多项认定（如应收账款的存在性），或对某些金额做出独立估计（如陈旧存货的价值）。在实施实质性分析程序时，注册会计师不宜使用审计抽样。

二、审计抽样的分类

（一）按照审计抽样决策的依据不同划分为统计抽样和非统计抽样

1. 统计抽样

统计抽样是指审计人员运用数理统计方法确定样本及样本量，进而随机选择样本，并根据样本的审查结果来推断总体特征的一种审计抽样方法。

2. 非统计抽样

非统计抽样是指审计人员运用专业经验和主观判断来确定样本规模和选取样本的一种审计抽样方法。

（二）按照审计抽样目的不同划分为属性抽样和变量抽样

1. 属性抽样

属性抽样是指在精确度界限和可靠程度一定的条件下，为了确定总体特征的发生频率而

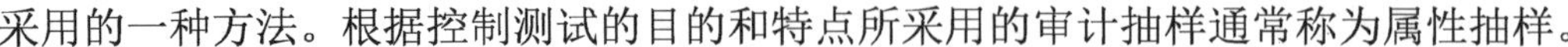

采用的一种方法。根据控制测试的目的和特点所采用的审计抽样通常称为属性抽样。

2. 变量抽样

变量抽样是指用来估计总体金额而采用的一种方法。根据实质性程序中细节测试的目的和特点所采用的审计抽样称为变量抽样。

三、抽样风险和非抽样风险

在获取审计证据时，注册会计师应当运用职业判断，评估重大错报风险，并设计进一步审计程序，以确保将审计风险降至可接受的低水平。使用审计抽样时，审计风险可能受到抽样风险和非抽样风险的影响。

（一）抽样风险

抽样风险是指注册会计师根据样本得出的结论，和对总体全部项目实施与样本同样的审计程序得出的结论存在差异的可能性。

1. 抽样风险分为影响审计效果的抽样风险和影响审计效率的抽样风险

（1）在实施控制测试时，注册会计师推断的控制有效性高于其实际有效性的风险；或在实施细节测试时注册会计师推断某一重大错报不存在而实际上存在的风险。此类风险影响审计的效果，并可能导致注册会计师发表不恰当的审计意见。

（2）在实施控制测试时注册会计师推断的控制有效性低于其实际有效性的风险；或在实施细节测试时，注册会计师推断某一重大错报存在而实际上不存在的风险。此类风险影响审计的效率。

也就是说，无论在控制测试还是在细节测试中，抽样风险都可以分为两种类型：一类是影响审计效果的抽样风险；另一类是影响审计效率的抽样风险。但在控制测试和细节测试中，这两类抽样风险的表现形式有所不同。

2. 控制测试中的抽样风险包括信赖过度风险和信赖不足风险

（1）信赖过度风险是指推断的控制有效性高于其实际有效性的风险。信赖过度风险与审计的效果有关。对于注册会计师而言，信赖过度风险更容易导致注册会计师发表不恰当的审计意见。因而更应予以关注。

（2）信赖不足风险是指推断的控制有效性低于其实际有效性的风险。信赖不足风险与审计的效率有关。

3. 在实施细节测试时，注册会计师也要关注两类抽样风险：误受风险和误拒风险

（1）误受风险是指注册会计师推断某一重大错报不存在而实际上存在的风险。如果账面金额实际上存在重大错报而注册会计师认为其不存在重大错报，注册会计师通常会停止对该账面金额继续进行测试，并根据样本结果得出账面金额无重大错报的结论。与信赖过度风险类似，误受风险影响审计效果，容易导致注册会计师发表不恰当的审计意见，因此注册会计师更应予以关注。

（2）误拒风险是指注册会计师推断某一重大错报存在而实际上不存在的风险。误拒风险影响审计效率。如果账面金额不存在重大错报而注册会计师认为其存在重大错报，注册会计师会扩大细节测试的范围并考虑获取其他审计证据，最终注册会计师会得出恰当的结论。在这种情况下，审计效率可能降低。

只要使用了审计抽样。抽样风险总会存在。而且抽样风险与样本规模反方向变动：样本规模越小抽样风险越大；样本规模越大，抽样风险越小。既然抽样风险只与被检查项目的数量有关，那么控制抽样风险的唯一途径就是控制样本规模。无论是控制测试还是细节测试，注册会计师都可以通过扩大样本规模降低抽样风险。如果对总体中的所有项目都实施检查，就不存在抽样风险，此时审计风险完全由非抽样风险产生。

（二）非抽样风险

非抽样风险是指由于某些与样本规模无关的因素而导致注册会计师得出错误结论的可能性。注册会计师即使对某类交易或账户余额的所有项目实施某种审计程序，也可能仍未能发现重大错报或控制失效。

在审计过程中，可能导致非抽样风险的原因包括下列情况：

（1）注册会计师选择的总体不适合于测试目标。

（2）注册会计师未能适当地定义控制偏差或错报，导致其未能发现样本中存在的偏差或错报。

（3）注册会计师选择了不适于实现特定目标的审计程序。例如，注册会计师依赖应收账款函证来揭露未入账的应收账款。

（4）注册会计师未能适当地评价审计发现的情况。例如，注册会计师错误解读审计证据可能导致没有发现误差。注册会计师对所发现误差的重要性的判断有误，从而忽略了性质十分重要的误差，也可能导致得出不恰当的结论。

（5）其他原因。

非抽样风险是由人为错误造成的，因而可以降低、消除或防范。虽然在任何一种抽样方法中注册会计师都不能量化非抽样风险，但通过采取适当的质量控制政策和程序，对审计工作进行适当的指导、监督和复核，以及对注册会计师实务的适当改进，可以将非抽样风险降至可以接受的水平。注册会计师也可以通过仔细设计其审计程序尽量降低非抽样风险。

四、审计抽样的一般程序

（一）样本设计——确定样本规模，解决抽多少的问题

样本设计就是要确定从总体中抽取样本的数量，应当考虑以下因素。

1. 确定审计目标

控制测试的目标是获取内部控制运行是否有限的证据；而实质性程序的目标是确定某类交易或者事项余额是否正确。

2. 定义审计对象的总体和抽样单元

在实施抽样之前，注册会计师必须仔细定义总体，确定抽样总体的范围。总体是指注册会计师为了形成审计工作结论，拟采用抽样审计，且符合设计目的要求的有关会计或其他资料的全部项目。例如：审计的目标是购货交易的完整性，那么所有已经批准的采购凭单就是抽样的总体。

抽样单元就是组成总体的个体或者元素。承接上面的例子，所有已经批准的采购凭单是总体，那么其中的每一张采购凭单就是抽样单元。从总体中选取若干抽样单元，称为样本，样本的数量就成为样本规模。

3. 可接受的抽样风险

可接受的抽样风险与样本规模成反比。注册会计师愿意接受的抽样风险越低，样本规模越大。

4. 可容忍误差

可容忍误差是指注册会计师能够容忍的最大误差。在其他因素既定的条件下，可容忍误差越大，所需的样本规模越小。

5. 预计总体误差

预计总体误差即注册会计师预期在审计过程中发现的误差。预计总体误差越大，可容忍误差也应当越大。在既定的可容忍误差下，当预计总体误差增加时，所需的样本规模更大。

6. 总体变异性

总体变异性是指总体的某一特征（如金额）在各项目之间的差异程度。在控制测试中，注册会计师在确定样本规模时一般不考虑总体变异性。在细节测试中，注册会计师确定适当的样本规模时要考虑特征的变异性。总体项目的变异性越低，通常样本规模越小。注册会计师可以通过分层将总体分为相对同质的组，以尽可能降低每一组中变异性的影响，从而减小样本规模。下表就是对4000个应收账款明细账进行分层。

表8-1 应收账款明细账分层

层次	分层标准	总体单位数
1	≥100万	15
2	50万～100万	100
3	10万～50万	500
4	1万～10万	1000
5	小于1万	2385

（二）样本选取——解决怎么抽取样本的问题

在选取样本项目时，注册会计师应当使总体中的所有抽样单元均有被选取的机会。使所有抽样单元都有被选取的机会是审计抽样的基本特征之一。因此，不管使用统计抽样或非统计抽样方法，所有的审计抽样均要求注册会计师选取的样本对总体来讲具有代表性。否则，就无法根据样本结果推断总体。

1. 使用随机数表选样

随机数表选样又称随机数选样，使用随机数选样需以总体中的每一项目都有不同的编号为前提。注册会计师可以使用计算机生成的随机数，如电子表格程序、随机数码生成程序、通用审计软件程序等计算机程序产生的随机数，也可以使用随机数表获得所需的随机数。下表就是一个随机数表（部分）。

表 8-2　随机数表（部分）

	1	2	3	4	5	6	7	8	9	10
1	18130	06742	01062	00464	24305	28385	03078	17643	17328	31668
2	25761	11553	26424	26080	27663	30781	18421	19121	16578	10228
3	02461	01176	17073	03701	08046	15465	12214	02369	27575	06854
4	24373	24125	30873	11739	24831	28421	11791	22349	00886	13956
5	10540	22124	01265	17602	06308	17072	29794	11516	17038	02659
6	01334	06650	05992	18843	23164	31901	30300	03435	03402	02232
7	01729	22362	29276	29728	19173	29972	25343	11271	20490	00096
8	03373	29829	08110	06994	03834	09848	22032	15554	24879	32654
9	00495	08445	21812	14496	12693	12985	10803	22082	20756	00079
10	32122	26520	15824	04388	06689	10091	13117	12136	27629	13179
11	29930	31236	06517	19991	22975	21197	02435	24044	07299	31998
12	22461	08219	05536	32741	31877	16526	16939	08668	11293	19595
13	15391	03963	12559	13193	02025	00780	17868	19011	23338	00063

应用随机数表选样的步骤如下：

（1）对总体项目进行编号，建立总体中的项目与表中数字的一一对应关系。一般情况下，编号可利用总体项目中原有的某些编号，如凭证号、支票号、发票号等。在没有事先编号的情况下，注册会计师需按一定的方法进行编号。如由 40 页、每页 50 行组成的应收账款明细表，可采用 4 位数字编号，前两位由 01～40 的整数组成，表示该记录在明细表中的页数，后两位数字由 01～50 的整数组成，表示该记录的行次。这样，编号 0534 表示第 5 页第 34 行的记录，所需使用的随机数的位数一般由总体项目数或编号位数决定。如前例中可采用 4 位随机数表，也可以使用 5 位随机数表的前 4 位数字或后 4 位数字。

（2）确定连续选取随机数的方法。即从随机数表中选择一个随机起点和一个选号路线，随机起点和选号路线可以任意选择，但一经选定就不得改变。从随机数表中任选一行或任何一栏开始，按照一定的方向（上下左右均可）依次查找，符合总体项目编号要求的数字，即为选中的号码与此号码相对应的总体项目即为选取的样本项目，一直到选足所需的样本为止。

例如，假定审计人员对某公司连续编号为 500～5000 的现金支票进行随机选样，拟选取一组样本量为 10 的样本。首先，审计人员确定只用随机数表所列数字的前四位数来与现金支票号码一一对应。从上到下、从右到左，选出的 10 个号码为：1813、2576、0246、2437、1054、0133、0172、0337、0049、3212，选出这 10 个号码后，找出与其对应的 10 张支票作为选定样本进行审查。

随机数选样不仅使总体中每个抽样单元被选取的概率相等，而且使相同数量的抽样单元组成的每种组合被选取的概率相等。这种方法在统计抽样和非统计抽样中均适用。由于统计抽样要求注册会计师能够计量实际样本被选取的概率，这种方法尤其适合于统计抽样。

2．系统选样

系统选样也称等距选样，是指按照相同的间隔从审计对象总体中等距离地选取样本的一种选样方法。采用系统选样法，首先要计算选样间距，确定选样起点，然后再根据间距顺序地选取样本。选样间距的计算公式如下：

选样间距=总体规模÷样本规模

例如，如果销售发票的总体范围是 652～3151，设定的样本量是 125，那么选样间距为 20[（3152−652）÷125]。注册会计师必须从 0～19 中选取一个随机数作为抽样起点。如果随机选择的数码是 9，那么第一个样本项目是发票号码为 661（652+9）的那一张，其余的 124 个项目是 681（661+20），701（681+20）……依此类推，直至第 3141 号。

系统选样方法的主要优点是使用方便，比其他选样方法节省时间，并可用于无限总体。此外，使用这种方法时，对总体中的项目不需要编号，注册会计师只要简单数出每一个间距即可。但是，使用系统选样方法要求总体必须是随机排列的，否则容易发生较大的偏差，造成非随机的、不具代表性的样本。

为克服系统选样法的这一缺点，可采用两种办法：一是增加随机起点的个数；二是在确定选样方法之前对总体特征的分布进行观察。如发现总体特征的分布呈随机分布，则采用系统选样法；否则，可考虑使用其他选样方法。

3．随意选样

随意选样也叫任意选样，是指注册会计师不带任何偏见地选取样本，即注册会计师不考虑样本项目的性质、大小、外观、位置或其他特征而选取总体项目。随意选样的主要缺点在于很难完全无偏见地选取样本项目，即这种方法难以彻底排除注册会计师的个人偏好对选取样本的影响，因而很可能使样本失去代表性。由于文化背景和所受训练等的不同，每个注册会计师都可能无意识地带有某种偏好。例如，从发票柜中取发票时，某些注册会计师可能倾向于抽取柜子中间位置的发票，这样就会使柜子上面部分和下面部分的发票缺乏相等的选取机会。因此，在运用随意选样方法时，注册会计师要避免由于项目性质、大小、外观和位置等的不同所引起的偏见，尽量使所选取的样本具有代表性。

三种基本方法均可选出代表性样本。但随机数选样和系统选样属于随机基础选样方法，即对总体的所有项目按随机规则选取样本，因而可以在统计抽样中使用，当然也可以在非统计抽样中使用。而随意选样虽然也可以选出代表性样本，但它属于非随机基础选样方法，因而不能在统计抽样中使用，只能在非统计抽样中使用。

（三）对样本实施审计程序

注册会计师应当针对选取的每个项目，实施适合于具体审计目标的审计程序。对选取的样本项目实施审计程序旨在发现并记录样本中存在的误差。

（四）评价样本结果

1. 分析样本误差

注册会计师应当考虑样本的结果、已识别的所有误差的性质和原因，及其对具体审计目标和审计的其他方面可能产生的影响。

无论是统计抽样还是非统计抽样对样本结果的定性评估和定量评估一样重要。即使样本的统计评价结果在可以接受的范围内，注册会计师也应对样本中的所有误差（包括控制测试中的控制偏差和细节测试中的金额错报）进行定性分析。

2. 推断总体误差

在控制测试中，注册会计师将样本中发现的偏差数量除以样本规模，就计算出样本偏差率。无论使用统计抽样或非统计抽样方法，样本偏差率都是注册会计师对总体偏差率的最佳估计，但注册会计师必须考虑抽样风险。

当实施细节测试时，注册会计师应当根据样本中发现的误差金额推断总体误差金额，并考虑推断误差对特定审计目标及审计的其他方面的影响。

3. 形成审计结论

注册会计师应当评价样本结果，以确定对总体相关特征的评估是否得到证实或需要修正。

（1）控制测试中的样本结果评价。在控制测试中，注册会计师应当将总体偏差率与可容忍偏差率比较，但必须考虑抽样风险。在统计抽样中，可能出现以下三种情况：

一是如果估计的总体偏差率上限低于可容忍偏差率，则总体可以接受。这时注册会计师对总体作出结论，样本结果支持计划评估的控制有效性，从而支持计划的重大错报风险评估水平。

二是如果估计的总体偏差率上限大于或等于可容忍偏差率，则总体不能接受。这时注册会计师对总体作出结论，样本结果不支持计划评估的控制有效性，从而不支持计划的重大错报风险评估水平。此时注册会计师应当修正重大错报风险评估水平，并增加实质性程序的数量。注册会计师也可以对影响重大错报风险评估水平的其他控制进行测试，以支持计划的重大错报风险评估水平。

三是如果估计的总体偏差率上限低于但接近可容忍偏差率，注册会计师应当结合其他审计程序的结果，考虑是否接受总体，并考虑是否需要扩大测试范围，以进一步证实计划评估的控制有效性和重大错报风险水平。

（2）细节测试中的样本结果评价。在细节测试中，注册会计师应当将调整后的推断总体

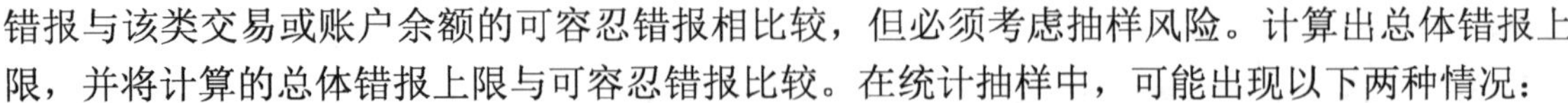

错报与该类交易或账户余额的可容忍错报相比较，但必须考虑抽样风险。计算出总体错报上限，并将计算的总体错报上限与可容忍错报比较。在统计抽样中，可能出现以下两种情况：

一是如果计算的总体错报上限低于可容忍错报，则总体可以接受。这时注册会计师对总体作出结论，所测试的交易或账户余额不存在重大错报。

二是如果计算的总体错报上限大于或等于可容忍错报，则总体不能接受。这时注册会计师对总体作出结论，所测试的交易或账户余额存在重大错报。在评价财务报表整体是否存在重大错报时，注册会计师应将该类交易或账户余额的错报与其他审计证据一起考虑。通常，注册会计师会建议被审计单位对错报进行调查，且在必要时调整账面记录。

五、审计抽样在控制测试中的应用——属性抽样

控制测试中的审计抽样，通常被称作属性抽样。属性抽样用于检查内部控制制度情况。它是通过对样本检查的结果，推断总体中某些特征或属性发生的频率或次数，借以评价客户的内部控制是否值得信赖并为实质性程序提供依据。

属性抽样的步骤如下。

（一）样本设计

1．确定审计目标。

2．定义总体和抽样单元。

3．定义误差。

【例】

某公司某年度购货发票共5000张，为了审查购货发票是否遵守或符合内部控制的要求，即只有在将验收报告与进货发票核对相符后，才能核准支付采购货款。审计人员按以下步骤进行抽查。

（1）确定审计目标。由于购货发票内部控制的要求是只有将验收报告与进货发票核对相符后，才能核准支付货款，则审计人员只会对该程序操作的准确性以及进货发票与验收报告相核对的控制程序是否正常运行感兴趣。

（2）确定审计对象总体与抽样单元。假定公司对每笔采购业务均采用连续编号的凭单，在每张凭单的后面应附有验收报告与发票。因此，抽样单元是个别的凭单。如果测试是年终进行的，则审计对象总体为本年度12个月内的所有购货凭单。

（3）界定“误差”。在控制测试时，误差是指审计人员认为使控制程序失去效能的所有控制无效事件。在本例中，审计人员可根据具体审计目标，将误差界定为：①未附验收单据的任何发票；②所附单据与发票记载的数量不符；③发票虽然附有单据，但是该单据却属于其他发票。

4．根据可接受信赖过度风险、可容忍误差和预计总体偏差率确定样本规模。

【承前例】

（1）确定可接受的信赖过度风险和可容忍偏差率。审计人员通过初步了解程序，准备信赖内部控制。考虑该项内部控制的重要性，审计人员依据专业判断，将信赖过度风险定为

10%，可容忍误差定为4%。

（2）确定预期总体误差。假设从前3年的审计中，审计人员得知上述所描述的内部控制误差率为0.5%、0.9%和0.95%，误差不呈逐年减少的趋势，因此基于稳健原则，可将预期总体误差率定为1%。

（3）确定样本量。根据控制测试样本量表8-3，查出可容忍误差为4%，预期总体误差率为1%时，应选取的样本量为96张凭单。样本中的预期误差数为1。若在样本中发现两个或两个以上的误差，则说明抽样结果不能支持审计人员对内部控制的预期可信赖度。

表8-3　控制测试中统计抽样样本规模——信赖过度风险10%

（括号内是可接受的偏差数）

预计总体偏差率（%）	可容忍偏差率										
	2%	3%	4%	5%	6%	7%	8%	9%	10%	15%	20%
0.00	114（0）	76（0）	57（0）	45（0）	38（0）	32（0）	28（0）	25（0）	22（0）	15（0）	11（0）
0.25	194（1）	129（1）	96（1）	77（1）	64（1）	55（1）	48（1）	42（1）	38（1）	25（1）	18（1）
0.50	194（1）	129（1）	96（1）	77（1）	64（1）	55（1）	48（1）	42（1）	38（1）	25（1）	18（1）
0.75	265（2）	129（1）	96（1）	77（1）	64（1）	55（1）	48（1）	42（1）	38（1）	25（1）	18（1）
1.00		176（2）	96（1）	77（1）	64（1）	55（1）	48（1）	42（1）	38（1）	25（1）	18（1）
1.25		221（3）	132（2）	77（1）	64（1）	55（1）	48（1）	42（1）	38（1）	25（1）	18（1）
1.50			132（2）	105（2）	64（1）	55（1）	48（1）	42（1）	38（1）	25（1）	18（1）
1.75			166（3）	105（2）	88（2）	55（1）	48（1）	42（1）	38（1）	25（1）	18（1）
2.00			198（4）	132（3）	88（2）	75（2）	48（1）	42（1）	38（1）	25（1）	18（1）
2.25				132（3）	88（2）	75（2）	65（2）	42（2）	38（2）	25（1）	18（1）
2.50				158（4）	110（3）	75（2）	65（2）	58（2）	38（2）	25（1）	18（1）
2.75				209（6）	132（4）	94（3）	65（2）	58（2）	52（2）	25（1）	18（1）
3.00					132（4）	94（3）	65（2）	58（2）	52（2）	25（1）	18（1）
3.25					153（5）	113（4）	82（3）	58（2）	52（2）	25（1）	18（1）

续表

预计总体偏差率（%）	可容忍偏差率										
	2%	3%	4%	5%	6%	7%	8%	9%	10%	15%	20%
3.50					194（7）	113（4）	82（3）	73（3）	52（2）	25（1）	18（1）
3.75						131（5）	98（4）	73（3）	52（2）	25（1）	18（1）
4.00						149（6）	98（4）	73（3）	65（3）	25（1）	18（1）
5.00							160（8）	115（6）	78（4）	34（2）	18（1）
6.00								182（11）	116（7）	43（3）	25（2）
7.00									199（14）	52（4）	25（2）

（二）样本选取

确定样本规模后，使用上面所述的抽样方法将样本抽取出来并实施审计程序。

（三）评价样本结果

审计人员使用统计公式评价样本结果。公式如下：

总体偏差率上限（MDR）$=R/n$

R——风险系数；n——样本量

风险系数根据可接受的信赖过度风险和偏差数量决定，一般可通过查表确定，风险系数表如下表所示。

表 8-4　风险系数表（部分）

预期发生偏差的数量	信赖过度风险	
	5%	10%
0	3.0	2.3
1	4.8	3.9
2	6.3	5.3
3	7.8	6.7
4	9.2	8.0
5	10.5	9.3

【承前例】

注册会计师对 96 个项目实施了既定的审计程序，且未发现偏差，则在既定的可接受信赖过度风险 10%下，根据样本结果计算总体最大偏差率为：2.3/96=2.39%，即有 90%的把握保证总体实际偏差率不超过 2.39%。由于注册会计师确定的可容忍偏差率为 4%，因此可以得出结论，总体的实际偏差率超过可容忍偏差率的风险很小，总体可以接受。也就是说，样本结果证实注册会计师对控制运行有效性的估计和评估的重大错报风险水平是适当的。

如果在 96 个样本中有两个偏差，则在既定的可接受信赖过度风险 10%下，根据样本结果计算总体最大偏差率为：5.3/96=5.52%。这意味着，如果样本量为 96，且有两个偏差，总体实际偏差率超过 5.52%的风险为 10%。在可容忍偏差率为 4%的情况下，注册会计师可以得出结论，总体的实际偏差率超过可容忍偏差率的风险很大，因而不能接受总体。注册会计师应当扩大控制测试范围，以证实初步评估结果，或者提高重大错报风险评估水平，并增加实质性程序的数量，或者对影响重大错报风险评估水平的其他控制进行测试，以支持计划的重大错报风险评估水平。

六、审计抽样在细节测试中的运用——变量抽样

在细节测试中的审计抽样，通常被称作变量抽样。它是通过对样本检查的结果，推断总体货币金额的统计抽样方法。通常采用传统变量抽样和概率比例规模抽样法（PPS 抽样）两种方法。传统变量抽样主要包括均值估计抽样、差额估计抽样、比率估计抽样三种方法。

（一）均值估计抽样法

均值估计抽样法是通过检查确定样本的平均值，再根据样本平均值推断总体的平均值和总值的方法。这种方法适用范围十分广泛，无论被审计单位提供的数据是否完整、可靠，甚至在被审计单位缺乏基本的经济业务或事项账面记录的情况下，均可使用此法。

（二）差额估计抽样法

差额估计抽样法是指以样本实际价值与账面价值的平均差额差异来估计总体实际价值与账面价值的平均差异，然后再以这个平均差异乘总体项目个数，从而求出总体的实际价值与账面价值差异的一种抽样方法。其主要用于对审查项目正确值与账面值随项目变化但不成比例变化的总体审查。其计算公式如下：

样本平均差异＝样本实际差异之和÷样本量

估计总体差异＝样本平均差异×总体项目个数

总体估计价值＝总体账面价值±估计总体差异

总体正确值区间＝总体估计价值±精确限度

【例】

假定 Y 公司有 500 个某材料明细账，其账面价值总额为 486500 元，审计人员采用随机抽取 80 个该明细账作为样本进行审查，发现这些样本的总账面价值为 6200 元，经审查确定的正确值为 5650 元，设定所要求的可靠程度为 96%，精确限度为±4860 元，试采用差额估

计抽样法推断总体的正确值，并判断总体账面价值是否存在重大差错。

样本平均差异＝（5650－6200）÷80＝－6.875

估计总体差异＝－6.875×500＝－3 437.5（元）

总体估计价值＝486500－3437.5＝483062.5（元）

总体正确值区间＝（483062.5－4 860，483062.5+4 860）＝（478202.5，487922.5）

因为，478202.5＜486500＜487922.5，所以，审计人员可以以 95%的把握认为，总体账面价值不存在重大差错。

（三）比率估计抽样法

比率估计抽样法是指以样本的实际价值与账面价值之间的比率来估计总体实际价值与账面价值的比率关系，然后再以此比率乘总体的账面价值，从而求出总体实际价值的估计值的一种抽样方法。主要用于对审查项目正确值与账面值随项目变化并大致成比例变化的总体审查。计算公式如下：

比率＝样本实际价值之和÷样本账面价值之和×100%

总体估计价值=总体账面价值×比率

总体正确值区间＝总体估计价值±精确限度

【例】

假定×公司有 400 个应付账款明细账，其账面价值为 5000000 元，审计人员采用随机抽出 200 个项目作为样本进行审查，这些样本账面价值为 250000 元，经审查确定的实际价值为 257500 元，设定所要求的可靠程度为 95%，精确限度为：50000 元，试采用比率估计抽样法推断总体的正确值，并判断总体账面价值是否存在重大差错。

比率＝257500÷250000×100%＝103%

总体估计价值＝5000000×103%＝5150000（元）

总体正确值区间＝（5150000－50000，5150000＋50000）＝（5100000，5200000）

因为，总体账面价值为 5000000 元，而 5000000＜5100000，所以，审计人员有 95%的把握认为，总体账面价值存在重大差错，总体账面价值至少少列 100000 元。

思考与练习

一、单项选择题

1．在控制测试中，影响注册会计师审计效果的抽样风险是（　　）。

A．误受风险　　B．误拒风险

C．信赖不足风险　　D．信赖过度风险

2．注册会计师由于专业判断的失误造成审计结论与客户的客观事实不符，这种可能性属于（　　）。

A．非抽样风险　　B．抽样风险
C．误拒风险　　D．信赖过度风险

3．注册会计师从总体规模为1000、账面金额为1000000元的存货项目中选择了300个项目作为样本。在确定了正确的采购价格并重新计算了价格与数量的乘积之后，注册会计师将300个样本项目的审定金额加总后除以300，确定样本项目的平均审定金额为970元。那么，推断的总体错报就是（　　）元。

A．970　　B．970000
C．30000　　D．291000

4．在可容忍误差率为5%，预计误差率为3%，允许的抽样风险为2%的情况下，当注册会计师对200个文档进行检查时发现8个文档有错误，此时可以得到的结论是（　　）。

A．不接受降低对控制风险的评估，因为样本的实际误差率加上允许的抽样风险大于预计的误差率
B．接受降低对控制风险的评估的样本结果，因为样本的实际误差率加上允许的抽样风险大于可容忍误差率
C．不接受降低对控制风险的评估，因为样本的实际误差率加上允许的抽样风险大于可容忍误差率
D．接受降低对控制风险的评估的样本结果，因为可容忍误差率减去允许的抽样风险等于预计的误差率

5．注册会计师采用比率估计方法对存货计价进行变量抽样。假定样本的账面余额为1000万元，审计确认的实际金额为1100万元，存货总体的账面金额为40000万元，则推断的总体实际余额为（　　）万元。

A．40000　　B．44000
C．11000　　D．1000

二、多项选择题

1．被审单位的下列控制中，可以使用审计抽样的有（　　）。

A．信用部门经理在销售合同上签名批准赊销
B．操作人员在向某计算机数据处理系统输入数据前必须得到有关主管人员的签字授权
C．对被审单位存货盘点过程实施控制测试
D．由独立人员对销售发票的编制作内部核查并签字确认

2．在进行控制测试时，注册会计师如认为抽样结果无法达到其对所测试的内部控制的预期信赖程度，应当考虑（　　）。

A．发表保留意见或无法表示意见　　B．增加样本量
C．执行替代审计程序　　D．修改实质性程序

3．注册会计师在运用审计抽样方法设计样本时，应考虑的基本因素包括（　　）。

A．总体变异性　　B．预计总体误差
C．可容忍误差　　D．可接受的抽样风险

4．审计抽样的优点表现在（　　）。

A．能够客观地选择样本　　B．能够科学地计量抽样风险

C．能够控制抽样风险　　D．能够定量地评价样本结果

5．按审计抽样所了解的总体特征不同可以将审计抽样划分为（　　）。

A．非统计抽样　　B．统计抽样

C．变量抽样　　D．属性抽样

三、案例分析题

资料：

（1）公开发行A股的×股份有限公司（以下简称×公司）系ABC事务所的常年审计客户。A和B两位注册会计师负责对×公司2006年度会计报表进行审计，并确定会计报表层次的重要性水平为1200000元。×公司2006年度财务报告于2007年2月25日获董事会批准，并于同日报送证券交易所。×公司适用的增值税税率为17%。

（2）审计×公司2006年度主营业务收入时，为了确定×公司销售业务是否真实、完整，会计处理是否正确，A和B注册会计师拟从×公司2006年开具的销售发票的存根中选取若干张，核对销售合同和发运单，并检查会计处理是否符合规定。×公司2006年共开具连续编号的销售发票4000张，销售发票号码为第2001号至第6000号，A和B注册会计师计划从中选取10张销售发票样本。

要求：针对资料（2），假定A和B注册会计师以随机数表（表8-2）所列数字的后4位数与销售发票号码一一对应，确定第2列第4行为起点，选号路线为自上而下、自左而右。请代A和B注册会计师确定选取的10张销售发票样本的发票号码分别为多少？如果上述10笔销售业务的账面价值为1000000元，审计后认定的价值为1000300元，假定×公司2006年度主营业务收入账面价值为180000000元，并假定误差与账面价值不成比例关系，请运用差额估计抽样法推断×公司2006年度主营业务收入的总体实际价值（要求列示计算过程）。

项目二　审计过程

任务九　初步开展业务活动

【知识与能力目标】

1. 能够明确开展初步业务活动的内容
2. 能够明确审计业务约定书的内容
3. 能够掌握审计业务约定书的编制方法

【素质目标】

1. 培养学生树立专业胜任能力的职业道德规范
2. 培养学生树立维护社会责任的价值观

【教学要点】

1. 开展初步业务活动的内容和目的
2. 审计业务约定书的内容
3. 审计业务约定书的编制方法

【教学内容】

一、初步开展业务活动的内容

初步开展业务活动主要是对被审计单位的情况和注册会计师自身的情况进行了解和评估，确实是否接受或保持审计业务。初步开展业务活动的内容包括以下几个方面：

（1）初步了解被审计单位及其环境。

（2）评价被审计单位的治理层和管理层是否诚信。

（3）评价会计师事务所和注册会计师遵守职业道德的情况。

（4）签订并修改设计业务约定书。

二、审计业务约定书

（一）审计业务约定书的定义

审计业务约定书是指会计师事务所与被审计单位签订的，用以记录和确认审计业务的委

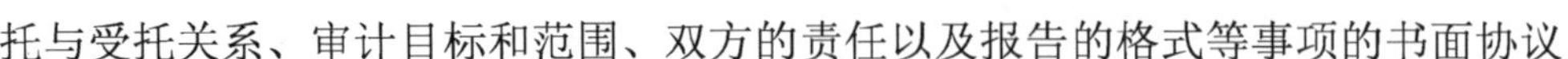

托与受托关系、审计目标和范围、双方的责任以及报告的格式等事项的书面协议。

（二）审计业务约定书的作用

审计准则要求，注册会计师应当在审计业务开始前，与被审计单位就业务约定条款达成一致意见，并签订审计业务约定书，以避免双方对审计业务的理解产生分歧。如果被审计单位不是委托人，在签订约定书前，注册会计师应当与委托人、被审计单位就审计业务约定相关条款进行充分沟通，并达成一致意见。

审计业务约定书具有经济合同的性质，一经约定各方签字认可，即成为法律上生效的契约，对各方均具有法定约束力。

签署审计业务约定书的目的是明确约定各方的权利和责任义务，促使各方遵守约定事项并加强合作，保护签约各方的正当利益。

三、签订审计业务约定书之前应做的工作

会计师事务所在签订审计业务约定书之前，应指派注册会计师对被审计单位基本情况进行了解，并就审计业务约定相关条款特别是委托目的、审计范围、审计收费、被审计单位应提供的资料和信息以及必要工作条件与协助等进行充分沟通，并达成一致意见。

（一）明确审计业务的性质和范围

会计师事务所在与被审计单位签约之前，首要的工作是使双方就审计业务的性质和范围达成一致意见。审计业务有一般目的财务报表审计业务和特殊目的审计业务之分。如审计范围受到限制，注册会计师无法获取充分、适当的审计证据，也就无法对财务报表公允性发表意见。

（二）初步了解被审计单位的基本情况

注册会计师了解被审计单位基本情况，不仅有助于确定是否接受业务委托，还有利于计划和执行审计业务。注册会计师应了解的被审计单位基本情况包括以下几个方面：一是业务性质、经营规模和组织结构；二是经营情况和经营风险；三是以前年度接受审计的情况；四是财务会计机构及工作组织；五是其他与签订审计业务约定书相关的事项。

（三）会计师事务所评价专业胜任能力

会计师事务所评价的内容主要包括：一是执行审计的能力（确定审计小组的关键成员、考虑在审计过程中向外界专家寻求协助的需要和具有必要的时间）；二是能否保持独立性；三是保持应有关注的能力。如果会计师事务所不具备专业胜任能力，应当拒绝接受委托。

（四）商定审计收费

审计收费可采取计件收费和计时收费两种基本方式。在计时收费方式下确定收费时，会计师事务所应当考虑以下主要因素，以客观反映为客户提供专业服务的价值：一是专业服务的难度和风险以及所需的知识和技能；二是所需专业人员的水平和经验；三是每一专业人员

提供服务所需的工时；四是提供专业服务所需承担的责任。在专业服务得到良好的计划、监督及管理的前提下，通常以合理估计的每一专业人员审计工时和适当的小时费用率为基础计算收费。

（五）明确被审计单位应协助的工作

在注册会计师实施现场审计之前，被审计单位应将所有相关的会计资料和其他文件准备齐全。在审计过程中，被审计单位的财会人员及相关人员应对注册会计师的询问给予解释，并在适当情况下为注册会计师提供必要的工作条件和协助，如代编某些工作底稿等。

四、审计业务约定书的内容

会计师事务所就上述事项与被审计单位协商一致后，即可指派人员起草审计业务约定书。起草完毕的审计业务约定书一式两份，应由双方法人代表或授权代表签署，并加盖双方单位印章。任何方如需修改、补充约定书，均应以适当方式获得对方的确认。审计业务约定书在审计约定事项完成后，归入审计业务档案。

审计业务约定书的具体内容和格式可能因被审计单位的不同而不同，但应当包括以下主要内容。

（1）财务报表审计的目标；

（2）管理层对财务报表的责任；

（3）管理层编制财务报表采用的会计准则和相关会计制度；

（4）审计范围，包括指明在执行财务报表审计业务时遵守的中国注册会计师审计准则；

（5）执行审计工作的安排，包括出具审计报告的时间要求；

（6）审计报告格式和对审计结果的其他沟通形式；

（7）由于测试的性质和审计的其他固有限制，以及内部控制的固有局限性，不可避免地存在着某些重大错报可能仍然未被发现的风险；

（8）管理层为注册会计师提供必要的工作条件和协助；

（9）注册会计师不受限制地接触任何与审计有关的记录文件和所需要的其他信息；

（10）管理层对其作出的与审计有关的声明予以书面确认；

（11）注册会计师对执业过程中获知的信息保密；

（12）审计收费，包括收费的计算基础和收费安排；

（13）违约责任；

（14）解决争议的方法；

（15）签约双方法定代表人或其授权代表的签字盖章，以及签约双方加盖的公章。

【同步实例】

审计业务约定书

甲方：力人股份有限公司

乙方：科举会计师事务所

兹由甲方委托乙方对年度财务报表进行审计，经双方协商，达成以下约定：

一、业务范围与审计目标

1. 乙方接受甲方委托，对甲方按照企业会计准则编制的 2018 年 12 月 31 日资产负债表，2018 年度的利润表、股东权益变动表和现金流量表以及财务报表附注（以下统称财务报表）进行审计。

2. 乙方通过执行审计工作，对财务报表的下列方面发表审计意见：

（1）财务报表是否按照企业会计准则的规定编制；

（2）财务报表是否在所有重大方面公允反映甲方的财务状况、经营成果和现金流量。

二、甲方的责任与义务

（一）甲方的责任

1. 根据《中华人民共和国会计法》及《企业财务会计报告条例》，甲方及甲方负责人有责任保证会计资料的真实性和完整性。因此，甲方管理层有责任妥善保存和提供会计记录（包括但不限于会计凭证、会计账簿及其他会计资料），这些记录必须真实、完整地反映甲方的财务状况、经营成果和现金流量。

2. 按照企业会计准则的规定编制财务报表是甲方管理层的责任，这种责任包括：（1）设计、实施和维护与财务报表编制相关的内部控制，以使财务报表不存在由于舞弊或错误而导致的重大错报；（2）选择和运用恰当的会计政策；（3）作出合理的会计估计。

（二）甲方的义务

1. 及时为乙方的审计工作提供其所要求的全部会计资料和其他有关资料（在 2019 年 1 月 10 日之前提供审计所需的全部资料），并保证所提供资料的真实性和完整性。

2. 确保乙方不受限制地接触任何与审计有关的记录、文件和所需的其他信息。

3. 甲方管理层对其作出的与审计有关的声明予以书面确认。

4. 为乙方派出的有关工作人员提供必要的工作条件和协助，主要事项将由乙方于外勤工作开始前提供清单。

5. 按本约定书的约定及时足额支付审计费用以及乙方人员在审计期间的交通、食宿和其他相关费用。

三、乙方的责任和义务

（一）乙方的责任

1. 乙方的责任是在实施审计工作的基础上对甲方财务报表发表审计意见。乙方按照中国注册会计师审计准则（以下简称审计准则）的规定进行审计。审计准则要求注册会计师遵守职业道德规范，计划和实施审计工作，以对财务报表是否不存在重大错报获取合理保证。

2. 审计工作涉及实施审计程序，以获取有关财务报表金额和披露的审计证据。选择的审计程序取决于乙方的判断，包括对由于舞弊或错误导致的财务报表重大错报风险的评估。在进行风险评估时，乙方考虑与财务报表编制相关的内部控制，以设计恰当的审计程序，但目的并非对内部控制的有效性发表意见。审计工作还包括评价管理层选用会计政策的恰当性和作出会计估计的合理性，以及评价财务报表的总体列报。

3. 乙方需要合理计划和实施审计工作，以使乙方能够获取充分、适当的审计证据，为甲方财务报表是否不存在重大错报获取合理保证。

4. 乙方有责任在审计报告中指明所发现的甲方在重大方面没有遵循企业会计准则编制财务报表且未按乙方的建议进行调整的事项。

5. 由于测试的性质和审计的其他固有限制，以及内部控制的固有局限性，不可避免地存在着某些重大错报在审计后可能仍然未被乙方发现的风险。

6. 在审计过程中，乙方若发现甲方内部控制存在乙方认为的重要缺陷，应向甲方提交管理建议书。但乙方在管理建议书中提出的各种事项，并不代表已全面说明所有可能存在的缺陷或已提出所有可行的改善建议。甲方在实施乙方提出的改善建议前应全面评估其影响。未经乙方书面许可，甲方不得向任何第三方提供乙方出具的管理建议书。

7. 乙方的审计不能减轻甲方及甲方管理层的责任。

（二）乙方的义务

1. 按照约定时间完成审计工作，出具审计报告。乙方应于 2019 年 3 月 2 日前出具审计报告。

2. 除下列情况外，乙方应当对执行业务过程中知悉的甲方信息予以保密：（1）取得甲方的授权；（2）根据法律法规的规定，为法律诉讼准备文件或提供证据，以及向监管机构报告发现的违反法规行为；（3）接受行业协会和监管机构依法进行的质量检查；（4）监管机构对乙方进行行政处罚（包括监管机构处罚前的调查、听证）以及乙方对此提起行政复议。

四、审计收费

1. 本次审计服务的收费是以乙方各级别工作人员在本次工作中所耗费的时间为基础计算的。乙方预计本次审计服务的费用总额为人民币叁拾伍万元。

2. 甲方应于本约定书签署之日起 7 日内支付 20%的审计费用，剩余款项于［审计报告草稿完成日］结清。

3. 如果由于无法预见的原因，致使乙方从事本约定书所涉及的审计服务实际时间较本约定书签订时预计的时间有明显的增加或减少时，甲乙双方应通过协商，相应调整本约定书第四条第 1 项下所述的审计费用。

4. 如果由于无法预见的原因，致使乙方人员抵达甲方的工作现场后，本约定书所涉及的审计服务不再进行，甲方不得要求返还预付的审计费用；如上述情况发生于乙方人员完成现场审计工作，并离开甲方的工作现场之后，甲方应另行向乙方支付人民币伍仟元的补偿费，该补偿费应于甲方收到乙方的收款通知之日起 3 日内支付。

5. 与本次审计有关的其他费用（包括交通费、食宿费等）由甲方承担。

五、审计报告和审计报告的使用

1. 乙方按照《中国注册会计师审计准则第 1501 号——审计报告》和《中国注册会计师审计准则第 1502 号——非标准审计报告》规定的格式和类型出具审计报告。

2. 乙方向甲方致送审计报告一式陆份。

3. 甲方在提交或对外公布审计报告时，不得修改乙方出具的审计报告及其后附的已审计财务报表。当甲方认为有必要修改会计数据、报表附注和所作的说明时，应当事先通知乙方，乙方将考虑有关的修改对审计报告的影响，必要时，将重新出具审计报告。

六、本约定书的有效期间

本约定书自签署之日起生效，并在双方履行完毕本约定书约定的所有义务后终止。但其中第三（二）2、四、五、八、九、十项并不因本约定书终止而失效。

七、约定事项的变更

如果出现不可预见的情况，影响审计工作如期完成，或需要提前出具审计报告时，甲、乙双方均可要求变更约定事项，但应及时通知对方，并由双方协商解决。

八、终止条款

1. 如果根据乙方的职业道德及其他有关专业职责、适用的法律法规或其他任何法定的要求，乙方认为已不适宜继续为甲方提供本约定书约定的审计服务时，乙方可以采取向甲方提出合理通知的方式终止履行本约定书。

2. 在终止业务约定的情况下，乙方有权就其于本约定书终止之日前对约定的审计服务项目所做的工作收取合理的审计费用。

九、违约责任

甲乙双方按照《中华人民共和国合同法》的规定承担违约责任。

十、适用法律和争议解决

本约定书的所有方面均应适用中华人民共和国法律进行解释并受其约束。本约定书履行地为乙方出具审计报告所在地，因本约定书所引起的或与本约定书有关的任何纠纷或争议（包括关于本约定书条款的存在、效力或终止，或无效之后果），双方选择第 2 种解决方式：

（1）向有管辖权的人民法院提起诉讼；

（2）提交仲裁委员会仲裁。

十一、双方对其他有关事项的约定

本约定书一式两份，甲、乙双方各执一份，具有同等法律效力。

甲方：（盖章）力人股份有限公司　　乙方（盖章）科举会计师事务所

授权代表（盖章）　　授权代表（盖章）

2019 年 1 月 9 日　　2019 年 1 月 9 日

思考与练习

一、单项选择题

1. 在签订审计业务约定书之前，会计师事务所应当对其自身的胜任能力进行评价。评价的内容不包括（　　）。

A. 执行审计的能力　　B. 会计师事务所的独立性

C. 保持应有谨慎的能力　　D. 助理人员的经验

2．在初次接受年报审计委托时，审计人员应当了解的被审计单位的基本情况不包括（　　）。

A．客户的业务性质　　　　　　　　B．客户的内部控制的有效性

C．以前年度审计的情况　　　　　　D．财务会计机构的工作

3．审计业务约定书不包括的内容是（　　）。

A．审计项目小组的成员

B．被审计单位编制会计报表采用的会计准则和会计制度

C．注册会计师在审计过程中知悉的商业秘密应当保密

D．审计执行结果的报告形式和其他沟通方式

3．在本期审计开始时应进行初步业务活动，下列活动中不应属于初步业务活动的是（　　）。

A．针对保持客户关系和具体审计业务实施相应的质量控制程序

B．评价遵守职业道德规范的情况

C．了解被审计单位及其环境

D．及时签订或修改审计业务约定书

4．会计师事务所开展初步业务活动，以确保在计划审计工作时执行审计工作的注册会计师达到（　　）的要求。

A．合理利用专家工作　　　　　　　B．独立性和专业胜任能力

C．对客户的商业机密保密　　　　　D．按适当的方式收费

5．审计业务约定书必须包括一些内容，下列不是必需的内容是（　　）。

A．财务报表审计的目标

B．管理层对财务报表的责任

C．管理层编制财务报表采用的会计准则和相关会计制度

D．连续审计

二、多项选择题

1．注册会计师开展初步业务活动有助于确保在正式开始审计工作时达到下列要求（　　）。

A．注册会计师已具备执行业务所需要的独立性和专业胜任能力

B．不存在因管理层诚信问题而影响注册会计师保持该项业务意愿的情况

C．与被审计单位不存在对业务约定条款的误解

D．了解被审计单位及其环境

2．总体来讲，无论连续审计还是首次接受审计委托，注册会计师均应当考虑下列主要事项，以确定保持客户关系和具体审计业务的结论是恰当的（　　）。

A．被审计单位的主要股东、关键管理人员和治理层是否诚信

B．项目组是否具备执行审计业务的专业胜任能力以及必要的时间和资源

C．会计师事务所和项目组能否遵守职业道德规范

D．助理人员的经验

3．注册会计师应了解的被审计单位基本情况包括（　　）。

A．业务性质、经营规模和组织结构

B．经营情况和经营风险

C．以前年度接受审计的情况

D．控制活动

4．ABC 会计师事务所承接 EFG 公司 2012 年度财务报表审计工作，甲注册会计师担任项目合伙人，下列关于甲注册会计师的观点不正确的有（　　）。

A．注册会计师制定总体审计策略后，开展初步业务活动

B．开展初步业务活动以确定实际执行的重要性水平

C．开展初步业务活动以确定注册会计师是否具备独立性和专业胜任能力

D．开展初步业务活动以确保注册会计师对客户的商业机密保密

5．下列因素可能导致注册会计师修改审计业务约定条款或提醒被审计单位注意现有的业务约定条款的有（　　）。

A．被审计单位高级管理人员近期发生变动

B．被审计单位业务的性质或规模发生重大变化

C．被审计单位处置子公司

D．环境变化对审计服务的需求产生影响

三、案例分析题

根据题目要求，完成以下审计业务约定书任务：

瑞发股份有限公司于 2019 年 1 月 30 日与北京康正会计师事务所签订审计业务约定书，对其上年的会计报表进行审计，瑞发股份有限公司预计最迟能够在 2019 年 2 月 1 日之前提供审计所需的全部资料。公司应于本约定书签署之日支付 10%的审计费用，审计费用按乙方各级别工作人员在本次工作中所耗费的时间计算，其余款项审计报告出具当日结清。若出现不可预见的原因致无法完成审计工作，公司应支付 2000 元补偿费，并于收到乙方收款通知之日起 3 日内结清。而鉴于公司需要，审计报告出具的最后期限为 2019 年 3 月 12 日，并且需要一式六份。双方协定的收费为 2.4 万元。约定书自签订之日起生效，解决争议方式：提交当地仲裁委员会仲裁。

要求：根据以上所给资料，将双方的审计业务约定书填写完整。（无须盖章）

【同步实例】

审计业务约定书

甲方：＿＿＿＿＿＿＿＿＿＿

乙方：＿＿＿＿＿＿＿＿＿＿

兹由甲方委托乙方对年度财务报表进行审计，经双方协商，达成以下约定：

一、业务范围与审计目标

1．乙方接受甲方委托，对甲方按照＿＿＿＿＿＿编制的＿＿＿＿资产负债表，＿＿＿＿的

利润表、股东权益变动表和现金流量表以及财务报表附注（以下统称财务报表）进行审计。

2. 乙方通过执行审计工作，对财务报表的下列方面发表审计意见：

（1）财务报表是否按照________的规定编制；

（2）财务报表是否在所有重大方面公允反映甲方的财务状况、经营成果和现金流量。

二、甲方的责任与义务

（一）甲方的责任

1. 根据《中华人民共和国会计法》及《企业财务会计报告条例》，甲方及甲方负责人有责任保证会计资料的真实性和完整性。因此，甲方管理层有责任妥善保存和提供会计记录（包括但不限于会计凭证、会计账簿及其他会计资料），这些记录必须真实、完整地反映甲方的财务状况、经营成果和现金流量。

2. 按照________的规定编制财务报表是甲方管理层的责任，这种责任包括：（1）设计、实施和维护与财务报表编制相关的内部控制，以使财务报表不存在由于舞弊或错误而导致的重大错报；（2）选择和运用恰当的会计政策；（3）作出合理的会计估计。

（二）甲方的义务

1. 及时为乙方的审计工作提供其所要求的全部会计资料和其他有关资料（在________年____月____日之前提供审计所需的全部资料），并保证所提供资料的真实性和完整性。

2. 确保乙方不受限制地接触任何与审计有关的记录、文件和所需的其他信息。

3. 甲方管理层对其作出的与审计有关的声明予以书面确认。

4. 为乙方派出的有关工作人员提供必要的工作条件和协助，主要事项将由乙方于外勤工作开始前提供清单。

5. 按本约定书的约定及时足额支付审计费用以及乙方人员在审计期间的交通、食宿和其他相关费用。

三、乙方的责任和义务

（一）乙方的责任

1. 乙方的责任是在实施审计工作的基础上对甲方财务报表发表审计意见。乙方按照中国注册会计师审计准则（以下简称审计准则）的规定进行审计。审计准则要求注册会计师遵守职业道德规范，计划和实施审计工作，以对财务报表是否不存在重大错报获取合理保证。

2. 审计工作涉及实施审计程序，以获取有关财务报表金额和披露的审计证据。选择的审计程序取决于乙方的判断，包括对由于舞弊或错误导致的财务报表重大错报风险的评估。在进行风险评估时，乙方考虑与财务报表编制相关的内部控制，以设计恰当的审计程序，但目的并非对内部控制的有效性发表意见。审计工作还包括评价管理层选用会计政策的恰当性和作出会计估计的合理性，以及评价财务报表的总体列报。

3. 乙方需要合理计划和实施审计工作，以使乙方能够获取充分、适当的审计证据，为甲方财务报表是否不存在重大错报获取合理保证。

4. 乙方有责任在审计报告中指明所发现的甲方在重大方面没有遵循编制财务报表且未按乙方的建议进行调整的事项。

5. 由于测试的性质和审计的其他固有限制，以及内部控制的固有局限性，不可避免地存在着某些重大错报在审计后可能仍然未被乙方发现的风险。

6. 在审计过程中，乙方若发现甲方内部控制存在乙方认为的重要缺陷，应向甲方提交管理建议书。但乙方在管理建议书中提出的各种事项，并不代表已全面说明所有可能存在的缺陷或已提出所有可行的改善建议。甲方在实施乙方提出的改善建议前应全面评估其影响。未经乙方书面许可，甲方不得向任何第三方提供乙方出具的管理建议书。

7. 乙方的审计不能减轻甲方及甲方管理层的责任。

（二）乙方的义务

1. 按照约定时间完成审计工作，出具审计报告。乙方应于________年____月____日前出具审计报告。

2. 除下列情况外，乙方应当对执行业务过程中知悉的甲方信息予以保密：（1）取得甲方的授权；（2）根据法律法规的规定，为法律诉讼准备文件或提供证据，以及向监管机构报告发现的违反法规行为；（3）接受行业协会和监管机构依法进行的质量检查；（4）监管机构对乙方进行行政处罚（包括监管机构处罚前的调查、听证）以及乙方对此提起行政复议。

四、审计收费

1. 本次审计服务的收费是以乙方各级别工作人员在本次工作中所耗费的时间为基础计算的。乙方预计本次审计服务的费用总额为人民币________元。

2. 甲方应于本约定书签署之日起____日内支付________%的审计费用，剩余款项于［审计报告草稿完成日］结清。

3. 如果由于无法预见的原因，致使乙方从事本约定书所涉及的审计服务实际时间较本约定书签订时预计的时间有明显的增加或减少时，甲乙双方应通过协商，相应调整本约定书第四条第1项下所述的审计费用。

4. 如果由于无法预见的原因，致使乙方人员抵达甲方的工作现场后，本约定书所涉及的审计服务不再进行，甲方不得要求返还预付的审计费用；如上述情况发生于乙方人员完成现场审计工作，并离开甲方的工作现场之后，甲方应另行向乙方支付人民币________元的补偿费，该补偿费应于甲方收到乙方的收款通知之日起________日内支付。

5. 与本次审计有关的其他费用（包括交通费、食宿费等）由甲方承担。

五、审计报告和审计报告的使用

1. 乙方按照《中国注册会计师审计准则第 1501 号——审计报告》和《中国注册会计师审计准则第 1502 号——非标准审计报告》规定的格式和类型出具审计报告。

2. 乙方向甲方致送审计报告一式________份。

3. 甲方在提交或对外公布审计报告时，不得修改乙方出具的审计报告及其后附的已审计财务报表。当甲方认为有必要修改会计数据、报表附注和所作的说明时，应当事先通知乙方，乙方将考虑有关的修改对审计报告的影响，必要时，将重新出具审计报告。

六、本约定书的有效期间

本约定书自签署之日起生效，并在双方履行完毕本约定书约定的所有义务后终止。但其中第三（二）2、四、五、八、九、十项并不因本约定书终止而失效。

七、约定事项的变更

如果出现不可预见的情况，影响审计工作如期完成，或需要提前出具审计报告时，甲、乙双方均可要求变更约定事项，但应及时通知对方，并由双方协商解决。

八、终止条款

1. 如果根据乙方的职业道德及其他有关专业职责、适用的法律法规或其他任何法定的要求，乙方认为已不适宜继续为甲方提供本约定书约定的审计服务时，乙方可以采取向甲方提出合理通知的方式终止履行本约定书。

2. 在终止业务约定的情况下，乙方有权就其于本约定书终止之日前对约定的审计服务项目所做的工作收取合理的审计费用。

九、违约责任

甲乙双方按照《中华人民共和国合同法》的规定承担违约责任。

十、适用法律和争议解决

本约定书的所有方面均应适用中华人民共和国法律进行解释并受其约束。本约定书履行地为乙方出具审计报告所在地，因本约定书所引起的或与本约定书有关的任何纠纷或争议（包括关于本约定书条款的存在、效力或终止，或无效之后果），双方选择第______种解决方式：

（1）向有管辖权的人民法院提起诉讼；

（2）提交仲裁委员会仲裁。

十一、双方对其他有关事项的约定

本约定书一式两份，甲、乙双方各执一份，具有同等法律效力。

甲方：（盖章）　　　　　　　　　　乙方（盖章）

授权代表（盖章）　　　　　　　　　授权代表（盖章）

年　月　日　　　　　　　　　　　　年　月　日

任务十　总体审计策略和具体审计计划

【知识与能力目标】

1. 能够理解总体审计策略和具体审计计划的内容
2. 能够掌握总体审计策略和具体审计计划的编制方法

【素质目标】

1. 培养学生注重审计成本与审计资源的对立统一关系
2. 树立科学的审计计划理念，对计划工作建立审慎的审计观
3. 培养学生树立审计风险意识、大局意识和质量控制意识的职业观

【教学要点】

1. 总体审计策略和具体审计计划的内容和区别
2. 总体审计策略和具体审计计划的编制方法

【教学内容】

注册会计师与被审计单位签订完审计业务约定书后，为了规划审计工作的进程，保证在约定的时间完成审计工作出具审计报告，就需要编制审计计划。

计划审计工作对于注册会计师完成审计工作和控制审计风险具有非常重要的意义。充分的审计计划有助于注册会计师关注重点审计领域，及时发现和解决潜在问题，并恰当地组织和管理审计工作，以使审计工作更加有效。充分的审计计划还可以帮助注册会计师对项目组成员进行恰当分工和指导监督，并复核其工作。同时，充分的审计计划还有助于协调其他注册会计师和专家的工作。

审计计划分为总体审计策略和具体审计计划两个层次。

一、总体审计策略

总体审计策略用以确定审计范围、时间和方向，并指导制订具体审计计划。注册会计师应当为审计工作制定总体审计策略。在制定总体审计策略时，注册会计师应当考虑以下主要事项。

（一）审计范围

注册会计师应当确定审计业务的特征，包括采用的会计准则和相关会计制度、特定行业的报告要求以及被审计单位组成部分的分布等，以界定审计范围。

（二）报告目标、时间安排及所需沟通

总体审计策略的制定应当包括明确审计业务的报告目标，时间安排和所需沟通的性质，包括提交审计报告的时间要求，预期与管理层和治理层沟通的重要日期等。为计划报告目标、时间安排和所需沟通。

（三）审计方向

总体审计策略的制定应当包括考虑影响审计业务的重要因素。以确定项目组工作方向，包括确定适当的重要性水平，初步识别可能存在较高的重大错报风险的领域，初步识别重要的组成部分和账户余额，评价是否需要针对内部控制的有效性获取审计证据，识别被审计单位、所处行业、财务报告要求及其他相关方面最近发生的重大变化等。

（四）审计资源

总体审计策略应能恰当地反映注册会计师考虑审计范围、时间和方向的结果。注册会计

师应当在总体审计策略中清楚地说明下列内容：

1. 向具体审计领域调配的资源

包括向高风险领域分派有适当经验的项目组成员，就复杂的问题利用专家工作等。

2. 向具体审计领域分配资源的数量

包括安排到重要存货存放地观察存货盘点的项目组成员的数量，对其他注册会计师工作的复核范围，对高风险领域安排的审计时间预算等。

3. 何时调配这些资源

包括是在期中审计阶段还是在关键的截止日期调配资源等。

4. 如何管理、指导、监督这些资源的利用

包括预期何时召开项目组预备会和总结会，预期项目负责人和经理如何进行复核，是否需要实施项目质量控制复核等。

总体审计策略参考模式如下。

【同步实例】

总体审计策略

被审计单位：______	索引号：B1
项目：总体审计策略	财务报表截止日/期间：______
编制：张三	复核：______
日期：2018.10.9	日期：______

一、审计范围

适用的财务报告编制基础	企业会计准则
适用的审计准则	中国注册会计师审计准则
与财务报告相关的行业特别规定	不适用
需审计的集团内组成部分的数量及所在地点	不适用
需要阅读的含有已审计财务报表的文件中的其他信息	不适用
制定审计策略需考虑的其他事项	不适用

二、审计业务时间安排

（一）对外报告时间安排：2019年4月22日

（二）执行审计时间安排

执行审计时间安排	时　间
了解被审计单位及其环境，并评估重大错报风险的时间	2018.10.25 开始
要求客户完成相关资料准备及填列相关表格的时间	2019.1.31
存货监盘时间	2018.12.31
应收账款询证函时间	2019.1.4
观察固定资产时间	2019.1.8
完成现场工作时间	2019.3.10
最终复核完成时间	2019.4.18
确定报表及报告意见时间	2019.4.18

（三）沟通的时间安排

所　需　沟　通	时　间
与管理层及治理层的会议	视具体情况
项目组预备会	2018.12.25
项目组总结会	2019.4.15
与专家或有关人士的沟通	视具体情况
与前任注册会计师沟通	2018.12.31 之前

三、影响审计业务的重要因素

（一）重要性

1. 财务报表整体的重要性

基准	本期数	比率（%）	本期重要性水平参考值
资产总额	129376914.12	0.5%	646884.57 元
选择基准时考虑的因素	选择总资产作为财务报表整体重要性的基准		
计算的财务报表整体的重要性	650000 元（取整）		
确定的财务报表整体的重要性	650000 元		

2. 实际执行的重要性

占重要性比率（%）	计算的实际执行的重要性	确认的实际执行的重要性	说明
50%	325000 元	325000 元	首次接受委托

3. 特定类别的交易、账户余额或披露的一个或多个重要性水平

是否存在特定类别的交易、账户余额或披露，其发生的错报金额虽然低于财务报表整体的重要性，但合理预期可能影响财务报表使用者依据财务报表作出的经济决策？			否
交易、账户余额或披露	较低的重要性水平	较低的实际执行的重要性水平	考虑的因素
无			

4. 明显微小错报的临界值

比率（%）	计算的明显微小错报的临界值	确认的明显微小错报的临界值	说明
3%	650000×3% = 19500 元	19500 元	

（二）可能存在较高重大错报风险的领域

可能存在较高重大错报风险的领域	索引号
应收账款	
存货	

（三）重要的组成部分和账户余额

填写说明：

1．记录所审计的集团内重要的组成部分；

2．记录重要的账户余额，包括本身具有重要性的账户余额（如存货），以及评估出存在重大错报风险的账户余额。

重要的组成部分和账户余额	索引号
1．重要的组成部分	
2．重要的账户余额	
应收账款	
存货	
银行存款	

四、人员安排

（一）项目组主要成员

姓名	职级	主要职责
	合伙人	
	高级经理	
	项目经理	
	审计师	
	审计助理	

注：在分配职责时可以根据被审计单位的不同情况按会计科目划分，或按交易类别划分。

（二）质量控制复核人员

姓名	职级	主要职责

二、具体审计计划

（一）总体审计策略和具体审计计划之间的关系

总体审计策略用以确定审计范围、时间安排和方向，并指导具体审计计划的制订。注册会计师应当针对总体审计策略中所识别的不同事项，制订具体审计计划，并考虑通过有效利用审计资源以实现审计目标。值得注意的是，虽然编制总体审计策略的过程通常在具体审计计划之前，但是两项计划活动并不是孤立、不连续的过程，而是内在紧密联系的，对其中一项的决定可能会影响甚至改变对另外一项的决定。例如，注册会计师在了解被审计单位及其环境的过程中，注意到被审计单位对主要业务的处理依赖复杂的自动化信息系统，因此计算机信息系统的可靠性及有效性对其经营、管理、决策以及编制可靠的财务报告具有重大影响。对此，注册会计师可能会在具体审计计划中制定相应的审计程序，并相应调整总体审计策略的内容，做好利用信息风险管理专家的工作的决定。

因此注册会计师应当根据实施风险评估程序的结果，对总体审计策略的内容予以调整。在实务中，注册会计师将制定总体审计策略和具体审计计划相结合进行。

（二）具体审计计划包括的内容

注册会计师应当为审计工作制订具体审计计划。具体审计计划比总体审计策略更加详细，其内容包括为获取充分、适当的审计证据以将审计风险降至可接受的低水平，项目组成员拟实施的审计程序的性质、时间和范围。具体审计计划应当包括风险评估程序、计划实施的进一步审计程序和其他审计程序。

1．风险评估程序

为了足够识别和评估财务报表重大错报风险。注册会计师计划实施的风险评估程序的性质、时间和范围。

2．计划实施的进一步审计程序

针对评估的认定层次的重大错报风险，计划实施的进一步审计程序的性质、时间和范围（控制测试和实质性程序）。

通常，注册会计师计划的进一步审计程序可以分为进一步审计程序的总体方案和拟实施的具体审计程序（包括进一步审计程序的具体性质、时间和范围）两个层次。进一步审计程序的总体方案主要是指注册会计师针对各类交易、账户余额和列报决定采用的总体方案（包括实质性方案或综合性方案）。具体审计程序则是对进一步审计程序的总体方案的延伸和细化，它通常包括控制测试和实质性程序的性质、时间和范围。在实务中，注册会计师通常单独编制一套包括这些具体程序的“进一步审计程序表”，待具体实施审计程序时，注册会计师将基于所计划的具体审计程序。进一步记录所实施的审计程序及结果，并最终形成有关进一步审计程序的审计工作底稿。

具体审计计划参考模式如下。

表 10-1　具体审计计划（节选）

客户名称	财务报表期间	工作底稿索引号：B2
编制人及复核人员签字：		
编制人：		
复核人：		
项目质量控制复核人（如适用）：		

目　　录

3．计划其他审计程序

具体审计计划应当包括根据审计准则的规定，注册会计师针对审计业务需要实施的其他审计程序。计划的其他审计程序可以包括上述进一步程序的计划中没有涵盖的、根据其他审计准则的要求注册会计师应当执行的既定程序。例如，《中国注册会计师审计准则第 1141 号——财务报表审计中与舞弊相关的责任》《中国注册会计师审计准则第 1324 号——持续经营》《中国注册会计师审计准则第 1142 号——财务报表审计中对法律法规的考虑》及《中国注册会计师审计准则第 1323 号——关联方》等准则。

三、审计过程中对计划的更改

计划审计工作并非审计业务的一个孤立阶段，而是一个持续的、不断修正的过程，贯穿于整个审计业务始终。由于未预期事项、条件的变化或在实施审计程序中获取的审计证据等，注册会计师在必要时应当对总体审计策略和具体审计计划做出更新和修改。

审计过程可以分为不同阶段，通常前面阶段的工作结果会对后面阶段的工作计划产生一定的影响，而后面阶段的工作过程中又可能发现需要对已制订的相关计划进行相应的更新和修改。通常来讲，这些更新和修改涉及比较重要的事项。例如，对重要性水平的修改，对某类交易、账户余额和列报的重大错报风险的评估和进一步审计程序（包括总体方案和拟实施的具体审计程序）的更新和修改等。一旦计划被更新和修改，审计工作也就应当进行相应修正。

思考与练习

一、单项选择题

1. 在计划审计工作时，为了使审计业务更易于执行和管理，提高审计效率和效果，注册会计师可以就计划审计工作的基本情况与被审计单位治理层和管理层进行沟通，但是下列不属于应当沟通的内容的是（　　）。

A. 审计的时间安排和总体策略

B. 具体审计计划中执行的具体审计程序

C. 审计工作中受到的限制

D. 治理层和管理层对审计工作的额外要求

2. 具体审计计划的内容不包括（　　）。

A. 风险评估程序　　B. 进一步审计程序

C. 初步业务活动　　D. 计划其他审计程序

3. 总体审计策略的制定应当包括考虑影响审计业务的重要因素，以确定项目组工作方向，在确定审计方向时，应当考虑的因素不包括（　　）。

A. 项目预算　　B. 重要性方面

C. 信息技术对审计程序的影响　　D. 重大错报风险较高的审计领域

4. 下列有关计划审计工作的描述中不正确的是（　　）。

A. 计划审计工作并非审计业务的一个孤立阶段，而是一个持续的、不断修正的过程，贯穿于整个审计业务的始终

B. 注册会计师可以就总体审计策略、具体审计计划的某些内容与被审计单位的治理层和管理层沟通，所以制定总体审计策略和具体审计计划是注册会计师和被审计单位共同的责任

C. 注册会计师应当记录总体审计策略和具体审计计划，包括在审计工作过程中做出的任何重大更改

D. 注册会计师应该针对评估的认定层次的重大错报风险，计划实施进一步审计程序的性质、时间和范围

5. 在制订具体审计计划的时候，注册会计师应当考虑的内容是（　　）。

A. 计划实施的风险评估程序的性质、时间和范围

B. 计划与管理层和治理层沟通的日期

C. 计划向高风险领域分派的项目组成员

D. 计划召开项目组会议的时间

二、多项选择题

1. 制定总体审计策略时应当考虑影响审计业务的重要因素，以确定项目组的工作方向。在确定审计方向时，注册会计师需要考虑下列事项中的（　　）。

A. 业务交易量规模，以基于审计效率的考虑确定是否依赖内部控制

B. 项目组人员的选择和工作分工

C. 被审计单位的财务报告时间表

D. 以往审计中对内部控制运行有效性评价的结果

2. 注册会计师应当在总体审计策略中清楚地说明下列（　　）内容。

A. 向具体审计领域调配的资源，包括向高风险领域分派有适当经验的项目组成员，就复杂的问题利用专家工作等

B. 如何管理、指导、监督这些资源的利用，包括预期何时召开项目组预备会和总结会，预期项目负责人和经理如何进行复核，是否需要实施项目质量控制复核等

C. 何时调配这些资源，包括是在期中审计阶段还是在关键的截止日期调配资源等

D. 向具体审计领域分配资源的数量，包括安排到重要存货存放地观察存货盘点的项目组成员的数量，对其他注册会计师工作的复核范围，对高风险领域安排的审计时间预算等

3. 在为某项审计业务编制具体审计计划时，考虑的因素应该包括各具体项目的（　　）。

A. 审计方向　　　　B. 风险评估程序

C. 计划实施的进一步审计程序　　　　D. 计划其他审计程序

4. 下列关于计划审计工作的说法中，不正确的有（　　）。

A. 计划审计工作前需要充分了解被审计单位及其环境，一旦确定，无须进行修改

B. 计划审计工作通常由项目组中经验较多的人完成，项目负责人审核批准

C. 小型被审计单位无须制定总体审计策略

D. 项目负责人和项目组其他关键成员应当参与计划审计工作

5. 注册会计师应当为审计工作制定总体审计策略，在制定总体审计策略时，应当考虑的事项包括（　　）。

A. 审计方向　　B. 报告目标和时间安排

C. 审计资源　　D. 计划实施的进一步审计程序

三、案例分析题

ABC 股份有限公司是纺织行业的上市公司，2015 年发行社会公众股并上市交易，受政府的优惠政策的支持，业绩相当不错，上市当年的每股收益为 0.433 元，但在 2016 年企业开始出现下滑的趋势，每股收益为 0.200 元。公司目前在准备 2019 年的年度审计，并打算聘请诚信会计师事务所进行年度审计。诚信会计师事务所在接受该公司委托前通过公开渠道了解到如下信息：

（1）2017 年、2018 年两年的业绩相当不理想，每股收益分别为 0.155 元和 0.100 元。

（2）2019 年未经审计的中期报表的每股收益为 0.090 元。

（3）2019 年 12 月 5 日公告了其进行资产重组的消息。

（4）2017 年、2018 年从事该公司年度报表审计的事务所是大胜会计师事务所。

（5）公司在 2019 年 12 月 26 日宣布入股组建电子商务网络公司，并处于控股地位。

请问：

（1）你作为该项目的负责人，在接受委托前你会如何处理？

（2）如果接受委托，你在编制审计计划时采取何种手段防范由上述信息可能带来的风险？

任务十一　风险评估及风险应对

【知识与能力目标】

1. 了解风险评估的总体要求
2. 了解风险评估程序
3. 理解被审计单位及其环境的内容
4. 掌握被审计单位内部控制的要素
5. 掌握应对重大错报风险的措施

【素质目标】

1. 培养学生养成风险意识的职业素养
2. 培养学生树立脚踏实地、谨慎执业的职业观

【教学要点】

1. 风险评估的总体要求
2. 被审计单位及其环境的内容
3. 被审计单位内部控制的要素
4. 应对重大错报风险的措施

【教学内容】

审计方法演进经历了账项基础审计、制度基础审计、风险导向审计三个阶段。风险导向审计是当今主流的审计方法，它要求注册会计师以重大错报风险的识别、评估和应对为审计工作的主线，以提高审计效率和效果。风险评估是针对重大错报风险进行评估和应对，并最终将审计风险降至可接受的低水平。

子任务一 风险评估概述

随着经济全球化进程的加快，我国经济的快速发展，以及企业经营环境的急速变化，我国审计准则建设面临着许多挑战，主要体现在：行业面临的风险有日益增大趋势；现行审计实务不能有效应对财务报表重大错报风险；审计风险准则的出台导致国际审计准则出现很大的变化；我国与其他国家和地区的经济依存度日益提高，审计准则国际趋同的要求越来越迫切。

《中国注册会计师审计准则第 1211 号——了解被审计单位及其环境并评估大错报风险》规定注册会计师应当了解被审计单位及其环境，以充分识别和浮估财务报表重大错报风险，设计和实施进一步审计程序。

了解被审计单位及其环境是必要程序，特别是为注册会计师在一系列关键环节作出职业判断提供重要基础：（1）确定重要性水平并随着审计工作的进程评估对重要性水平的判断是否仍然适当；（2）考虑会计政策的选择和应用是否恰当，以及财务报表的列报是否适当；（3）确定在实施分析程序时所使用的预期值；（4）设计实施进一步审计程序，以将审计风险降至可接受的低水平；（5）评价所获取审计证据的充分性和适当性。

了解被审计单位及其环境是一个连续和动态地收集、更新分析信息的过程，贯穿于整个审计过程的始终。注册会计师应当运用职业判断确定需要了解被审计单位及其环境的程度。

评价对被审计单位及其环境了解的程度是否恰当，关键是注册会计师对被审计单位及其环境的了解是否足以识别和评估财务报表的重大错报风险。如果了解被审计单位及其环境获得的信息足以识别和评估财务报表的重大错报风险，设计和实施进一步审计程序，那么了解的程度就是恰当。

风险评估过程如图 11-1 所示。

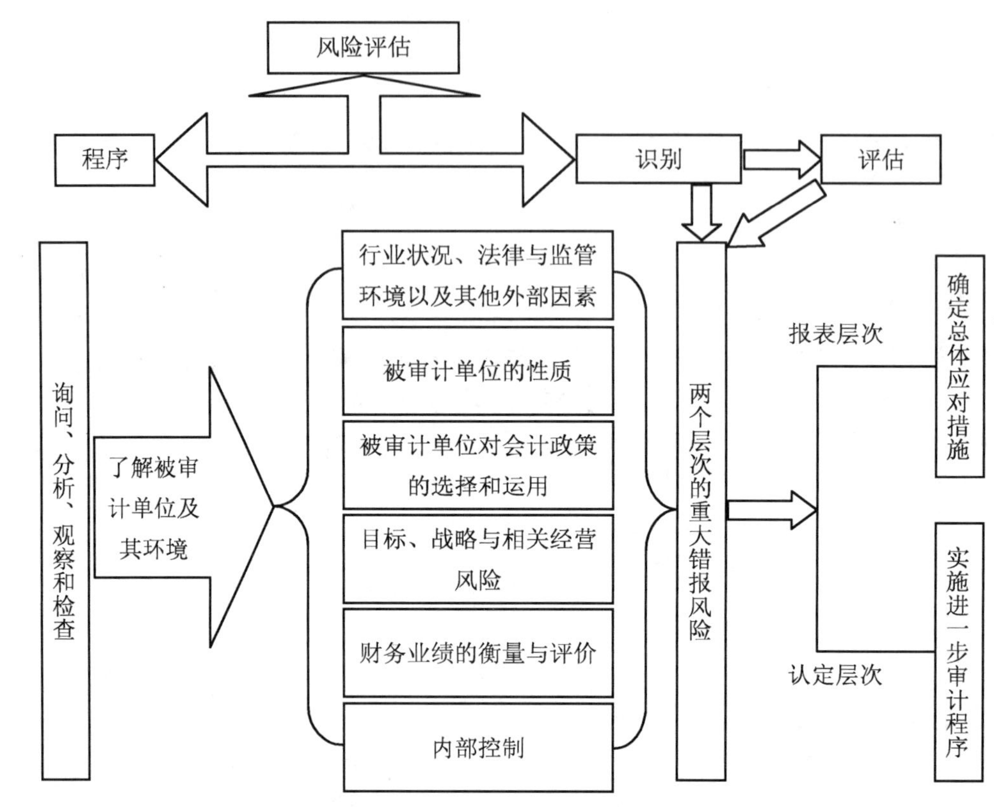

图 11-1 风险评估过程

子任务二 风险评估程序

注册会计师了解被审计单位及其环境，目的是识别和评估财务报表层次重大错报风险。为了解被审计单位及其环境而实施的程序称为“风险评估程序”。注册会计师应当依据实施这些程序所获取的信息评估重大错报风险。

注册会计师应当实施下列风险评估程序，以了解被审计单位及其环境：（1）询问被审计单位管理层和内部其他相关人员；（2）分析程序；（3）观察和检查。

（一）询问被审计单位管理层和内部其他相关人员

询问被审计单位管理层和内部其他相关人员是注册会计师了解被审计单位及其环境的一个重要信息来源。注册会计师可以考虑向管理层和财务负责人询问下列事项：

第一，管理层所关注的主要问题。如新的竞争对手、主要客户和供应商的流失、新的税收法规的实施以及经营目标或战略的变化等。

第二，被审计单位最近的财务状况、经营成果和现金流量。

第三，可能影响财务报告的交易和事项，或者目前发生的重大会计处理问题。如重大的购并事宜等。

第四，被审计单位发生的其他重要变化。如所有权结构、组织结构的变化，以及内部控制的变化等。

尽管注册会计师通过询问管理层和财务负责人可获取大部分信息，但是询问被审计单位内部的其他人士可能为注册会计师提供不同的信息，有助于识别重大错报风险。因此，注册会计师除了询问管理层和对财务报告负有责任的人员外，还应当考虑询问内部审计人员、采购人员、生产人员、销售人员等其他人员，并考虑询问不同级别的员工，以获取对识别重大错报风险有用的信息。例如：（1）询问治理层，有助于注册会计师理解财务报表编制的环境；（2）询问内部审计人员，有助于注册会计师了解其针对被审计单位内部控制设计和运行有效性而实施的工作，以及管理层对内部审计发现的问题是否采取适当的措施；（3）询问营销或销售人员，有助于注册会计师了解被审计单位的营销策略及其变化、销售趋势以及与客户的合同安排；（4）询问采购人员和生产人员，有助于注册会计师了解被审计单位的原材料采购和产品生产等情况；（5）询问仓库人员，有助于注册会计师了解原材料、产成品等存货的进出、保管和盘点等情况。

（二）实施分析程序

分析程序是指注册会计师通过研究不同财务数据之间以及财务数据与非财务数据之间的内在关系，对财务信息做出评价。分析程序还包括调查识别出的、与其他相关信息不一致或与预期数据严重偏离的波动和关系。

分析程序既可用作风险评估程序和实质性程序，也可用于对财务报表的总体复核。注册会计师实施分析程序有助于识别异常的交易或事项，以及对财务报表和审计产生影响的金额、比率和趋势。在实施分析程序时，注册会计师应当预期可能存在的合理关系，并与被审计单位记录的金额、依据记录金额计算的比率或趋势相比较；如果发现异常或未预期到的关系，注册会计师应当在识别重大错报风险时考虑这些比较结果。

（三）观察和检查

观察和检查程序可以印证对管理层和其他相关人员的询问结果，并可提供有关被审计单位及其环境的信息，注册会计师应当实施下列观察和检查程序：

1．观察被审计单位的生产经营活动

例如，观察被审计单位人员正在从事的生产活动和内部控制活动，增加注册会计师对被审计单位人员如何进行生产经营活动及实施内部控制的了解。

2．检查文件、记录和内部控制手册

例如，检查被审计单位的章程，与其他单位签订的合同、协议，各业务流程操作指引和内部控制手册等，了解被审计单位组织结构和内部控制制度的建立健全情况。

3．阅读由管理层和治理层编制的报告

例如，阅读被审计单位年度和中期财务报告，股东大会、董事会会议、高级管理层会议的会议记录或纪要，管理层的讨论和分析资料，经营计划和战略，对重要经营环节和外部因素的评价，被审计单位内部管理报告以及其他特殊目的报告（如新投资项目的可行性分析报告）等。

4．实地察看被审计单位的生产经营场所和设备

通过现场访问和实地察看被审计单位的生产经营场所和设备，可以帮助注册会计师了解被审计单位的性质及其经营活动。

5．追踪交易在财务报告信息系统中的处理过程（穿行测试）

这是注册会计师了解被审计单位业务流程及其相关控制时经常使用的审计程序。通过追踪某笔或某几笔交易在业务流程中如何生成、记录、处理和报告以及相关控制如何执行，注册会计师可以确定被审计单位的交易流程和相关控制是否与之前通过其他程序所获得的了解一致，并确定相关控制是否得到执行。

子任务三　了解被审计单位及其环境

一、总体要求

注册会计师应当从下列方面了解被审计单位及其环境：

（1）行业状况、法律环境与监管环境以及其他外部因素；

（2）被审计单位的性质；

（3）被审计单位对会计政策的选择和运用；

（4）被审计单位的目标战略以及相关经营风险；

（5）被审计单位财务业绩的衡量和评价；

（6）被审计单位的内部控制。

注册会计师针对上述六个方面实施的风险评估程序的性质、时间和范围取决于审计业务的具体情况，如被审计单位的规模和复杂程度，以及注册会计师的相关审计经验，包括以前对被审计单位提供审计和相关服务的经验和对类似行业、类似企业的审计经验。此外，识别被审计单位及其环境在上述各方面与以前期间相比发生的重大变化，对于充分了解被审计单位及其环境、识别和评估重大错报风险尤为重要。

二、行业状况、法律环境与监管环境以及其他外部因素

（一）行业状况

了解行业状况有助于注册会计师识别与被审计单位所处行业有关的重大错报风险。注册会计师应当了解被审计单位的行业状况，主要包括以下内容：

（1）所处行业的市场供求与竞争；
（2）生产经营的季节性和周期性；
（3）产品生产技术的变化；
（4）能源供应与成本；
（5）行业的关键指标和统计数据。

例如，被审计单位所处行业的总体发展趋势是什么；处于哪一发展阶段如起步、快速成长、成熟或衰退阶段；所处市场的需求、市场容量和价格竞争如何等。

（二）法律环境及监管环境

注册会计师应当了解被审计单位所处的法律环境及监管环境，主要包括以下内容：
（1）适用的会计准则、会计制度和行业特定惯例；
（2）对经营活动产生重大影响的法律法规及监管活动；
（3）对开展业务产生重大影响的政府政策，包括货币、财政、税收和贸易等政策；
（4）与被审计单位所处行业和所从事经营活动相关的环保要求。

例如，国家对某一行业的企业是否有特殊的监管要求（如对银行、保险等行业的特殊监管要求）；是否存在新出台的法律法规（如新出台的有关产品责任、劳动安全或环境保护的法律法规等），对被审计单位有何影响；国家货币、财政、税收和贸易等方面政策的变化是否会对被审计单位的经营活动产生影响；与被审计单位相关的税务法规是否发生变化等。

（三）其他外部因素

注册会计师应当了解影响被审计单位经营的其他外部因素，主要包括以下内容：
（1）宏观经济的景气度；
（2）利率和资金供求状况；
（3）通货膨胀水平及币值变动；
（4）国际经济环境和汇率变动。

三、被审计单位的性质

（一）所有权结构

对被审计单位所有权结构的了解有助于注册会计师识别关联方关系并了解被审计单位的决策过程。

注册会计师应当了解所有权结构以及所有者与其他人员或单位之间的关系，考虑关联方关系是否已经得到识别，以及关联方交易是否得到恰当核算。例如，注册会计师应当了解被审计单位是属于国有企业、外商投资企业、民营企业，还是属于其他类型的企业，还应当了解其直接控股母公司、间接控股母公司、最终控股母公司和其他股东的构成，以及所有者与其他人员或单位（如控股母公司控制的其他企业）之间的关系。

注册会计师应当按照《中国注册会计师审计准则第 1323 号——关联方》的规定，了解被审计单位识别关联方的程序，获取被审计单位提供的所有关联方信息，并考虑关联方关系是

否已经得到识别，关联方交易是否得到恰当记录和充分披露。

（二）治理结构

良好的治理结构可以对被审计单位的经营和财务运作实施有效的监督，从而降低财务报表发生重大错报的风险。注册会计师应当了解被审计单位的治理结构。例如，董事会的组成情况、董事会内部是否有独立董事；治理结构中是否设有审计委员会或监事会及其运作情况。注册会计师应当考虑治理层是否能够在独立于管理层的情况下对被审计单位事务（包括财务报告）作出客观判断。

（三）组织结构

复杂的组织结构可能导致某些特定的重大错报风险。注册会计师应当了解被审计单位的组织结构，考虑复杂组织结构可能导致的重大错报风险。包括财务报表合并、商誉减值以及长期股权投资核算等问题。

例如，对于在多个地区拥有子公司、合营企业、联营企业或其他成员机构。或者存在多个业务分部和地区分部的被审计单位，不仅编制合并财务报表的难度增加，还存在其他可能导致重大错报风险的复杂事项。包括：对于子公司、合营企业、联营企业和其他股权投资类别的判断及其会计处理；商誉在不同业务分部间的减值等。

（四）经营活动

了解被审计单位经营活动有助于注册会计师识别预期在财务报表中反映的主要交易类别、重要账户余额和列报。注册会计师应当了解被审计单位的经营活动。主要包括：

（1）主营业务的性质。例如，主营业务是制造业还是商品批发与零售。

（2）与生产产品或提供劳务相关的市场信息。例如，主要客户和合同、付款条件、利润率、市场份额、竞争者、出口、定价政策、产品声誉、质量保证、营销策略和目标等。

（3）业务的开展情况。例如，业务分部的设立情况、产品和服务的交付、衰退或扩展的经营活动的详情等。

（4）联盟、合作与外包情况。

（5）从事电子商务的情况。例如，是否通过互联网销售产品和提供服务以及行销活动。

（6）地区与行业分布。例如，是否涉及跨地区经营和多种经营，各个地区和各行业分布的相对规模以及相互之间是否存在依赖关系。

（7）生产设施、仓库的地理位置及办公地点。

（8）关键客户。例如销售对象是少数的大客户还是众多的小客户；是否有被审计单位高度依赖的特定客户（如超过销售总额10%的顾客）。

（9）重要供应商。例如，是否签订长期供应合同，原材料供应的可靠性和稳定性，付款条件，以及原材料是否受重大价格变动的影响。

（10）劳动用工情况。例如，分地区用工情况、劳动力供应情况、工资水平。

（五）筹资活动

了解被审计单位筹资活动有助于注册会计师评估被审计单位在融资方面的压力，并进一步考虑被审计单位在可预见未来的持续经营能力。注册会计师应当了解被审计单位的筹资活动，主要包括：

（1）债务结构和相关条款，包括担保情况及表外融资。例如，获得的信贷额度是否可以满足营运需要；得到的融资条件及利率是否与竞争对手相似，如不相似，原因何在；是否存在违反借款合同中限制性条款的情况；是否承受重大的汇率与利率风险。

（2）固定资产的租赁。包括通过融资租赁方式进行的筹资活动。

（3）关联方融资。例如，关联方融资的特殊条款。

（4）实际受益股东。例如，实际受益股东是国内的，还是国外的，其商业声誉和经验可能对被审计单位产生的影响。

（5）衍生金融工具的运用。例如，衍生金融工具是用于交易目的还是套期目的，以及运用的种类、范围和交易对手等。

四、被审计单位对会计政策的选择和运用

（一）重要项目的会计政策和行业惯例

重要项目的会计政策包括收入确认方法，存货的计价方法，投资的核算，固定资产的折旧方法，坏账准备、存货跌价准备和其他资产减值准备的确定，借款费用资本化方法，合并财务报表的编制方法等。除会计政策以外，某些行业可能还存在一些行业惯例，注册会计师应当熟悉这些行业惯例。当被审计单位采用与行业惯例不同的会计处理方法时，注册会计师应当了解其原因，并考虑采用与行业惯例不同的会计处理方法是否适当。

（二）重大和异常交易的会计处理方法

例如，本期发生的企业合并的会计处理方法。某些被审计单位可能存在与其所处行业相关的重大交易。例如，银行向客户发放贷款、证券公司对外投资、医药企业的研究与开发活动等，注册会计师应当考虑对重大的和不经常发生的交易的会计处理方法是否适当。

（三）在新领域和缺乏权威性标准或共识的领域，采用重要会计政策产生的影响

在新领域和缺乏权威性标准或共识的领域，注册会计师应当关注被审计单位选用了哪些会计政策，为什么选用这些会计政策以及选用这些会计政策产生的影响。

（四）会计政策的变更

如果被审计单位变更了重要的会计政策，注册会计师应当考虑变更的原因及其适当性，主要包括：（1）会计政策变更是否法律、行政法规或者适用的会计准则和相关会计制度要求的变更；（2）会计政策变更是否能够提供更可靠、更相关的会计信息。除此之外，注册会计师还应当关注会计政策的变更是否得到充分披露。

（五）被审计单位何时采用以及如何采用新颁布的会计准则和相关会计制度

例如，企业会计准则自 2007 年 1 月 1 日起在上市公司施行（2014 年 7 月 23 日修改并公

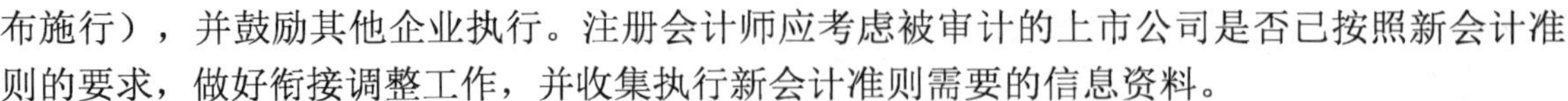
布施行），并鼓励其他企业执行。注册会计师应考虑被审计的上市公司是否已按照新会计准则的要求，做好衔接调整工作，并收集执行新会计准则需要的信息资料。

除上述与会计政策的选择和运用相关的事项外，注册会计师还应对被审计单位下列与会计政策运用相关的情况予以关注：（1）是否采用激进的会计政策、方法、会计估计和判断；（2）财会人员是否拥有足够的运用会计准则的知识、经验和能力；（3）是否拥有足够的资源支持会计政策的运用，如人力资源及培训、信息技术的采用、数据和信息的采集等。

五、被审计单位的目标、战略以及相关经营风险

（一）目标、战略

目标是企业经营活动的指针。企业管理层或治理层一般会根据企业经营面临的外部环境和内部各种因素，制定合理可行的经营目标。

战略是企业管理层为实现经营目标采用的总体层面的策略和方法。为了实现某一既定的经营目标，企业可能有多个可行战略。

例如，如果目标是在某一特定期间内进入一个新的市场，那么可行的战略可能包括收购该市场内的现有企业、与该市场内的其他企业合资经营或自行开发进入该市场。随着外部环境的变化，企业应对目标和战略作出相应的调整。

（二）经营风险

经营风险源于对被审计单位实现目标和战略产生不利影响的重大情况、事项、环境和行动，或源于不恰当的目标和战略。不同的企业可能面临不同的经营风险，这取决于企业经营的性质、所处行业、外部监管环境：企业的规模和复杂程度。管理层有责任识别和应对这些风险。

不能随环境的变化而作出相应的调整固然可能产生经营风险，但是，调整的过程也可能导致经营风险。例如，为应对消费者需求的变化，企业开发了新产品。但是，开发的新产品可能会产生开发失败的风险；即使开发成功，市场需求可能没有充分开发，从而产生产品营销风险；产品的缺陷还可能导致企业遭受声誉风险和承担产品赔偿责任的风险。

注册会计师应当了解被审计单位是否存在与下列方面有关的目标和战略，并考虑相应的经营风险：（1）行业发展，及其可能导致的被审计单位不具备足以应对行业变化的人力资源和业务专长等风险；（2）开发新产品或提供新服务，及其可能导致的被审计单位产品责任增加等风险；（3）业务扩张，及其可能导致的被审计单位对市场需求的估计不准确等风险；（4）新颁布的会计法规，及其可能导致的被审计单位执行法规不当或不完整，或会计处理成本增加等风险；（5）监管要求，及其可能导致的被审计单位法律责任增加等风险；（6）本期及未来的融资条件，及其可能导致的被审计单位由于无法满足融资条件而失去融资机会等风险；（7）信息技术的运用，及其可能导致的被审计单位信息系统与业务流程难以融合等风险。

目标、战略、经营风险和重大错报风险之间的相互联系可举一例予以说明。例如，企业当前的目标是在某一特定期间内进入某一新的海外市场，企业选择的战略是在当地成立合资

公司。从该战略本身来看，是可以实现这一目标的。但是，成立合资公司可能会带来很多的经营风险，例如，企业如何与当地合资方在经营活动、企业文化等各方面协调，如何在合资公司中获得控制权或共同控制权，当地市场情况是否会发生变化，当地对合资公司的税收和外汇管理方面的政策是否稳定。合资公司的利润是否可以汇回，是否存在汇率风险等。这些经营风险反映到财务报表中，可能会因对合资公司是属于子公司、合营企业或联营企业的判断问题，投资核算问题，包括是否存在减值问题、对当地税收规定的理解，以及外币折算等问题而导致财务报表出现重大错报风险。

六、被审计单位财务业绩的衡量和评价

被审计单位管理层经常会衡量和评价关键业绩指标（包括财务和非财务的）、预算及差异分析、分部信息和分支机构、部门或其他层次的业绩报告以及与竞争对手的业绩比较。此外，外部机构也会衡量和评价被审计单位的财务业绩，如分析师的报告和信用评级机构的报告。

在了解被审计单位财务业绩衡量和评价情况时，注册会计师应当关注下列信息：（1）关键业绩指标；（2）业绩趋势；（3）预测、预算和差异分析；（4）管理层和员工业绩考核与激励性报酬政策；（5）分部信息与不同层次部门的业绩报告；（6）与竞争对手的业绩比较；（7）外部机构提出的报告。

注册会计师了解被审计单位财务业绩的衡量与评价，是为了考虑管理层是否面临实现某些关键财务业绩指标的压力。这些压力既可能源于需要达到市场分析师或股东的预期，也可能产生于达到获得股票期权或管理层和员工奖金的目标。受压力影响的人员可能是高级管理人员（包括董事会），也可能是可以操纵财务报表的其他经理人员，如子公司或分支机构管理人员可能为达到奖金目标而操纵财务报表。

七、了解被审计单位的内部控制

（一）内部控制的含义和要素

内部控制是被审计单位为了合理保证财务报告的可靠性、经营的效率和效果以及对法律法规的遵守，由治理层、管理层和其他人员设计和执行的政策和程序。可以从以下几方面理解内部控制。

1．内部控制的目标是合理保证

（1）财务报告的可靠性，这一目标与管理层履行财务报告编制责任密切相关；

（2）经营的效率和效果，即经济有效地使用企业资源，以最优方式实现企业的目标；

（3）在所有经营活动中遵守法律法规的要求，即在法律法规的框架下从事经营活动。

2．责任主体

设计和实施内部控制的责任主体是治理层、管理层和其他人员，组织中的每一个人都对内部控制负有责任。

3．手段

实现内部控制目标的手段是设计和执行控制政策及程序。内部控制包括下列要素：（1）控制环境；（2）风险评估过程；（3）信息系统与沟通；（4）控制活动；（5）对控制的监督。

内部控制的目标旨在合理保证财务报告的可靠性、经营的效率和效果以及对法律法规的遵守。注册会计师审计的目标是对财务报表是否不存在重大错报发表审计意见，尽管要求注册会计师在财务报表审计中考虑与财务报表编制相关的内部控制，但目的并非对被审计单位内部控制的有效性发表意见。因此，注册会计师需要了解和评价的内部控制只是与财务报表审计相关的内部控制，并非被审计单位所有的内部控制。

（二）对内部控制了解的深度

对内部控制了解的深度，是指在了解被审计单位及其环境时对内部控制了解的程度。包括评价控制的设计，并确定其是否得到执行，但不包括对控制是否得到一贯执行的测试。

1．评价控制的设计

注册会计师在了解内部控制时，应当评价控制的设计，并确定其是否得到执行。（1）评价控制的设计是指考虑一项控制单独或连同其他控制是否能够有效防止或发现并纠正重大错报。（2）控制得到执行是指某项控制存在且被审计单位正在使用。设计不当的控制可能表明内部控制存在重大缺陷，注册会计师在确定是否考虑控制得到执行时，应当首先考虑控制的设计。如果控制设计不当，不需要再考虑控制是否得到执行。

2．获取控制设计和执行的审计证据

注册会计师通常实施下列风险评估程序，以获取有关控制设计和执行的审计证据：（1）询问被审计单位的人员；（2）观察特定控制的运用；（3）检查文件和报告；（4）追踪交易在财务报告信息系统中的处理过程（穿行测试）。这些程序是风险评估程序在了解被审计单位内部控制方面的具体运用。

询问本身并不足以评价控制的设计以及确定其是否得到执行，注册会计师应当将询问与其他风险评估程序结合使用。

3．内部控制的固有局限性

内部控制存在固有局限性，无论如何设计和执行，只能对财务报告的可靠性提供合理的保证。内部控制存在的固有局限性包括以下内容：

（1）在决策时人为判断可能出现错误和由于人为失误而导致内部控制失效。例如，被审计单位信息技术工作人员没有完全理解系统如何处理销售交易，为使系统能够处理新型产品的销售，可能错误地对系统进行更改；或者对系统的更改是正确的，但是程序员没能把此次更改转化为正确的程序代码。

（2）可能由于两个或更多的人员进行串通或管理层凌驾于内部控制之上而被规避。例如，管理层可能与客户签订背后协议，对标准的销售合同做出变动，从而导致收入确认发生错误。再如，软件中的编辑控制旨在发现和报告超过赊销信用额度的交易，但这一控制可能被逾越或规避。

此外，如果被审计单位内部行使控制职能的人员素质不适应岗位要求，也会影响内部控制功能的正常发挥。被审计单位实施内部控制的成本效益问题也会影响其效能，当实施某项控制成本大于控制效果而发生损失时，就没有必要设置控制环节或控制措施。内部控制一般都是针对经常且重复发生的业务而设置的，如果出现不经常发生或未预计到的业务，原有控制就可能不适用。

（三）内部控制五要素

1. 控制环境

（1）控制环境的含义

控制环境包括治理职能和管理职能，以及治理层和管理层对内部控制及其重要性的态度、认识和措施。控制环境设定了被审计单位的内部控制基调，影响员工对内部控制的认识和态度。良好的控制环境是实施有效内部控制的基础。防止或发现并纠正舞弊和错误是被审计单位治理层和管理层的责任。

在评价控制环境的设计和实施情况时，注册会计师应当了解管理层在治理层的监督下，是否营造并保持了诚实守信和合乎道德的文化，以及是否建立了防止或发现并纠正舞弊和错误的恰当控制。实际上，在审计业务承接阶段，注册会计师就需要对控制环境作出初步了解和评价。

（2）对诚信和道德价值观念的沟通与落实

诚信和道德价值观念是控制环境的重要组成部分，影响到重要业务流程的设计和运行。内部控制的有效性直接依赖于负责创建、管理和监控内部控制人员的诚信和道德价值观念。

注册会计师在了解和评估被审计单位诚信和道德价值观念的沟通与落实时，主要考虑的因素可能包括：被审计单位是否有书面的行为规范并向所有员工传达；被审计单位的企业文化是否强调诚信和道德价值观念的重要性；管理层是否身体力行，高级管理人员是否起表率作用；对违反有关政策和行为规范的情况，管理层是否采取适当的惩罚措施。

（3）对胜任能力的重视

胜任能力是指具备完成某一职位的工作所应有的知识和能力。管理层对胜任能力的重视包括对于特定工作所需的胜任能力水平的设定，以及对达到该水平所必需的知识和能力的要求。注册会计师应当考虑主要管理人员和其他相关人员是否能够胜任承担的工作和职责，例如，财会人员是否对编报财务报表所适用的会计准则和相关会计制度有足够的了解并能正确运用。

（4）治理层的参与程度

被审计单位的控制环境在很大程度上受治理层的影响。治理层的职责应在被审计单位的章程和政策中予以规定。治理层（董事会）通常通过其自身的活动，并在审计委员会或类似机构的支持下，监督被审计单位的财务报告政策和程序。因此，董事会、审计委员会或类似机构应关注被审计单位的财务报告，并监督被审计单位的会计政策以及内部、外部的审计工作和结果。治理层的职责还包括监督用于复核内部控制有效性的政策和程序设计是否合理，执行是否有效。

（5）管理层的理念和经营风格

管理层负责企业的运作以及经营策略和程序的制定、执行与监督。控制环境的每个方面在很大程度上都受管理层采取的措施和作出决策的影响，或在某些情况下受管理层不采取某些措施或不作出某种决策的影响。在有效的控制环境中，管理层的理念和经营风格可以创造一个积极的氛围。

衡量管理层对内部控制重视程度的重要标准，是管理层收到有关内部控制缺陷及违规事件的报告时是否作出适当反应。管理层及时下达纠弊措施，表明他们对内部控制的重视，也有利于加强企业内部的控制意识。

此外，了解管理层的经营风格也很有必要，管理层的经营风格是指管理层所能接受的业务风险的性质。例如，管理层是否经常投资于风险特别高的领域或者在接受风险方面极为保守，不敢越雷池一步。注册会计师对管理层的能力和诚信越有信心，就越有理由信赖管理层提供的信息和作出的解释及声明。相反。如果对管理层经营风格的了解加重了注册会计师的怀疑，注册会计师就会加大职业怀疑的程度，从而对管理层的各种声明产生疑问。因此，了解管理层的经营风格对注册会计师评估重大错报风险有着重要的意义。

（6）组织结构及职权与责任的分配

被审计单位的组织结构为计划、运作、控制及监督经营活动提供了一个整体框架。通过集权或分权决策，可在不同部门间进行适当的职责划分建立适当层次的报告体系。组织结构将影响权利、责任和工作任务在组织成员中的分配。被审计单位的组织结构一定程度上取决于被审计单位的规模和经营活动的性质。

被审计单位组织结构中应采用向个人或小组分配控制职责的方法，应建立执行特定职能（包括交易授权）的授权机制，确保每个人都清楚地了解报告关系和责任。

（7）人力资源政策与实务

政策与程序（包括内部控制）的有效性，通常取决于执行人。因此，被审计单位员工的能力与诚信是控制环境中不可缺少的因素。人力资源政策与实务涉及招聘、培训、考核、晋升和薪酬等方面。

综上所述，注册会计师应当对控制环境的构成要素获取足够的了解，并考虑内部控制的实质及其综合效果，以了解管理层和治理层对内部控制及其重要性的态度、认识以及所采取的措施。

在评价控制环境各个要素时，注册会计师应当考虑控制环境各个要素是否得到执行。因为管理层也许建立了合理的内部控制，但却未有效执行。例如，管理层已建立正式的行为守则，但实际操作中却没有对不遵守该守则的行为采取措施；又如，管理层要求信息系统建立安全措施，但却没有提供足够的资源。

控制环境对重大错报风险的评估具有广泛影响，注册会计师应当考虑控制环境的总体优势是否为内部控制的其他要素提供了适当的基础，并且未被控制环境中存在的缺陷所削弱。

控制环境本身并不能防止或发现并纠正各类交易、账户余额、列报认定层次的重大错报。注册会计师在评估重大错报风险时，应当将控制环境连同其他内部控制要素产生的影响一并考虑。例如，将控制环境与对控制的监督和具体控制活动一并考虑。

2. 被审计单位的风险评估过程

（1）被审计单位风险评估过程的含义

任何经济组织在经营活动中都会面临各种各样的风险，风险对其生存和竞争能力产生影响。很多风险并不为经济组织所控制，但管理层应当确定可以承受的风险水平，识别这些风险并采取一定的应对措施。

风险评估过程的作用是识别、评估和管理影响被审计单位实现经营目标能力的各种风险。而针对财务报告目标的风险评估过程则包括识别与财务报告相关的经营风险，评估风险的重大性和发生的可能性，以及采取措施管理这些风险。例如，风险评估可能会涉及被审计单位如何考虑对某些交易未予以记录的可能性，或者识别和分析财务报告中的重大会计估计发生错报的可能性。与财务报告相关的风险也可能与特定事项和交易有关。被审计单位的风险评估过程包括识别与财务报告相关的经营风险，以及针对这些风险所采取的措施。注册会计师应当了解被审计单位的风险评估过程和结果。

（2）对风险评估过程的了解

在评价被审计单位风险评估过程的设计和执行时，注册会计师应当确定管理层如何识别与财务报告相关的经营风险，如何估计该风险的重要性，如何评估风险发生的可能性，以及如何采取措施管理这些风险。如果被审计单位的风险评估过程符合其具体情况，了解被审计单位的风险评估过程和结果有助于注册会计师识别财务报表重大错报风险。

3．信息系统与沟通

（1）与财务报告相关的信息系统的含义

与财务报告相关的信息系统，包括用以生成、记录、处理和报告交易、事项和情况，对相关资产、负债和所有者权益履行经营管理责任的程序和记录。

与财务报告相关的信息系统通常包括下列职能：识别与记录所有的有效交易；及时、详细地描述交易，以便在财务报告中对交易作出恰当分类；恰当计量交易，以便在财务报告中对交易的金额作出准确记录；恰当确定交易生成的会计期间；在财务报表中恰当列报交易。

（2）与财务报告相关的沟通的含义

与财务报告相关的沟通包括使员工了解各自在与财务报告有关的内部控制方面的角色和职责，员工之间的工作联系，以及向适当级别的管理层报告例外事项的方式。

公开的沟通渠道有助于确保例外情况得到报告和处理。沟通可以采用政策手册、会计和财务报告手册及备忘录等形式进行，也可以通过发送电子邮件、口头沟通和管理层的行动来进行。

注册会计师应当了解被审计单位内部如何对财务报告的岗位职责，以及与财务报告相关的重大事项进行沟通。注册会计师还应当了解管理层与治理层（特别是审计委员会）之间的沟通，以及被审计单位与外部（包括与监管部门）的沟通。

4．控制活动

（1）相关的控制活动的含义

控制活动是指有助于确保管理层的指令得以执行的政策和程序，包括与授权、业绩评价、信息处理、实物控制和职责分离等相关的活动。

①授权。注册会计师应当了解与授权有关的控制活动。包括一般授权和特别授权。

授权的目的在于保证交易在管理层授权范围内进行。一般授权是指管理层制定的要求组织内部遵守的普遍适用于某类交易或活动的政策。特别授权是指管理层针对特定类别的交易或活动逐一设置的授权，如重大资本支出和股票发行等。特别授权也可能用于超过一般授权限制的常规交易。例如，因某些特别原因，同意对某个不符合一般信用条件的客户赊销商品。

②业绩评价。注册会计师应当了解与业绩评价有关的控制活动，主要包括被审计单位分析评价实际业绩与预算（或预测、前期业绩）的差异，综合分析财务数据与经营数据的内在关系，将内部数据与外部信息来源相比较，评价业绩，以及对发现的异常差异或关系采取必要的调查与纠正措施。

③信息处理。注册会计师应当了解与信息处理有关的控制活动，包括信息技术的一般控制和应用控制。

信息技术一般控制是指与多个应用系统有关的政策和程序，有助于保证信息系统持续恰当地运行，支持应用控制作用的有效发挥。例如，程序改变的控制、限制接触程序和数据的控制。

信息技术应用控制是指主要在业务流程层面运行的人工或自动化程序，与用于生成、记录、处理、报告交易或其他财务数据的程序相关，通常包括检查数据计算的准确性，审核账户和试算平衡表，设置对输入数据和数字序号的自动检查，以及对例外报告进行人工干预。

④实物控制。注册会计师应当了解实物控制，主要包括了解对资产和记录采取适当的安全保护措施，对访问计算机程序和数据文件设置授权。以及定期盘点并将盘点记录与会计记录相核对。例如。现金、有价证券和存货的定期盘点控制。实物控制的效果影响资产的安全，从而对财务报表的可靠性及审计产生影响。

⑤职责分离。注册会计师应当了解职责分离。主要包括了解被审计单位如何将交易授权、交易记录以及资产保管等职责分配给不同员工；以防范同一员工在履行多项职责时可能发生的舞弊或错误。当信息技术运用于信息系统时，职责分离可以通过设置安全控制来实现。

（2）对控制活动的了解

在了解控制活动时，注册会计师应当重点考虑一项控制活动单独或连同其他控制活动。是否能够以及如何防止或发现并纠正各类交易、账户余额、列报存在的重大错报。注册会计师的工作重点是识别和了解针对重大错报可能发生的领域的控制活动。

5．对控制的监督

（1）对控制的监督的含义

管理层的重要职责之一就是建立和维护控制并保证其持续有效运行。对控制的监督可以实现这一目标。对控制的监督是指被审计单位评价内部控制在一段时间内运行有效性的过程，该过程包括及时评价控制的设计和运行。以及根据情况的变化采取必要的纠正措施。例如，管理层对是否定期编制银行存款余额调节表进行复核，内部审计人员评价销售人员是否遵守公司关于销售合同条款的政策等。

（2）了解对内部控制的监督

注册会计师在对被审计单位整体层面的监督进行了解和评估时考虑的主要因素可能包括：

①被审计单位是否定期评价内部控制。

②被审计单位人员在履行正常职责时，能够在多大程度上获得内部控制是否有效运行的证据。

③与外部的沟通能够在多大程度上证实内部产生的信息或者指出存在的问题。

④管理层是否采纳内部审计人员和注册会计师有关内部控制的建议。

⑤管理层是否及时纠正控制运行中的偏差。

⑥管理层根据监管机构的报告及建议是否及时采取纠正措施。

⑦是否存在协助管理层监督内部控制的职能部门（如内部审计部门）。

内部控制的某些要素（如控制环境）更多地对被审计单位整体层面产生影响，而其他要素（如信息系统与沟通、控制活动）则可能更多地与特定业务流程相关。在实务中，注册会计师应当从被审计单位整体层面和业务流程层面分别了解和评价被审计单位的内部控制。

（四）从两个层面了解内部控制

1. 在整体层面了解内部控制

注册会计师应当了解和评价对被审计单位有普遍影响的内部控制，即在被审计单位整体层面了解和评价内部控制，在此基础上，结合风险评估程序了解到的其他信息，评估报表层次的重大错报风险。

财务报表层次的重大错报风险很可能源于薄弱的控制环境，因此，注册会计师在评估财务报表层次的重大错报风险时，应当将被审计单位整体层面的内部控制状况和了解到的被审计单位及其环境其他方面的情况结合起来考虑。

2. 在业务流程层面了解内部控制

注册会计师应当从被审计单位重要的业务流程层面了解内部控制，并据此评估认定层次的重大错报风险，进而针对评估的风险设计和实施进一步审计程序。为达到此目的，通常采取下列步骤。

（1）确定被审计单位的重要业务流程和重要交易类别。

（2）了解重要交易流程，并进行记录。

（3）确定可能发生错报的环节。

（4）识别和了解相关控制。

（5）执行穿行测试，证实对交易流程和相关控制的了解。

（6）进行初步评价和风险评估。

子任务四　识别重大错报风险及风险应对

评估重大错报风险是风险评估的最后一个步骤，经过充分了解被审计单位及其环境，注册会计师可以对被审计单位的重大错报风险进行识别和评估。

一、识别和评估重大错报风险的审计程序

在识别和评估重大错报风险时，注册会计师应当实施如表 11-1 所示审计程序。

表 11-1 识别和评估重大错报风险的审计程序

审计步骤	案例
1. 了解被审单位及其环境的整个过程中识别风险。并考虑各类交易、账户余额、列报	被审单位因相关环境法规的实施需要更新设备，将导致对原有设备提取减值准备； 宏观经济的低迷可能预示应收账款的收回存在问题； 竞争者开发的新产品上市，可能导致被审单位的主要产品在短期内过时，预示将出现存货跌价和长期资产（如固定资产等）的减值
2. 识别的风险与认定层次可能发生错报的领域相联系	销售困难使产品的市场销售价格下降，可能导致年末存货减值而需要计提存货跌价准备，这显示存货的计价认定可能发生错报
3. 识别的风险是否重大	除考虑产品市场价格下降因素外，CPA 还应当考虑产品市场价格下降的幅度、该产品在被审单位产品中的比重等，以确定识别的风险对财务报表的影响是否重大； 假如产品市场价格大幅下降，导致产品销售收入不能抵偿成本，毛利率为负，那么年末存货跌价问题严重，存货计价认定发生错报的风险重大； 假如价格下降的产品在被审单位销售收入中所占比例很小，被审单位其他产品销售毛利率很高，尽管该产品的毛利率为负，但可能不会使年末存货发生重大跌价问题
4. 识别的风险导致财务报表发生重大错报的可能性	考虑存货的账面余额是否重大，是否已适当计提存货跌价准备等： 在某些情况下，尽管识别的风险重大，但仍不至于导致财务报表发生重大错报风险，如期末财务报表中存货的余额较低，尽管识别的风险重大，但不至于导致存货的计价认定发生重大错报风险；比如被审单位对于存货跌价准备的计提实施了比较有效的内控，管理层已根据存货的可变现净值，计提了相应的跌价准备，在这种情况下，财务报表发生重大错报的可能性将相应降低

二、识别两个层次的重大错报风险

在对重大错报风险进行识别和评估后，注册会计师应当确定；识别的重大错报风险是与特定的某类交易、账户余额、列报的认定相关，还是与财务报表整体广泛相关。进而影响多项认定。某些重大错报风险可能与特定的某类交易、账户余额、列报的认定相关。例如，被审计单位存在复杂的联营或合资，这一事项表明长期股权投资账户的认定可能存在重大错报风险。某些重大错报风险可能与财务报表整体广泛相关，进而影响多项认定。再如，在经济不稳定的国家和地区开展业务、资产的流动性出现问题、重要客户流失、融资能力受到限制等，可能导致注册会计师对被审计单位的持续经营能力产生重大疑虑。又如，管理层缺乏诚

信或承受异常的压力可能引发舞弊风险，这些风险与财务报表整体相关。

如果某个识别出的重大错报风险与报表整体相关，可能对报表的多项认定产生广泛影响，那么该错报就属于报表层次的重大错报风险；如果某个风险只影响到报表中的某个交易、账户余额或者认定，那么该错报就属于认定层次的重大错报风险。

三、针对识别出的两个层次的重大错报风险的应对

注册会计师应当针对评价的财务报表层次重大错报风险确定下列总体应对措施：

1．向项目组强调保持职业怀疑态度的必要性。

2．指派更有经验或具有特殊技能的审计人员或利用专家工作。由于各行业在经营业务、经营风险、财务报告等方面的特殊性，审计人员的专业分工细化成为一种趋势。

3．提供更多的督导，对报表层次重大错报风险较高的审计项目，审计项目组的高级别成员要对其他成员提供更详细、更及时地指导和监督并加强项目质量复合。

4．注册会计师可以通过增加审计程序提高审计程序不可预见性。例如：

（1）对某些以前未测试的低于设定的重要性水平或风险较小的账户余额和认定实施实质性程序。注册会计师可以关注以前未曾关注过的审计领域，尽管这些领域可能重要程度比较低。如果这些领域有可能被用于掩盖舞弊行为，注册会计师就要针对这些领域实施一些具有不可预见性的测试。

（2）调整实施审计程序的时间，使其超出被审计单位的预期。比如说，如果注册会计师在以前年度的大多数审计工作都围绕着 12 月或在年底前后进行，那么被审计单位就会了解注册会计师这一审计习惯。由此可能会把一些不适当的会计调整放在年度的 9 月、10 月或 11 月等，以避免引起注册会计师的注意。因此，注册会计师可以考虑调整实施审计程序时测试项目的时间，从测试 12 月的项目调整到测试 9 月、10 月或 11 月的项目。

（3）采取不同的审计抽样方法，使当年抽取的测试样本与以前有所不同。

（4）选取不同的地点实施审计程序，或预先不告知被审计单位所选定的测试地点。例如，在存货监盘程序中，注册会计师可以到未事先通知被审计单位的盘点现场进行监盘，使被审计单位没有机会事先清理现场，隐藏一些不想让注册会计师知道的情况。

5．对拟实施审计程序的性质、时间安排和范围作出总体修改。

注册会计师应当针对评估的认定层次重大错报风险设计和实施进一步审计程序。

思考与练习

一、单项选择题

1．注册会计师了解被审计单位及其环境的目的是（　　）。

A．进行风险评估程序

B．收集充分适当的审计证据

C．识别和评估财务报表重大错报风险

D．控制检查风险

2．注册会计师对行业状况、法律环境与监管环境以及其他外部因素了解的范围和程度会因被审计单位所处行业、规模以及其他因素的不同而不同，注册会计师应当将了解的重点放在（　　）。

A．风险评估程序

B．对被审计单位的经营活动可能产生重要影响的关键外部因素以及与前期相比发生的重大变化

C．重大错报风险

D．重大错报风险和检查风险

3．在对下列公司风险评估的程序中，注册会计师的做法正确的是（　　）。

A．由于各种条件的限制，无法对 A 公司及其环境进行了解，为收集更充分的实质性程序，注册会计师直接将重大错报风险设定为高水平

B．注册会计师无须了解 B 公司所有的内部控制，而只需了解与审计相关的内部控制

C．由于小企业 C 公司可能没有正式的风险评估过程，注册会计师应当将其风险评估为最高水平

D．考虑到 D 公司的规模小，业务少，注册会计师认为风险评估的成本高于由于评估而减少的实质性程序的量，决定不对相关的内部控制进行了解而直接进行实质性程序

4．注册会计师通常实施下列风险评估程序，以获取有关控制设计和执行的审计证据。但下列（　　）程序难以为此获取充分、适当的审计证据。

A．询问被审计单位的人员　　B．观察特定控制的运行

C．检查文件和报告　　D．穿行测试

5．下列各项中，与财务报表层次重大错报风险评估最相关的是（　　）。

A．被审单位应收账款周转率呈明显下降趋势

B．被审单位持有大量高价值且易被盗窃的资产

C．被审单位的生产成本计算过程相当复杂

D．被审单位控制环境薄弱

二、多项选择题

1．风险评估程序包括（　　）。

A．询问被审计单位管理层和内部其他相关人员

B．分析程序

C．观察和检查

D．穿行测试

2．了解行业状况有助于注册会计师识别与被审计单位所处行业有关的重大错报风险。注册会计师应当了解被审计单位的行业状况，主要包括（　　）。

A．所处行业的市场供求与竞争

B．生产经营的季节性和周期性

C．产品生产技术的变化能源供应与成本

D．行业的关键指标和统计数据

3．注册会计师应当了解被审计单位是否存在与下列方面有关的目标和战略，并考虑相应的经营风险（　　）。

A．行业发展及其可能导致的被审计单位不具备足以应对行业变化的人力资源和业务专长等风险

B．开发新产品或提供新服务及其可能导致的被审计单位产品责任增加等风险

C．新颁布的会计法规及其可能导致的被审计单位执行法规不当或不完整或会计处理成本增加等风险

D．本期及未来的融资条件及其可能导致的被审计单位由于无法满足融资条件而失去融资机会等风险

4．内部控制要素包括（　　）。

A．控制环境　　B．风险评估过程

C．信息系统与沟通　　D．控制活动

5．控制活动是指有助于确保管理层的指令得以执行的政策和程序，包括（　　）。

A．授权与业绩评价　　B．信息处理

C．实物控制　　D．职责分离

三、案例分析题

甲公司主要从事小型电子消费品的生产和销售。A 注册会计师负责审计甲公司 20×8 年度财务报表。A 注册会计师在审计工作底稿中记录了所了解的甲公司情况及其环境，部分内容摘录如下：

（1）20×8 年年初，甲公司董事会决定将每月薪酬发放日由当月最后 1 日推迟到次月 5 日，同时将员工薪酬水平平均上调 10%。甲公司 20×8 年员工队伍基本稳定。

（2）20×8 年下半年，受金融衍生品投资失败的影响，甲公司主要竞争对手之一的乙公司（非甲公司的关联公司）及其下属全资子公司——丙公司均陷入财务困境。为取得丙公司的机器设备，甲公司于 20×8 年 8 月 31 日与乙公司签订协议，以 1 亿元购入其所持丙公司的全部股权。按照协议约定，丙公司于 20×8 年 9 月 30 日遣散了全部员工，并向甲公司移交了全部资产和负债。甲公司于 20×8 年 10 月将丙公司的全部机器设备和存货转移到甲公司下属生产基地，并对设备进行了重新组合安装，同时向丙公司派出新的管理团队和员工，丙公司转而负责甲公司部分产品的销售。

（3）20×8 年 9 月 1 日，甲公司与丁公司签订协议，自当月起，由丁公司为甲公司于 20×8 年第 4 季度投放市场的一款新产品——A 产品提供为期 12 个月的广告服务。甲公司于 20×8 年 9 月 1 日向丁公司预付 6 个月基本广告服务费，每月 10 万元。另外，按照协议约定，甲公司于每月末按当月 A 产品销售收入的 5%向丁公司另行支付追加广告服务费。

（4）自 20×8 年 11 月起，甲公司将主要产品交货方式由在甲公司仓库交货，改为运至客户指定交货地点交客户签收，但客户需承担甲公司因此而发生运费的 80%。

（5）20×8 年年末，有网民称甲公司 B 产品含有较高的有害化学成分，会对消费者健康造成不良影响，甲公司随即发表声明，表示 B 产品有害化学成分含量没有超出现行安全标准，并公布了国家有关部门的检测报告。但大部分网络调查显示，仍有超过半数的网民对 B 产品安全性表示忧虑。

资料二：

A 注册会计师在审计工作底稿中记录了所获取的甲公司合并财务数据，部分内容摘录如下表 11-2。（金额单位：万元）

表 11-2　甲公司财务数据

项目	年份					
	未审数 20×8 年			已审数 20×7 年		
	A 产品	B 产品	其他产品	A 产品	B 产品	其他产品
营业收入	3000	6000	140000	0	5000	118000
营业成本	2000	5700	111000	0	4600	90000
存货	A 产品	B 产品	其他产品	A 产品	B 产品	其他产品
账面余额	180	600	30000	0	500	23000
减：存货跌价准备	0	0	0	0	0	0
账面价值	180	600	30000	0	500	23000
固定资产						
成本	298000			265500		
减：累计折旧	177200			154700		
减：减值准备	400			400		
账面价值	120400			110400		
商誉—购入丙公司形成	600			0		
预付款项						
基本广告服务费	20			0		
追加广告服务费	100			0		
年末余额	120			0		
应付职工薪酬	6			5		
预计负债—产品质量保证	100			90		
销售费用—运输费	120			0		

要求：针对资料（1）至（5）项，假定不考虑其他条件，逐项指出资料一所列事项是否可能表明存在重大错报风险。如果认为存在，简要说明理由，并说明该风险主要与哪些财务报表项目（仅限于营业收入、营业成本、存货、固定资产、商誉、预付款项、应付职工薪酬、预计负债和销售费用）将答案填入表 11-3。

表 11-3　是否存在重大错报风险

事项序号	是否可能表明存在重大错报风险（是/否）	理　由	财务报表项目名称
1			
2			
3			
4			
5			

任务十二　进一步审计程序

【知识与能力目标】

1. 能够熟悉针对认定层次重大错报风险制定进一步审计程序时应考虑的因素
2. 能够解释控制测试的含义
3. 能够理解控制测试的性质、时间和范围
4. 能够解释实质性程序的含义
5. 能够理解实质性程序的性质、时间和范围

【素质目标】

1. 培养学生严格遵循专业标准的要求谨慎执业、勤勉尽责的职业素养
2. 培养学生爱岗敬业的职业道德

【教学要点】

1. 进一步审计程序的含义
2. 控制测试的含义和要求
3. 控制测试的性质、时间和范围
4. 实质性程序的含义和要求
5. 实质性程序的性质、时间和范围

【教学内容】

子任务一　进一步审计程序

一、进一步审计程序的含义

进一步审计程序相对于风险评估程序而言，是指注册会计师针对评估的各类交易、账户

余额、列报认定层次重大错报风险实施的审计程序，包括控制测试和实质性程序。

注册会计师设计和实施进一步审计程序，包括审计程序的性质、时间和范围。注册会计师设计和实施的进一步审计程序的性质、时间和范围，应当与评估的认定层次重大错报风险具备明确的对应关系。注册会计师实施的审计程序具有目的性和针对性，有的放矢地配置审计资源，有利于提高审计效率和效果。

二、进一步审计程序的性质

（一）进一步审计程序的性质的含义

进一步审计程序的性质是指进一步审计程序的目的和类型。其中：进一步审计程序的目的包括通过实施控制测试以确定内部控制运行的有效性，通过实施实质性程序以发现认定层次的重大错报；进一步审计程序的类型包括检查、观察、询问、函证、重新计算、重新执行和分析程序。

在应对评估的风险时，合理确定审计程序的性质是最重要的。这是因为不同的审计程序应对特定认定错报风险的效力不同。例如，对于与收入完整性认定相关的重大错报风险，控制测试通常更能有效应对；对于与收入发生认定相关的重大错报风险，实质性程序通常更能有效应对。再如，实施应收账款的函证程序可以为应收账款在某一时点存在的认定提供审计证据，但通常不能为应收账款的计价认定提供审计证据。对应收账款的计价认定，注册会计师通常需要实施其他更为有效的审计程序，如审查应收账款账龄和期后收款情况，了解欠款客户的信用情况等。

（二）进一步审计程序的性质的选择

在确定进一步审计程序的性质时。注册会计师首先需要考虑的是认定层次重大错报风险的评估结果。因此，注册会计师应当根据认定层次重大错报风险的评估结果选择审计程序。评估的认定层次重大错报风险越高，对通过实质性程序获取的审计证据的相关性和可靠性的要求越高，从而可能影响进一步审计程序的类型及其综合运用。例如，当注册会计师判断某类交易协议的完整性存在更高的重大错报风险时，除了检查文件以外，注册会计师还可能决定向第三方询问或函证协议条款的完整性。

三、进一步审计程序的时间

（一）进一步审计程序的时间的含义

进一步审计程序的时间是指注册会计师何时实施进一步审计程序，或审计证据适用的期间或时点。因此，当提及进一步审计程序的时间时，在某些情况下指的是审计程序的实施时间，在另一些情况下是指需要获取的审计证据适用的期间或时点。

（二）进一步审计程序的时间选择

第一个层面是注册会计师选择在何时实施进一步审计程序的问题。第一个层面的选择问题主要集中在如何权衡期中与期末实施审计程序的关系。

第二个层面是选择获取什么期间或时点的审计证据的问题。第二个层面的选择问题分别集中在如何权衡期中审计证据与期末审计证据的关系、如何权衡以前审计获取的审计证据与本期审计获取的审计证据的关系。

注册会计师可以在期中或期末实施控制测试或实质性程序。这就引出了注册会计师应当如何选择实施审计程序的时间的问题。一项基本的考虑因素应当是注册会计师评估的重大错报风险。当重大错报风险较高时，注册会计师应当考虑在期末或接近期末实施实质性程序，或采用不通知的方式，或在管理层不能预见的时间实施审计程序。

注册会计师在确定何时实施审计程序时应当考虑的几项重要因素。

1．控制环境

良好的控制环境可以抵消在期中实施进一步审计程序的局限性，使注册会计师在确定实施进一步审计程序的时间时有更大的灵活度。

2．何时能得到相关信息

例如，某些控制活动可能仅在期中（或期中以前）发生，而之后可能难以再被观察到；再如某些电子化的交易和账户文档如未能及时取得，可能被覆盖。在这些情况下，注册会计师如果希望获取相关信息，则需要考虑能够获取相关信息的时间。

3．错报风险的性质

例如，被审计单位可能为了保证盈利目标的实现。而在会计期末以后伪造销售合同以虚增收入，此时注册会计师需要考虑在期末（资产负债表日）这个特定时点，获取被审计单位截至期末所能提供的所有销售合同及相关资料，以防范被审计单位在资产负债表伪造销售合同虚增收入。

四、进一步审计程序的范围

（一）进一步审计程序的范围的含义

进一步审计程序的范围是指实施进一步审计程序的数量，包括抽取的样本量，对某项控制活动的观察次数等。

（二）进一步审计程序的范围的选择

注册会计师在确定进一步审计程序的范围时应当考虑以下几项重要因素。

1．确定的重要性水平

确定的重要性水平越低，对审计程序的要求越严格，需要测试的样本就越多，注册会计师实施进一步审计程序的范围越广。

2．评估的重大错报风险

评估的重大错报风险越高对拟收集审计证据可靠性的要求越高，因此注册会计师实施的进一步审计程序的范围就越广。

3．计划获取的保证程度

计划获取的保证程度，是指注册会计师计划通过所实施的审计程序对测试结果可靠性所获取的信心。计划获取的保证程度越高，对测试结果可靠性要求越高，注册会计师实施的进一步审计程序的范围就越广。

子任务二　控制测试

一、控制测试的含义和要求

（一）控制测试的含义

控制测试的目的是测试控制运行的有效性。这一概念不同于风险评估过程中确定内部控制是否得到执行。

在实施风险评估程序以获取控制是否得到执行的审计证据时，注册会计师应当确定某项控制是否存在，被审计单位是否正在使用。

控制运行有效性强调的是控制能够在各个不同时点按照既定设计得以一贯执行。因此，在了解控制是否得到执行时，注册会计师只需抽取少量的交易进行检查或观察某几个时点。但计划在测试控制运行的有效性时，注册会计师需要抽取足够数量的交易进行检查或对多个不同时点进行观察。

下面举例说明两者之间的区别。某被审计单位针对销售收入和销售费用的业绩评价控制如下：财务经理每月审核实际销售收入（按产品细分）和销售费用（按费用项目细分），并把预算数和上年同期数比较，对于差异金额超过5%的项目进行分析并编制分析报告，销售经理审阅该报告并采取适当跟进措施。

注册会计师抽查了最近三个月的分析报告，并看到上述管理人员在报告上签字确认，证明该控制已经得到执行。然而，注册会计师在与销售经理的讨论中，发现他对分析报告中明显异常的数据并不了解其原因，也无法作出合理解释，从而显示该控制并未得到有效的运行。

（二）控制测试的要求

作为进一步审计程序的类型之一，控制测试并非在任何情况下都需要实施。当存在下列情形之一时，注册会计师应当实施控制测试：（1）在评估认定层次重大错报风险时，预期控制的运行是有效的；（2）仅实施实质性程序不足以提供认定层次充分、适当的审计证据。

如果在评估认定层次重大错报风险时预期控制的运行是有效的，注册会计师应当实施控制测试，就控制在相关期间或时点的运行有效性获取充分、适当的审计证据。

二、控制测试的性质

控制测试的性质是指控制测试所使用的审计程序的类型及其组合。

控制测试所使用的审计程序的类型包括询问、观察、检查、重新执行和穿行测试。

（一）询问

注册会计师可以向被审计单位适当人员询问，获取与内部控制运行情况相关的信息。例如，询问信息系统管理人员有无未经授权接触计算机硬件和软件，向负责复核银行存款余额调节表的人员询问如何进行复核等。然而，仅仅通过询问不能为控制运行的有效性提供充分的证据，它必须和其他测试手段结合使用才能发挥作用。在询问过程中，注册会计师应当保持职业怀疑态度。

（二）观察

观察是测试不留书面记录的控制（如职责分离）的运行情况的有效方法。例如，观察存货盘点控制的执行情况。观察也可运用于实物控制，如查看仓库门是否锁好，或空白支票是否妥善保管。

（三）检查

对运行情况留有书面证据的控制，检查非常适用。书面说明、复核时留下的记号，或其他记录在偏差报告中的标志都可以被当作控制运行情况的证据。例如，检查销售发票是否有复核人员签字，检查销售发票是否附有客户订购单和出库单等。

（四）重新执行

通常只有当询问、观察和检查程序结合在一起仍无法获得充分的证据时。注册会计师才考虑通过重新执行来证实控制是否有效运行。例如，为了合理保证计价认定的准确性被审计单位的项控制是由复核人员核对销售发票上的价格与统一价格单上的价格是否一致。但是，要检查复核人员有没有认真执行核对。仅仅检查复核人员是否在相关文件上签字是不够的，注册会计师还需要自己选取一部分销售发票进行核对，这就是重新执行程序。

（五）穿行测试

除了上述四类控制测试常用的审计程序以外，实施穿行测试也是一种重要的审计程序。穿行测试不是单独的一种程序，而是将多种程序按特定审计需要进行结合运用的方法。穿行测试是通过追踪交易在财务报告信息系统中的处理过程。来证实注册会计师对控制的了解、评价控制设计的有效性以及确定控制是否得到执行。可见，穿行测试更多地在了解内部控制时运用。但在执行穿行测试时，注册会计师可能获取部分控制运行有效性的审计证据。

三、控制测试的时间

如前所述，控制测试的时间包含两层含义：一是何时实施控制测试；二是测试所针对的控制适用的时点或期间。一个基本的原理是，如果测试特定时点的控制，注册会计师仅得到该时点控制运行有效性的审计证据；如果测试某一期间的控制，注册会计师可获取控制在该期间有效运行的审计证据。因此，注册会计师应当根据控制测试的目的确定控制测试的时间，并确定拟信赖的相关控制的时点或期间。

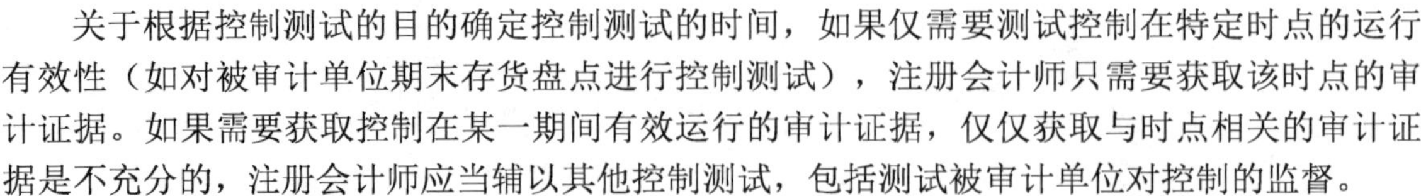

关于根据控制测试的目的确定控制测试的时间，如果仅需要测试控制在特定时点的运行有效性（如对被审计单位期末存货盘点进行控制测试），注册会计师只需要获取该时点的审计证据。如果需要获取控制在某一期间有效运行的审计证据，仅仅获取与时点相关的审计证据是不充分的，注册会计师应当辅以其他控制测试，包括测试被审计单位对控制的监督。

四、控制测试的范围

对于控制测试的范围，其含义主要是指某项控制活动的测试次数。注册会计师应当设计控制测试，以获取控制在整个拟信赖的期间有效运行的充分、适当的审计证据。

注册会计师在确定某项控制的测试范围时通常考虑下列因素：

第一，在整个拟信赖的期间，被审计单位执行控制的频率。控制执行的频率越高，控制测试的范围越大。

第二，在所审计期间，注册会计师拟信赖控制运行有效性的时间长度。拟信赖控制运行有效性的时间长度不同。在该时间长度内发生的控制活动次数也不同。注册会计师需要根据拟信赖控制的时间长度确定控制测试的范围。拟信赖期间越长，控制测试的范围越大。

第三，为证实控制能够防止或发现并纠正认定层次重大错报，所需获取审计证据的相关性和可靠性。对审计证据的相关性和可靠性要求越高，控制测试的范围越大。

第四，通过测试与认定相关的其他控制获取的审计证据的范围。针对同一认定，可能存在不同的控制。当针对其他控制获取审计证据的充分性和适当性较高时，测试该控制的范围可适当缩小。

第五，在风险评估时拟信赖控制运行有效性的程度。注册会计师在风险评估时对控制运行有效性的拟信赖程度越高，需要实施控制测试的范围越大。

第六，控制的预期偏差。预期偏差可以用控制未得到执行的预期次数占控制应当得到执行次数的比率加以衡量（也可称为预期偏差率）。考虑该因素，是因为在考虑测试结果是否可以得到控制运行有效性的结论时，不可能只要出现任何控制执行偏差就认定控制运行无效，所以需要确定一个合理水平的预期偏差率。控制的预期偏差率越高，需要实施控制测试的范围越大。

子任务三　实质性程序

一、实质性程序的含义和性质

（一）实质性程序的含义

实质性程序是指注册会计师针对评估的重大错报风险实施的直接用以发现认定层次重大错报的审计程序。因此，注册会计师应当针对评估的重大错报风险设计和实施实质性程序，以发现认定层次的重大错报。实质性程序包括对各类交易、账户余额、列报的细节测试以及实质性分析程序。

由于注册会计师对重大错报风险的评估是一种判断，可能无法充分识别所有的重大错报风险，并且由于内部控制存在固有局限性，无论评估的重大错报风险结果如何，注册会计师都应当针对所有重大的各类交易、账户余额、列报实施实质性程序。

（二）实质性程序的性质

实质性程序的性质是指实质性程序的类型及其组合。实质性程序的两种基本类型是细节测试和实质性分析程序。

细节测试是对各类交易、账户余额、披露的具体细节进行测试，目的在于直接识别财务报表认定是否存在错报。细节测试被用于获取与某些认定相关的审计证据，如存在、准确性、计价等。

实质性分析程序从技术特征上仍然是分析性程序，主要是通过研究数据间的关系评价信息，只是将该技术方法用作实质性程序，即用以识别各类交易、账户余额、披露及相关认定是否存在错报。

二、实质性程序的时间和范围

（一）实质性程序的时间

实质性程序的时间选择与控制测试的时间选择存在一定的差异。两者的差异在于：一是在控制测试中，期中实施控制测试并获取期中关于控制运行有效性审计证据的做法更具有一种“常态”；而由于实质性程序的目的在于更直接地发现重大错报，在期中实施实质性程序时更需要考虑其成本效益的权衡；二是在本期控制测试中拟信赖以前审计获取的有关控制运行有效性的审计证据，已经受到了很大的限制；而对于以前审计中通过实质性程序获取的审计证据，则采取了更加慎重的态度和更严格的限制。

实质性程序的时间可以选择在期末或期中，在实务中一般更倾向在期末实施实质性程序。如果在期中实施了实质性程序，注册会计师应当针对剩余期间实施进一步的实质性程序，或将实质性程序和控制测试结合使用，以将期中测试得出的结论合理延伸至期末。如果拟将期中测试得出的结论延伸至期末，注册会计师应当考虑针对剩余期间仅实施实质性程序是否足够。如果认为实施实质性程序本身不充分，注册会计师还应当测试剩余期间相关控制运行的有效性或针对期末实施实质性程序。

（二）实质性程序的范围

评估的认定层次重大错报风险和实施控制测试的结果是注册会计师在确定实质性程序的范围时的重要考虑因素。

因此，在确定实质性程序的范围时，注册会计师应当考虑评估的认定层次重大错报风险和实施控制测试的结果。注册会计师评估的认定层次的重大错报风险越高，需要实施实质性程序的范围越广。如果对控制测试结果不满意，注册会计师应当考虑扩大实质性程序的范围。

思考与练习

一、单项选择题

1．注册会计师设计和实施的进一步审计程序的性质、时间和范围，应当与评估的（　　）重大错报风险具备明确的对应关系。

A．财务报表层次　　B．认定层次

C．账户余额　　D．交易或事项

2．注册会计师对进一步审计程序的性质的选择时以下不恰当的是（　　）。

A．在确定进一步审计程序的性质时，注册会计师首先需要考虑的是认定层次重大错报风险的评估结果

B．注册会计师应当根据认定层次重大错报风险的评估结果选择审计程序

C．除了从总体上把握认定层次重大错报风险的评估结果对选择进一步审计程序的影响外，在确定拟实施的审计程序时，注册会计师接下来应当考虑评估的认定层次重大错报风险产生的原因

D．如果在实施进一步审计程序时拟利用被审计单位信息系统生成的信息，注册会计师应当就信息的可靠性获取审计证据

3．注册会计师在期中实施进一步审计程序也存在很大的局限性，下列有关局限性的说法不恰当的有（　　）。

A．在期中实施进一步审计程序，可能有助于注册会计师在审计工作初期识别重大事项，并在管理层的协助下及时解决这些事项：或针对这些事项制订有效的实质性方案或综合性方案

B．如果在期中实施了进一步审计程序，注册会计师不需要针对剩余期间获取审计证据

C．被审计单位管理层也完全有可能在注册会计师于期中实施了进一步审计程序之后对期中以前的相关会计记录作出调整甚至篡改，注册会计师在期中实施了进一步审计程序所获取的审计证据已经发生了变化

D．即使注册会计师在期中实施的进一步审计程序能够获取有关期中以前的充分、适当的审计证据，但从期中到期末这段剩余期间还往往会发生重大的交易或事项（包括期中以前发生的交易、事项的延续，以及期中以后发生的新的交易、事项），从而对所审计期间的财务报表认定产生重大影响

4．在确定审计程序的范围时，注册会计师不应当考虑下列因素（　　）。

A．计划获取的保证程度越高，对测试结果可靠性要求越高，注册会计师实施的进一步审计程序的范围越广

B．评估的重大错报风险越高，注册会计师实施的进一步审计程序的范围也越广

C．确定的重要性水平越低，注册会计师实施进一步审计程序的范围越广

D．确定的重要性水平越高，注册会计师实施进一步审计程序的范围越广

5．实质性程序的下列表述中不恰当的是（　　）。

A．细节测试是对各类交易、账户余额、列报的具体细节进行测试，目的在于直接识别财务报表认定是否存在错报

B．实质性分析程序从技术特征上讲仍然是分析程序，主要是通过研究数据间关系评价信息，只是将该技术方法用作实质性程序，即用以识别各类交易、账户余额、列报及相关认定是否存在错报

C．细节测试适用于对各类交易、账户余额、列报认定的测试，尤其是对存在或发生、计价认定的测试；对在一段时期内存在可预期关系的大量交易，注册会计师可以考虑实施实质性分析程序

D．注册会计师需要根据不同的认定层次的重大错报风险设计有针对性的细节测试，针对完整性认定设计细节测试时，注册会计师应当选择包含在财务报表金额中的项目，并获取相关审计证据

二、多项选择题

1．如果控制环境存在缺陷，注册会计师在对拟实施审计程序的性质、时间和范围作出总体修改时应当考虑（　　）。

A．在期末而非期中实施更多的审计程序

B．主要依赖实质性程序获取审计证据

C．修改审计程序的性质获取更具说服力的审计证据

D．扩大审计程序的范围

2．注册会计师进一步审计程序的类型包括（　　）。

A．分析程序　　B．观察

C．重新计算　　D．重新执行

3．注册会计师在确定何时实施审计程序时应当考虑的几项重要因素有（　　）。

A．控制环境　　B．何时能得到相关信息

C．错报风险的性质　　D．审计证据适用的期间或时点

4．在测试控制运行的有效性时，注册会计师应当从下列方面获取关于控制是否有效运行的审计证据（　　）。

A．控制在所审计期间的不同时点是如何运行的

B．控制是否得到一贯执行

C．控制由谁执行

D．控制以何种方式运行（如人工控制或自动化控制）

5．注册会计师在确定某项控制的测试范围时通常考虑下列因素（　　）。

A．控制执行的频率越高，控制测试的范围越大

B．拟信赖期间越长，控制测试的范围越大

C．审计证据的相关性和可靠性要求越高，控制测试的范围越大

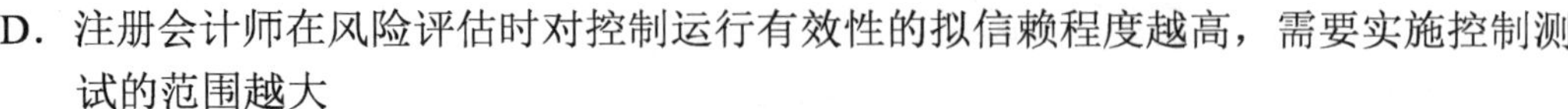

D. 注册会计师在风险评估时对控制运行有效性的拟信赖程度越高，需要实施控制测试的范围越大

三、案例分析题

注册会计师A是ABC公司2007年度财务报表审计的负责人，A在对该公司销售与收款循环内部控制了解和测试中进行了下列工作：了解到 ABC 公司针对销售收入和销售费用的业绩评价控制包括财务经理每月审核实际销售收入（按产品细分）和销售费用（按费用项目细分），并把预算数和上年同期数比较，对于差异金额超过 7%的项目进行分析并编制分析报告，销售经理审阅报告并采取适当跟进措施。注册会计师 A 抽查了最近三个月的分析报告，并看到上述管理人员在报告上签字确认，证明该控制已经得到执行。然而，A 在与销售经理 B 的讨论中，发现他对分析报告中明显异常的数据并不了解其原因，也无法作出合理解释，从而显示该控制并未得到有效的运行。

（1）为什么会出现内部控制存在且被执行，注册会计师却认为 ABC 公司控制可能运行无效？为什么？

（2）简述测试控制运行的有效性与确定控制是否得到执行两者的联系和区别。

（3）在测试控制运行的有效性时，注册会计师 A 还应当从哪些方面获取关于控制是否有效运行的审计证据？

任务十三　出具审计报告

【知识与能力目标】

1. 能够解释审计报告的定义和分类
2. 能够熟悉不同种类审计报告的基本内容
3. 能够熟悉不同类型审计意见的出具条件
4. 能根据确定的审计意见类型完成审计报告的编制工作

【素质目标】

1. 培养学生树立社会利益为先的理想信念，积极担当应有的社会责任，提高学生的职业认同感
2. 培养学生树立诚信、客观、公正的职业道德观念
3. 培养学生树立敬业、诚信的价值观

【教学要点】

1. 审计报告的定义
2. 不同种类审计报告的基本内容

3．不同类型审计意见的出具条件

【案例导入】

2019年上市公司审计报告类型

截至2020年6月30日，共有3889家上市公司披露了2019年年度报告，其中，2020年1—6月新上市的公司119家，尚有5家上市公司未按期披露年报。下面我们将分析截至2019年12月31日已上市且截至2020年6月30日已披露2019年年报的3770家上市公司［含已经退市的退市保千（600074）］非标意见情况。

3770份审计报告中，非标意见268家，其中，带持续经营重大不确定性段落的无保留意见61家、带强调事项段的无保留意见38家、保留意见124家、无法表示意见45家。近三年非标意见类型及数量如表13-1所示。

可以看出，2018年年报及2019年审计非标意见类型大幅度增加，尤其是保留意见和无法表示意见数量增加较多。

值得注意的是，2019年非标意见涉及的事项中，与新冠疫情相关的有13家，其中，保留意见8家、无法表示意见3家、带强调事项段的无保留意见2家。另有5家保留意见涉及失去对子公司的控制。

另外，2000年以后，我国上市公司年度财务报表的审计意见类型未出现过否定意见。值得一提的是，新三板挂牌公司大华新材（837763.OC）2018年年报被出具了否定意见的审计报告；新三板挂牌公司数码3（400041.OC）、ST哥仑步（835494.OC）、ST至臻（834716.OC）、大地生物（833662.OC）、ST麒麟（839771.OC）、金泰得（430029.OC）2019年年报被出具了否定意见的审计报告。

表13-1　2017—2019年审计意见类型分布

财务报表审计意见类型	2017年报	2018年报	2019年报
标准审计报告（标准无保留意见）	3353	3359	3502
带持续经营重大不确定性段落的无保留意见	36	58	61
带强调事项段的无保留意见	36	43	38
保留意见	37	82	124
否定意见	0	0	0
无法表示意见	23	40	45
非标准审计意见	132	223	268
合计	3485	3582	3770
非标审计意见占比	3.79%	6.23%	7.11%

案例思考：

1．审计报告的类型有哪些？

2．在什么情况出具非标准审计意见报告？

【教学内容】

注册会计师在完成各财务报表项目的审计测试后，应汇总审计测试结果，进行更具综合性的审计工作，如编制审计差异调整表和试算平衡表，执行分析程序，撰写审计总结以及完成审计工作底稿的复核等。在此基础上，应评价审计结果，在与客户沟通以后，确定应出具审计报告的意见类型和措辞，进而编制并致送审计报告，终结审计工作。

子任务一　调整审计差异

一、编制审计差异调整表和试算平衡表

在完成控制测试、实质性程序后，对审计项目组成员在审计中发现的被审计单位的会计处理方法与企业会计准则的不一致，即审计差异内容，审计项目经理应根据审计重要性原则予以初步确定并汇总，并建议被审计单位进行调整。使经审计的财务报表所载信息能够公允地反映被审计单位的财务状况、经营成果和现金流量。这一对审计差异内容的“初步确定并汇总”直至形成“经审计的财务报表”的过程，主要是通过编制审计差异调整表和试算平衡表得以完成的。

（一）编制审计差异调整表

审计差异内容按是否需要调整账户记录可分为核算错误和重分类错误。核算错误是因企业对经济业务进行了不正确的会计核算而引起的错误，用审计重要性原则来衡量每一项核算错误，又可把这些核算错误区分为建议调整的不符事项和不建议调整的不符事项（未调整不符事项）。

重分类错误是因企业未按企业会计准则列报财务报表而引起的错误。例如，企业在应付账款项目中反映的预付账款、在应收账款项目中反映的预收账款等。

无论是建议调整的不符事项、未调整不符事项还是重分类错误，在审计工作底稿中通常都是以会计分录的形式反映的。由于审计中发现的错误往往不止一两项，为便于审计项目的各级负责人综合判断、分析和决定，也为了便于有效编制试算平衡表和代编经审计的财务报表，通常需要将这些建议调整的不符事项、未调整不符事项和重分类错误分类汇总至调整分录汇总表、重分类调整分录汇总表和未调整不符事项汇总表。三张汇总表的参考格式分别见表 13-2、表 13-3 和表 13-4。

对审计中发现的核算错误，如何运用审计重要性原则来划分建议调整的不符事项与未调整不符事项，是正确编制审计差异调整表的关键。重要性具有数量和质量两个方面的特征。换言之，注册会计师在划分建议调整的不符事项与未调整不符事项时，应当考虑核算错误的金额和性质两个因素。

表 13-2 审计差异调整表—调整分录汇总表

被审计单位名称＿＿＿＿＿＿＿＿ 索引号＿＿＿＿ 页 次＿＿＿＿

审计项目名称 ＿＿＿＿＿＿＿＿ 编 制＿＿＿＿ 日 期＿＿＿＿

会计期间或截止日＿＿＿年＿＿＿月＿＿＿日 复 核＿＿＿＿ 日 期＿＿＿＿

序号	索引号	调整分录及说明	资产负债表		损益表		被审验单位调整情况及未调整原因
			借 方	贷 方	借 方	贷 方	

1．本表汇总审计过程中发现应调整事项；

2．根据调整分录借贷方归属资产、负债或损益类，将其对应金额分别填入“资产负债表”“损益表”的借方、贷方；

3．索引号根据该调整分录所在工作底稿索引号填写；

4．调整原因列于调整分录及说明栏中。

表 13-3　重分类调整分录汇总表

被审计单位：________　　　　索引号：EB________
项目：________　　　　财务报表截止日/期间：________
编制：________　　　　复核：________
日期：________　　　　日期：________

序号	内容及说明	索引号	调整项目和金额			
			借方项目	借方金额	贷方项目	贷方金额

与被审计单位的沟通：

参加人员：

被审计单位：________________

审计项目组：________________

被审计单位的意见：

____

____

____

结论：

是否同意上述审计调整：________

被审计单位授权代表签字：________日期：________

表 13-4　审计差异——未调整不符事项汇总表索引号

单位：元

序号	索引号	调整原因	调整分录		资产负债表（金额）		损益表（金额）	
			科目名称					
			一级	二级	借方	贷方	借方	贷方
合计								

客户名称：　　　　　　　　　　　　　　编制人：　　　　　复核人：

会计期间或截止日：　　　　　　　　　　日　期：　　　　　日　期：

1．对于单笔核算错误超过所涉及财务报表项目（或账项）层次重要性水平的，应视为建议调整的不符事项。

例如：对于单笔核算错误超过所涉及财务报表项目层次重要性水平的，应视为建议调整的不符事项。对于建议调整的不符事项，审计人员需要在工作底稿上记录，并且要求被审计单位调整报表相关的项目。例如，冲减管理部门固定资产多提折旧 4 万元，相关调整分录如下：

借：固定资产——累计折旧　　　　40000

　　贷：管理费用　　　　40000

假设累计折旧的重要性水平为 10 万元，管理费用的重要性水平为 2 万元，而该笔错报金额为 4 万元，超过了涉及的管理费用的重要性水平，故该笔审计调整分录应归为建议调整的不符事项。

2．对于单笔核算错误大大低于所涉及财务报表项目（或账项）层次重要性水平，但性质重要的，比如涉及舞弊与违法行为的核算错误、影响收益趋势的核算错误、股本项目等不期望出现的核算错误，应视为建议调整的不符事项。

3．对于单笔核算错误大大低于所涉及财务报表项目（或账项）层次重要性水平，并且性质不重要的，一般应视为未调整不符事项；但应当考虑小金额错报累计起来达到重要性水平的可能性。

例如，审计人员对被审计单位的折旧进行重新计算程序后，与被审计单位原报相比，少提折旧300元。相关调整分录如下：

借：管理费用　　300

　　贷：累计折旧　　300

假设累计折旧的重要性水平为10万元，管理费用的重要性水平为2万元，则该笔错报金额300元小于重要性水平，故归为不建议调整的不符事项。

（二）编制试算平衡表

试算平衡表是注册会计师在被审计单位提供未审财务报表的基础上，考虑调整分录、重分类分录等内容以确定已审数与报表披露数的表式。

需要说明以下几点：

（1）试算平衡表中的“审计前金额”栏，应根据被审计单位提供的未审计财务报表填列。

（2）有些财务报表项目往往会在为调整这些审计差异所作的会计分录中多次出现。因此，在手工编制试算平衡表前，可先通过按财务报表项目设置的“丁”字形账户，区分调整分录与重分类分录分别进行汇总，然后将按财务报表项目汇总后的借、贷方发生额分别计入试算平衡表中的“调整金额”，和“重分类调整”栏内。

（3）在编制完试算平衡表后，应注意核对相应的钩稽关系。例如，资产负债表试算平衡表左边的审计前金额、审定金额、报表反映的各栏合计数应分别等于其右边相应各栏合计数；资产负债表试算平衡表左边的调整金额栏中的借方合计数与贷方合计数之差应等于右边的调整金额栏中的贷方合计数与借方合计数之差；资产负债表试算平衡表左边的重分类调整栏中的借方合计数与贷方合计数之差应等于右边的重分类调整栏中的贷方合计数与借方合计数之差；等等。

二、对财务报表总体合理性实施分析程序

在审计结束或临近结束时，注册会计师运用分析程序的目的是确定审计调整后的财务报表整体是否与其对被审计单位的了解一致，注册会计师应当围绕这一目的运用分析程序。这时运用分析程序是强制要求，注册会计师在这个阶段应当运用分析程序。在运用分析程序进行总体复核时，如果识别出以前未识别的重大错报风险，注册会计师应当重新考虑对全部或部分各类交易、账户余额列报评估的风险是否恰当，并在此基础上重新评价之前计划的审计程序是否充分，是否有必要追加审计程序。

三、评价审计结果

注册会计师评价审计结果，主要为了确定将要发表的审计意见的类型以及在整个审计工作中是否遵循了审计准则。为此，注册会计师必须完成两项工作：一是对重要性和审计风险进行最终的评价；二是对被审计单位已审计财务报表形成审计意见并草拟审计报告。

（一）对重要性和审计风险进行最终的评价

对重要性和审计风险进行最终评价，是注册会计师决定发表何种类型审计意见的必要过

程。该过程可通过以下两个步骤来完成：

第一，按财务报表项目确定可能的审计差异即可能错报金额。可能错报金额包括已经识别的具体错报和推断误差。

第二，确定各财务报表项目可能的错报金额总数（可能错报总额）对财务报表层次重要性水平和其他与这些错报有关的财务报表总额（比如流动资产或流动负债）的影响程度。

（二）对被审计单位已审计财务报表形成审计意见并草拟审计报告

在审计过程中，要实施各种测试。这些测试通常是由参与本次审计工作的审计项目组成员来执行的，而每个成员所执行的测试可能只限于某几个领域或账项。因此，在每个功能领域或报表项目的测试都完成之后，审计项目经理应汇总所有成员的审计结果。

在完成审计工作阶段，为了对财务报表整体发表适当的意见，必须将这些分散的审计结果加以汇总和评价，综合考虑在审计过程中所收集到的全部证据。负责该审计项目的主任会计师对这些工作负有最终的责任。在有些情况下这些工作可以先由审计项目经理初步完成，然后再逐级交给部门经理和主任会计师认真复核。

四、与治理层沟通

为了借助公司内部之间的权力平衡和制约关系，保证财务信息的质量。现代公司治理结构往往要求治理层对管理层编制财务报表的过程实施有效的监督。可见，公司治理层和注册会计师在健全完善公司治理结构中都扮演着重要的角色，两者在对管理层编制的财务报表进行监督方面具有共同的关注点。治理层和注册会计师对各自从不同层面掌握的情况和信息进行有效的沟通，公司治理层对管理层进行有效的监督与制衡，以及增加注册会计师审计工作的针对性，特别是保护注册会计师独立性不受管理层的干扰，有着积极的作用。注册会计师应与治理层就审计范围和时间、注册会计师责任和审计中发现的问题进行沟通。

五、完成质量控制复核

会计师事务所应当建立完善的审计工作底稿分级复核制度。对审计工作底稿的复核可分为两个层次：项目组内部复核和独立的项目质量控制复核。

（一）项目组内部复核

项目组内部复核又分为两个层次：审计项目经理的现场复核和项目合伙人的复核。

1. 审计项目经理的现场复核

审计项目经理对审计工作底稿的全面复核通常在审计现场完成，以便及时发现和解决问题，争取审计工作的主动。由审计项目经理在审计过程进行中对工作底稿的复核属于第一层复核，这层复核主要是评价已完成的审计工作、所获得的证据和工作底稿编制人员形成的结论。

2. 项目合伙人的复核

在完成审计外勤工作时，则需项目合伙人对审计工作底稿实施复核。该复核既是对审计项目经理复核的再监督，也是对重要审计事项的重点把关。其主要内容包括以下几点：

（1）复查计划确定的重要审计程序是否适当、是否得以较好实施、是否实现了审计目标；

（2）复查重点审计项目的审计证据是否充分、适当；

（3）复查审计范围是否充分；

（4）复查对建议调整的不符事项和未调整不符事项的处理是否恰当；

（5）复核审计工作底稿中重要的钩稽关系是否正确；

（6）检查审计工作中发现的问题及其对财务报表和审计报告的影响，审计项目组对这些问题的处理是否恰当；

（7）复核已审财务报表总体上是否合理、可信。

（二）独立的项目质量控制复核

项目质量控制复核是指在出具报告前，对项目组作出的重大判断和在准备报告时形成的结论作出客观评价的过程。项目质量控制复核也称独立复核。独立复核的要点包括以下几点：

（1）项目组就具体业务对会计师事务所独立性做出的评价；

（2）在审计过程中识别的特别风险以及采取的应对措施；

（3）作出的判断，尤其是关于重要性和特别风险的判断；

（4）是否已就存在的意见分歧、其他疑难问题或争议事项进行适当咨询，以及咨询得出的结论；

（5）在审计中识别的已更正和未更正的错报的重要程度及处理情况；

（6）拟与管理层、治理层以及其他方面沟通的事项；

（7）所复核的审计工作底稿是否反映了针对重大判断执行的工作，是否支持得出的结论；

（8）拟出具的审计报告的适当性。

子任务二　审计报告

一、审计报告的含义

审计报告是指注册会计师根据中国注册会计师审计准则的规定，在实施审计工作的基础上对被审计单位财务报表发表审计意见的书面文件。

审计报告是注册会计师在完成审计工作后向委托人提交的最终产品，具有以下特征。

（一）注册会计师应当按照中国注册会计师审计准则的规定执行审计工作

《中国注册会计师审计准则》规定，注册会计师应当按照中国注册会计师审计准则的规定，在完成审计工作后向委托人提交书面文件。

（二）注册会计师在实施审计工作的基础上才能出具审计报告

注册会计师应当实施风险评估程序，以此作为评估财务报表层次和认定层次重大错报风险的基础。风险评估程序本身并不足以为发表审计意见提供充分、适当的审计证据，注册会计师还应当实施进一步审计程序包括实施控制测试（必要时或决定测试时）和实质性程序。注册会计师通过实施上述审计程序，获取充分、适当的审计证据，得出合理的审计结论，作为形成审计意见的基础。

（三）注册会计师通过对财务报表发表意见履行业务约定书约定的责任

财务报表审计的目标是注册会计师通过执行审计工作，对财务报表的合法性和公允性发表审计意见。因此。在实施审计工作的基础上，注册会计师需要对财务报表形成审计意见，并向委托人提交审计报告。

（四）注册会计师应当以书面形式出具审计报告

审计报告具有特定的要素和格式，注册会计师只有以书面形式出具报告，才能清楚表达对财务报表发表的审计意见。

注册会计师应当根据由审计证据得出的结论，清楚表达对财务报表的意见。财务报表是指对企业财务状况、经营成果和现金流量的结构化表述，至少应当包括资产负债表、利润表、所有者（股东）权益变动表、现金流量表和附注。无论是出具标准审计报告，还是非标准审计报告，注册会计师一旦在审计报告上签名并盖章，就表明对其出具的审计报告负责。

二、审计报告的作用

注册会计师签发的审计报告，主要具有鉴证、保护和证明三方面的作用。

（一）鉴证作用

注册会计师签发的审计报告，不同于政府审计和内部审计的审计报告，是以超然独立的第三者身份，对被审计单位财务报表合法性、公允性发表意见。这种意见具有鉴证作用，得到了政府及其各部门和社会各界的普遍认可。政府有关部门，如财政部门、税务部门等了解、掌握企业的财务状况和经营成果的主要依据是企业提供的财务报表。财务报表是否合法、公允，主要依据注册会计师的审计报告作出判断。股份制企业的股东主要依据注册会计师的审计报告来判断被投资企业的财务报表是否公允地反映了财务状况和经营成果，以进行投资决策等。

（二）保护作用

注册会计师通过审计，可以对被审计单位财务报表出具不同类型审计意见的审计报告，以提高或降低财务报表信息使用者对财务报表的信赖程度，能够在一定程度上对被审计单位的财产、债权人和股东的权益及企业利害关系人的利益起到保护作用。如投资者为了减少投资风险，在进行投资之前，必须查阅被投资企业的财务报表和注册会计师的审计报告，了解被投资企业的经营情况和财务状况。投资者根据注册会计师的审计报告做出投资决策，可以降低其投资风险。

（三）证明作用

审计报告是对注册会计师审计任务完成情况及其结果所做的总结，它可以表明审计工作的质量并明确注册会计师的审计责任。因此，审计报告可以对审计工作质量和注册会计师的审计责任起证明作用。通过审计报告，可以证明注册会计师在审计过程中是否实施了必要的审计程序，是否以审计工作底稿为依据发表审计意见，发表的审计意见是否与被审计单位的实际情况相一致，审计工作的质量是否符合要求。通过审计报告，可以证明注册会计师审计责任的履行情况。

三、审计报告的类型

审计报告分为标准审计报告和非标准审计报告。当注册会计师出具的无保留意见的审计报告不附加说明段、强调事项段或任何修饰性用语时，该报告称为标准审计报告。标准审计报告包含的审计报告要素齐全，属于无保留意见，且不附加说明段、强调事项段或任何修饰性用语。否则，不能称为标准审计报告。

非标准审计报告，是指标准审计报告以外的其他审计报告，包括带强调事项段的无保留意见的审计报告和非无保留意见的审计报告。非无保留意见的审计报告包括保留意见的审计报告、否定意见的审计报告和无法表示意见的审计报告。

会计师合理预期，在审计报告中沟通某事项造成的负面后果超过在公众利益方面产生的益处，因而确定不应在审计报告中沟通该事项。第三十六条 除审计准则规定的注册会计师责任外，如果注册会计师在对财务报表出具的审计报告中履行其他报告责任，应当在审计报告中将其单独作为一部分，并以“按照相关法律法规的要求报告的事项”为标题，或使用适合于该部分内容的其他标题，除非其他报告责任涉及的事项与审计准则规定的报告责任涉及的事项相同。如果涉及相同的事项，其他报告责任可以在审计准则规定的同一报告要素部分列示。第三十七条 如果将其他报告责任在审计准则要求的同一报告要素部分列示，审计报告应当清楚区分其他报告责任和审计准则要求的报告责任。第三十八条 如果审计报告将其他报告责任单独作为一部分，本准则第二十四条至第三十五条的要求应当置于“对财务报表出具的审计报告”标题下；“按照相关法律法规的要求报告的事项”部分置于“对财务报表出具的审计报告”部分之后。第三十九条 审计报告应当由项目合伙人和另一名负责该项目的注册会计师签名和盖章。第四十条 注册会计师应当在对上市实体整套通用目的财务报表出具的审计报告中注明项目合伙人。第四十一条 审计报告应当载明会计师事务所的名称和地址，并加盖会计师事务所公章。

四、审计报告的基本内容

（一）审计报告的要素

审计报告应当包括下列要素：

（1）标题；

（2）收件人；
（3）审计意见；
（4）形成审计意见的基础；
（5）管理层对财务报表的责任；
（6）注册会计师对财务报表审计的责任；
（7）按照相关法律法规的要求报告的事项（如适用）；
（8）注册会计师的签名和盖章；
（9）会计师事务所的名称、地址和盖章；
（10）报告日期。

（二）标题

审计报告的标题应当统一规范为“审计报告”。

（三）收件人

审计报告的收件人是指注册会计师按照业务约定书的要求致送审计报告的对象，一般是指审计业务的委托人。审计报告应当载明收件人的全称。针对整套通用目的财务报表出具的审计报告，审计报告的致送对象通常为被审计单位的全体股东或董事会。

（四）审计意见

审计意见部分还应当包括下列方面：
（1）指出被审计单位的名称；
（2）说明财务报表已经审计；
（3）指出构成整套财务报表的每一财务报表的名称；
（4）提及财务报表附注，包括重要会计政策和会计估计；
（5）指明构成整套财务报表的每一财务报表的日期或涵盖的期间。

如果对财务报表发表无保留意见，除非法律法规另有规定，审计意见应当使用“我们认为，后附的财务报表在所有重大方面按照［适用的财务报告编制基础（如企业会计准则等）］的规定编制，公允反映了［……］”的措辞。

审计意见举例如下：“我们审计了后附的 ABC 股份有限公司（以下简称 ABC 公司）财务报表，包括 20×1 年 12 月 31 日的资产负债表，20×1 年度的利润表、股东权益变动表和现金流量表以及财务报表附注。

我们认为，后附的财务报表在所有重大方面按照企业会计准则的规定编制，公允反映了 ABC 公司 20×1 年 12 月 31 日的财务状况以及 20×1 年度的经营成果和现金流量。”

（五）形成审计意见的基础

该部分应当紧接在审计意见部分之后，并包括下列方面：
（1）说明注册会计师按照审计准则的规定执行了审计工作。
（2）提及审计报告中用于描述审计准则规定的注册会计师责任的部分。

（3）声明注册会计师按照与审计相关的职业道德要求独立于被审计单位，并履行了职业道德方面的其他责任。声明中应当指明适用的职业道德要求，如中国注册会计师职业道德守则。

（4）说明注册会计师是否相信获取的审计证据是充分、适当的，为发表审计意见提供了基础。

（六）管理层对财务报表的责任

管理层对财务报表的责任部分应当说明管理层负责下列方面：

（1）按照适用的财务报告编制基础的规定编制财务报表，使其实现公允反映，并设计、执行和维护必要的内部控制，以使财务报表不存在由于舞弊或错误导致的重大错报。

（2）评估被审计单位的持续经营能力和使用持续经营假设是否适当，并披露与持续经营相关的事项（如适用）。对管理层评估责任的说明应当包括描述在何种情况下使用持续经营假设是适当的。

（3）当对财务报告过程负有监督责任的人员与履行上述责任的人员不同时，管理层对财务报表的责任部分还应当提及对财务报告过程负有监督责任的人员。在这种情况下，该部分还应当提及“治理层”。

管理层对财务报表的责任举例如下。

管理层对财务报表的责任

ABC 公司管理层（以下简称管理层）负责按照企业会计准则的规定编制财务报表，使其实现公允反映，并设计、执行和维护必要的内部控制，以使财务报表不存在由于舞弊或错误导致的重大错报。

在编制财务报表时，管理层负责评估 ABC 公司的持续经营能力，披露与持续经营相关的事项（如适用），并运用持续经营假设，除非管理层计划清算 ABC 公司，终止运营或别无其他现实的选择。

治理层负责监督 ABC 公司的财务报告过程。

（七）注册会计师对财务报表审计的责任

注册会计师对财务报表审计的责任部分应当包括下列内容。

（1）说明注册会计师的目标是对财务报表整体是否不存在由于舞弊或错误导致的重大错报获取合理保证，并出具包含审计意见的审计报告。

（2）说明合理保证是高水平的保证，但并不能保证按照审计准则执行的审计在某一重大错报存在时总能发现。

（3）说明错报可能由于舞弊或错误导致。

（4）说明在按照审计准则执行审计工作的过程中，注册会计师运用职业判断，并保持职业怀疑。

（5）通过说明注册会计师的责任，对审计工作进行描述。这些责任包括以下内容：

①识别和评估由于舞弊或错误导致的财务报表重大错报风险，设计和实施审计程序以应对这些风险，并获取充分、适当的审计证据，作为发表审计意见的基础。由于舞弊可能涉及

串通、伪造、故意遗漏、虚假陈述或凌驾于内部控制之上，未能发现由于舞弊导致的重大错报的风险高于未能发现由于错误导致的重大错报的风险。

②了解与审计相关的内部控制，以设计恰当的审计程序，但目的并非对内部控制的有效性发表意见。

③评价管理层选用会计政策的恰当性和作出会计估计及相关披露的合理性。

④对管理层使用持续经营假设的恰当性得出结论。同时，根据获取的审计证据，就可能导致对被审计单位持续经营能力产生重大疑虑的事项或情况是否存在重大不确定性得出结论。

⑤评价财务报表的总体列报（包括披露）、结构和内容，并评价财务报表是否公允反映相关交易和事项。

注册会计师对财务报表审计的责任举例如下。

注册会计师对财务报表审计的责任

我们的目标是对财务报表整体是否不存在由于舞弊或错误导致的重大错报获取合理保证，并出具包含审计意见的审计报告。合理保证是高水平的保证，但并不能保证按照审计准则执行的审计在某一重大错报存在时总能发现，错报可能由于舞弊或错误导致，如果合理预期错报单独或汇总起来可能影响财务报表使用者依据财务报表作出的经济决策，则通常认为错报是重大的。

在按照审计准则执行审计工作的过程中，我们运用职业判断，并保持职业怀疑。同时，我们也执行以下工作。

（1）识别和评估由于舞弊或错误导致的财务报表重大错报风险，设计和实施审计程序以应对这些风险，并获取充分、适当的审计证据，作为发表审计意见的基础。由于舞弊可能涉及串通、伪造、故意遗漏、虚假陈述或凌驾于内部控制之上，未能发现由于舞弊导致的重大错报的风险高于未能发现由于错误导致的重大错报的风险。

（2）了解与审计相关的内部控制，以设计恰当的审计程序，但目的并非对内部控制的有效性发表意见。

（3）评价管理层选用会计政策的恰当性和作出会计估计及相关披露的合理性。

（4）对管理层使用持续经营假设的恰当性得出结论。同时，根据获取的审计证据，就可能导致对 ABC 公司持续经营能力产生重大疑虑的事项或情况是否存在重大不确定性得出结论。如果我们得出结论认为存在重大不确定性，审计准则要求我们在审计报告中提请报表使用者注意财务报表中的相关披露；如果披露不充分，我们应当发表非无保留意见。我们的结论基于截至审计报告日可获得的信息。未来的事项或情况可能导致 ABC 公司不能持续经营。

（5）评价财务报表的总体列报、结构和内容并评价财务报表是否公允反映相关交易和事项。我们与治理层就计划的审计范围、时间安排和重大审计发现等事项进行沟通，包括沟通我们在审计中识别出的值得关注的内部控制缺陷。

我们还就已遵守与独立性相关的职业道德要求向治理层提供声明，并与治理层沟通可能被合理认为影响我们独立性的所有关系和其他事项，以及相关的防范措施（如适用）。

从与治理层沟通过的事项中，我们确定哪些事项对本期财务报表审计最为重要，因而构成关键审计事项。我们在审计报告中描述这些事项，除非法律法规禁止公开披露这些事项，或在极少数情形下，如果合理预期在审计报告中沟通某事项造成的负面后果超过在公众利益方面产生的益处，我们确定不应在审计报告中沟通该事项。

（资料来源：华宝信托有限责任公司2021年度报告摘要．网易订阅．www.163.com）

（八）按照相关法律法规的要求报告的事项（如适用）

除审计准则规定的注册会计师责任外，如果注册会计师在对财务报表出具的审计报告中履行其他报告责任，应当在审计报告中将其单独作为一部分，并以“按照相关法律法规的要求报告的事项”为标题，或使用适合于该部分内容的其他标题，除非其他报告责任涉及的事项与审计准则规定的报告责任涉及的事项相同。如果涉及相同的事项，其他报告责任可以在审计准则规定的同一报告要素部分列示

（九）注册会计师的签名和盖章

审计报告应当由注册会计师签名并盖章。注册会计师在审计报告上签名并盖章，有利于明确法律责任。审计报告应当由项目合伙人和另一名负责该项目的注册会计师签名和盖章。

（十）会计师事务所的名称、地址和盖章

审计报告应当载明会计师事务所的名称和地址，并加盖会计师事务所公章。

（十一）报告日期

审计报告应当注明报告日期。审计报告的日期不应早于注册会计师获取充分、适当的审计证据（包括管理层认可对财务报表的责任且已批准财务报表的证据），并在此基础上对财务报表形成审计意见的日期。

审计报告的日期非常重要。实务中，注册会计师在正式签署审计报告前，通常把审计报告草稿和已审计财务报表草稿一同提交给管理层。如果管理层批准并签署已审计财务报表，注册会计师即可签署审计报告。注册会计师签署审计报告的日期通常与管理层签署已审计财务报表的日期为同一天，或晚于管理层签署已审计财务报表的日期。

标准审计报告参考格式如下：

审计报告

ABC股份有限公司全体股东：

一、对财务报表出具的审计报告

（一）审计意见

我们审计了ABC股份有限公司（以下简称ABC公司）财务报表，包括20×1年12月31日的资产负债表，20×1年度的利润表、现金流量表、股东权益变动表以及相关财务报表附注。

我们认为，后附的财务报表在所有重大方面按照企业会计准则的规定编制，公允反映了ABC公司20×1年12月31日的财务状况以及20×1年度的经营成果和现金流量。

（二）形成审计意见的基础

我们按照中国注册会计师审计准则的规定执行了审计工作。审计报告的“注册会计师对

财务报表审计的责任”部分进一步阐述了我们在这些准则下的责任。按照中国注册会计师职业道德守则，我们独立于 ABC 公司，并履行了职业道德方面的其他责任。我们相信，我们获取的审计证据是充分、适当的，为发表审计意见提供了基础。

（三）关键审计事项

关键审计事项是我们根据职业判断，认为对本期财务报表审计最为重要的事项。这些事项的应对以对财务报表整体进行审计并形成审计意见为背景，我们不对这些事项单独发表意见。

（四）其他信息

（五）管理层和治理层对财务报表的责任

ABC 公司管理层（以下简称管理层）负责按照企业会计准则的规定编制财务报表，使其实现公允反映，并设计、执行和维护必要的内部控制，以使财务报表不存在由于舞弊或错误导致的重大错报。

在编制财务报表时，管理层负责评估 ABC 公司的持续经营能力，披露与持续经营相关的事项（如适用），并运用持续经营假设，除非管理层计划清算 ABC 公司，终止运营或别无其他现实的选择。

治理层负责监督 ABC 公司的财务报告过程。

（六）注册会计师对财务报表审计的责任

我们的目标是对财务报表整体是否不存在由于舞弊或错误导致的重大错报获取合理保证，并出具包含审计意见的审计报告。合理保证是高水平的保证，但并不能保证按照审计准则执行的审计在某一重大错报存在时总能发现，错报可能由于舞弊或错误导致，如果合理预期错报单独或汇总起来可能影响财务报表使用者依据财务报表作出的经济决策，则通常认为错报是重大的。

在按照审计准则执行审计工作的过程中，我们运用职业判断，并保持职业怀疑。同时，我们也执行以下工作：

（1）识别和评估由于舞弊或错误导致的财务报表重大错报风险，设计和实施审计程序以应对这些风险，并获取充分、适当的审计证据，作为发表审计意见的基础。由于舞弊可能涉及串通、伪造、故意遗漏、虚假陈述或凌驾于内部控制之上，未能发现由于舞弊导致的重大错报的风险高于未能发现由于错误导致的重大错报的风险。

（2）了解与审计相关的内部控制，以设计恰当的审计程序，但目的并非对内部控制的有效性发表意见。

（3）评价管理层选用会计政策的恰当性和作出会计估计及相关披露的合理性。

（4）对管理层使用持续经营假设的恰当性得出结论。同时，根据获取的审计证据，就可能导致对 ABC 公司持续经营能力产生重大疑虑的事项或情况是否存在重大不确定性得出结论。如果我们得出结论认为存在重大不确定性，审计准则要求我们在审计报告中提请报表使用者注意财务报表中的相关披露；如果披露不充分，我们应当发表非无保留意见。我们的结论基于截至审计报告日可获得的信息。然而，未来的事项或情况可能导致 ABC 公司不能持续经营。

（5）评价财务报表的总体列报、结构和内容，并评价财务报表是否公允反映相关交易和事项。我们与治理层就计划的审计范围、时间安排和重大审计发现等事项进行沟通，包括沟通我们在审计中识别出的值得关注的内部控制缺陷。

我们还就已遵守与独立性相关的职业道德要求向治理层提供声明，并与治理层沟通可能被合理认为影响我们独立性的所有关系和其他事项，以及相关的防范措施（如适用）。

从与治理层沟通过的事项中，我们确定哪些事项对本期财务报表审计最为重要，因而构成关键审计事项。我们在审计报告中描述这些事项，除非法律法规禁止公开披露这些事项，或在极少数情形下，如果合理预期在审计报告中沟通某事项造成的负面后果超过在公众利益方面产生的益处，我们确定不应在审计报告中沟通该事项。

二、按照相关法律法规的要求报告的事项

××会计师事务所　　　　　　　　中国注册会计师：×××（项目合伙人）
（盖章）　　　　　　　　　　　　（签名并盖章）
　　　　　　　　　　　　　　　　中国注册会计师：×××
　　　　　　　　　　　　　　　　（签名并盖章）
中国　××市　　　　　　　　　　20×2年×年×月

五、非标准审计报告

（一）审计报告的强调事项段和其他事项段

1．强调事项段和其他事项段的含义

强调事项段是指审计报告中含有的一个段落，该段落提及已在财务报表中恰当列报的事项，且根据注册会计师的职业判断，该事项对财务报表使用者理解财务报表至关重要。

其他事项段是指审计报告中含有的一个段落，该段落提及未在财务报表中列报的事项，且根据注册会计师的职业判断，该事项与财务报表使用者理解审计工作、注册会计师的责任或审计报告相关。

2．出具强调事项段和其他事项段条件

（1）出具强调事项段的条件

如果认为有必要提醒财务报表使用者关注已在财务报表中列报，且根据职业判断认为对财务报表使用者理解财务报表至关重要的事项，在同时满足下列条件时，注册会计师应当在审计报告中增加强调事项段。

①该事项不会导致注册会计师发表非无保留意见；

②该事项未被确定为在审计报告中沟通的关键审计事项。

注册会计师可能认为需要增加强调事项段的情形如下。

①异常诉讼或监管行动的未来结果存在不确定性；

②在财务报表日至审计报告日之间发生的重大期后事项；

③在允许的情况下，提前应用对财务报表有重大影响的新会计准则；

④存在已经或持续对被审计单位财务状况产生重大影响的特大灾难。

例如，被审计单位受到其他单位起诉，指控其侵犯专利权，要求其停止侵权行为并赔偿

造成的损失，法院已经受理但尚未审理。该诉讼事项是一种不确定事项。因为诉讼事项的结果依赖于法院的判决或原告采取的行动，不受被审计单位直接控制，也不以被审计单位的意志为转移。但该诉讼事项一旦被法院审理判决，可能会给被审计单位带来损失。

（2）出具其他事项段的条件

如果认为有必要沟通，虽然未在财务报表中列报，但根据职业判断认为与财务报表使用者理解审计工作、注册会计师的责任或审计报告相关的事项，在同时满足下列条件时，注册会计师应当在审计报告中增加其他事项段。

①未被法律法规禁止；

②当《中国注册会计师审计准则第 1504 号——在审计报告中沟通关键审计事项》适用时，该事项未被确定为在审计报告中沟通的关键审计事项。

注册会计师可能认为需要增加其他事项段的情形如下。

①与使用者理解审计工作相关的情形；

②与使用者理解注册会计师的责任或审计报告相关的情形；

③对两套或两套以上财务报表出具审计报告的情形；

④限制审计报告分发和使用的情形。

带强调事项段和其他事项的无保留意见的审计报告格式如下。

审计报告

ABC 股份有限公司全体股东：

一、对财务报表出具的审计报告

（一）审计意见

我们审计了 ABC 股份有限公司（以下简称 ABC 公司）财务报表，包括 20×1 年 12 月 31 日的资产负债表，20×1 年度的利润表、现金流量表、股东权益变动表以及相关财务报表附注。我们认为，后附的财务报表在所有重大方面按照企业会计准则的规定编制，公允反映了 ABC 公司 20×1 年 12 月 31 日的财务状况以及 20×1 年度的经营成果和现金流量。

（二）形成审计意见的基础

我们按照中国注册会计师审计准则的规定执行了审计工作。审计报告的“注册会计师对财务报表审计的责任”部分进一步阐述了我们在这些准则下的责任。按照中国注册会计师职业道德守则，我们独立于 ABC 公司，并履行了职业道德方面的其他责任。我们相信，我们获取的审计证据是充分、适当的，为发表审计意见提供了基础。

（三）强调事项

我们提醒财务报表使用者关注，财务报表附注×描述了火灾对 ABC 公司的生产设备造成的影响。本段内容不影响已发表的审计意见。

（四）关键审计事项

关键审计事项是我们根据职业判断，认为对本期财务报表审计最为重要的事项。这些事项的应对以对财务报表整体进行审计并形成审计意见为背景，我们不对这些事项单独发表意见。

（五）其他事项

20×0 年 12 月 31 日的资产负债表，20×0 年度的利润表、现金流量表、股东权益变动表以

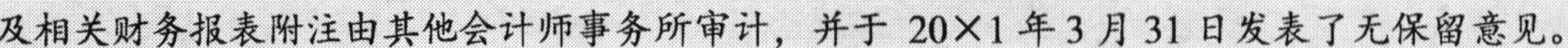

及相关财务报表附注由其他会计师事务所审计，并于20×1年3月31日发表了无保留意见。

（六）其他信息

（七）管理层和治理层对财务报表的责任

ABC公司管理层（以下简称管理层）负责按照企业会计准则的规定编制财务报表，使其实现公允反映，并设计、执行和维护必要的内部控制，以使财务报表不存在由于舞弊或错误导致的重大错报。

在编制财务报表时，管理层负责评估ABC公司的持续经营能力，披露与持续经营相关的事项（如适用），并运用持续经营假设，除非管理层计划清算ABC公司，终止运营或别无其他现实的选择。

治理层负责监督ABC公司的财务报告过程。

（八）注册会计师对财务报表审计的责任

我们的目标是对财务报表整体是否不存在由于舞弊或错误导致的重大错报获取合理保证，并出具包含审计意见的审计报告。合理保证是高水平的保证，但并不能保证按照审计准则执行的审计在某一重大错报存在时总能发现，错报可能由于舞弊或错误导致，如果合理预期错报单独或汇总起来可能影响财务报表使用者依据财务报表作出的经济决策，则通常认为错报是重大的。

在按照审计准则执行审计工作的过程中，我们运用职业判断，并保持职业怀疑。同时，我们也执行以下工作：

（1）识别和评估由于舞弊或错误导致的财务报表重大错报风险，设计和实施审计程序以应对这些风险，并获取充分、适当的审计证据，作为发表审计意见的基础。由于舞弊可能涉及串通、伪造、故意遗漏、虚假陈述或凌驾于内部控制之上，未能发现由于舞弊导致的重大错报的风险高于未能发现由于错误导致的重大错报的风险。

（2）了解与审计相关的内部控制，以设计恰当的审计程序，但目的并非对内部控制的有效性发表意见。

（3）评价管理层选用会计政策的恰当性和作出会计估计及相关披露的合理性。

（4）对管理层使用持续经营假设的恰当性得出结论。同时，根据获取的审计证据，就可能导致对ABC公司持续经营能力产生重大疑虑的事项或情况是否存在重大不确定性得出结论。如果我们得出结论认为存在重大不确定性，审计准则要求我们在审计报告中提请报表使用者注意财务报表中的相关披露；如果披露不充分，我们应当发表非无保留意见。我们的结论基于截至审计报告日可获得的信息。然而，未来的事项或情况可能导致ABC公司不能持续经营。

（5）评价财务报表的总体列报、结构和内容，并评价财务报表是否公允反映相关交易和事项。我们与治理层就计划的审计范围、时间安排和重大审计发现等事项进行沟通，包括沟通我们在审计中识别出的值得关注的内部控制缺陷。

我们还就已遵守与独立性相关的职业道德要求向治理层提供声明，并与治理层沟通可能被合理认为影响我们独立性的所有关系和其他事项，以及相关的防范措施（如适用）。

从与治理层沟通过的事项中，我们确定哪些事项对本期财务报表审计最为重要，因而构成关键审计事项。我们在审计报告中描述这些事项，除非法律法规禁止公开披露这些事项，或在极少数情形下，如果合理预期在审计报告中沟通某事项造成的负面后果超过在公众利益方面产生的益处，我们确定不应在审计报告中沟通该事项。

二、按照相关法律法规的要求报告的事项

××会计师事务所　　　　　　　　中国注册会计师：×××（项目合伙人）
（盖章）　　　　　　　　　　　　（签名并盖章）
　　　　　　　　　　　　　　　　中国注册会计师：×××
　　　　　　　　　　　　　　　　（签名并盖章）
中国　××市　　　　　　　　　　20×2年×年×月

（二）非无保留意见的审计报告

1. 影响发表非无保留意见的情形

（1）注册会计师与管理层的分歧

注册会计师与管理层在会计政策选用方面的分歧，主要体现在以下几个方面：一是管理层选用的会计政策不符合适用的会计准则和相关会计制度的规定；二是管理层选用的会计政策不符合具体情况的需要（相应地，财务报表整体列报与注册会计师获得的对被审计单位及其环境的了解不一致）；三是管理层选用了不适当的会计政策，导致财务报表在所有重大方面未能公允反映被审计单位的财务状况、经营成果和现金流量；四是管理层选用的会计政策没有按照适用的会计准则和相关会计制度的要求得到一贯运用，即没有一贯地运用于不同期间相同的或者相似的交易和事项。

注册会计师与管理层在会计估计方面的分歧，主要体现在以下几个方面：一是管理层没有对所有应当进行会计估计的项目作出会计估计；二是管理层没有识别出可能影响作出会计估计的相关因素；三是管理层没有充分收集作出会计估计所依赖的相关数据；四是没有正确提出会计估计依据的假设；五是管理层没有依据数据、假设和其他因素对事项的金额做出正确估计；六是管理层没有按照适用的会计准则和相关会计制度的规定做出充分披露。

注册会计师与管理层在财务报表披露方面的分歧，主要体现在：管理层没有按照适用的会计准则和相关会计制度的要求披露所有的信息，或者没有充分、清晰地披露所有信息，使财务报表使用者不能了解重大交易和事项对被审计单位财务状况、经营成果和现金流量的影响。

（2）审计范围受到限制

审计范围可能受到以下两方面的限制：一是客观环境造成的限制。例如，由于被审计单位存货的性质或位置特殊等导致注册会计师无法实施存货监盘等。在客观环境造成限制的情况下，注册会计师应当考虑是否可能实施替代审计程序，以获取充分、适当的审计证据。二是管理层造成的限制。例如，管理层不允许注册会计师观察存货盘点，或者不允许对特定账户余额实施函证等。在管理层造成限制的情况下，注册会计师应当提请管理层放弃限制。如果管理层不配合，注册会计师应当考虑这一事项对风险评估的影响以及是否可能实施替代审计程序，以获取充分、适当的审计证据。

2．保留意见的审计报告

如果认为财务报表整体是公允的，但还存在下列情形之一，注册会计师应当出具保留意见的审计报告。

（1）会计政策的选用、会计估计的作出或财务报表的披露不符合适用的会计准则和相关会计制度的规定，虽影响重大，但不至于出具否定意见的审计报告。

（2）因审计范围受到限制，不能获取充分、适当的审计证据，虽影响重大，但不至于出具无法表示意见的审计报告。

应当指出的是，只有当注册会计师认为财务报表就其整体而言是公允的，但还存在对财务报表产生重大影响的情形，才能出具保留意见的审计报告。如果注册会计师认为所报告的情形对财务报表产生的影响极为严重，则应出具否定意见的审计报告或无法表示意见的审计报告。

如果会计政策的选用、会计估计的作出或财务报表的披露不符合适用的会计准则和相关会计制度的规定，注册会计师在判断其影响是否重大时，应当考虑该影响所涉及的金额或性质并与确定的重要性水平进行比较。

注册会计师因审计范围受到限制而出具保留意见的审计报告，取决于无法实施的审计程序对形成审计意见的重要性。注册会计师在判断重要性时，应当考虑有关事项潜在影响的性质和范围以及在财务报表中的重要程度。

保留意见审计报告格式如下。

审计报告

ABC 股份有限公司全体股东：

一、对财务报表出具的审计报告

（一）保留意见

我们审计了 ABC 股份有限公司（以下简称 ABC 公司）财务报表，包括 20×1 年 12 月 31 日的资产负债表，20×1 年度的利润表、现金流量表、股东权益变动表以及相关财务报表附注。我们认为，除“形成保留意见的基础”部分所述事项产生的影响外，后附的财务报表在所有重大方面按照企业会计准则的规定编制，公允反映了 ABC 公司 20×1 年 12 月 31 日的财务状况以及 20×1 年度的经营成果和现金流量。

（二）形成保留意见的基础

ABC 公司 20×1 年 12 月 31 日资产负债表中存货的列示金额为×元。ABC 公司管理层（以下简称管理层）根据成本对存货进行计量，而没有根据成本与可变现净值孰低的原则进行计量，这不符合企业会计准则的规定。ABC 公司的会计记录显示，如果管理层以成本与可变现净值孰低来计量存货，存货列示金额将减少×元。相应地，资产减值损失将增加×元，所得税、净利润和股东权益将分别减少×元、×元和×元。

我们按照中国注册会计师审计准则的规定执行了审计工作。审计报告的“注册会计师对财务报表审计的责任”部分进一步阐述了我们在这些准则下的责任。按照中国注册会计师职业道德守则，我们独立于 ABC 公司，并履行了职业道德方面的其他责任。我们相信，我们获取的审计证据是充分、适当的，为发表保留意见提供了基础。

（三）其他信息

（四）关键审计事项

关键审计事项是我们根据职业判断，认为对本期财务报表审计最为重要的事项。这些事项的应对以对财务报表整体进行审计并形成审计意见为背景，我们不对这些事项单独发表意见。除“形成保留意见的基础”部分所述事项外，我们确定下列事项是需要在审计报告中沟通的关键审计事项。

（五）管理层和治理层对财务报表的责任

ABC 公司管理层（以下简称管理层）负责按照企业会计准则的规定编制财务报表，使其实现公允反映，并设计、执行和维护必要的内部控制，以使财务报表不存在由于舞弊或错误导致的重大错报。

在编制财务报表时，管理层负责评估 ABC 公司的持续经营能力，披露与持续经营相关的事项（如适用），并运用持续经营假设，除非管理层计划清算 ABC 公司，终止运营或别无其他现实的选择。

治理层负责监督 ABC 公司的财务报告过程。

（六）注册会计师对财务报表审计的责任

我们的目标是对财务报表整体是否不存在由于舞弊或错误导致的重大错报获取合理保证，并出具包含审计意见的审计报告。合理保证是高水平的保证，但并不能保证按照审计准则执行的审计在某一重大错报存在时总能发现，错报可能由于舞弊或错误导致，如果合理预期错报单独或汇总起来可能影响财务报表使用者依据财务报表作出的经济决策，则通常认为错报是重大的。

在按照审计准则执行审计工作的过程中，我们运用职业判断，并保持职业怀疑。同时，我们也执行以下工作：

（1）识别和评估由于舞弊或错误导致的财务报表重大错报风险，设计和实施审计程序以应对这些风险，并获取充分、适当的审计证据，作为发表审计意见的基础。由于舞弊可能涉及串通、伪造、故意遗漏、虚假陈述或凌驾于内部控制之上，未能发现由于舞弊导致的重大错报的风险高于未能发现由于错误导致的重大错报的风险。

（2）了解与审计相关的内部控制，以设计恰当的审计程序，但目的并非对内部控制的有效性发表意见。

（3）评价管理层选用会计政策的恰当性和作出会计估计及相关披露的合理性。

（4）对管理层使用持续经营假设的恰当性得出结论。同时，根据获取的审计证据，就可能导致对 ABC 公司持续经营能力产生重大疑虑的事项或情况是否存在重大不确定性得出结论。如果我们得出结论认为存在重大不确定性，审计准则要求我们在审计报告中提请报表使用者注意财务报表中的相关披露；如果披露不充分，我们应当发表非无保留意见。我们的结论基于截至审计报告日可获得的信息。然而，未来的事项或情况可能导致 ABC 公司不能持续经营。

（5）评价财务报表的总体列报、结构和内容，并评价财务报表是否公允反映相关交易和事项。我们与治理层就计划的审计范围、时间安排和重大审计发现等事项进行沟通，包括沟通我们在审计中识别出的值得关注的内部控制缺陷。

我们还就已遵守与独立性相关的职业道德要求向治理层提供声明，并与治理层沟通可能被合理认为影响我们独立性的所有关系和其他事项，以及相关的防范措施（如适用）。

从与治理层沟通过的事项中，我们确定哪些事项对本期财务报表审计最为重要，因而构成关键审计事项。我们在审计报告中描述这些事项，除非法律法规禁止公开披露这些事项，或在极少数情形下，如果合理预期在审计报告中沟通某事项造成的负面后果超过在公众利益方面产生的益处，我们确定不应在审计报告中沟通该事项。

二、按照相关法律法规的要求报告的事项

××会计师事务所　　　　中国注册会计师：×××（项目合伙人）
（盖章）　　　　　　　　（签名并盖章）
　　　　　　　　　　　　中国注册会计师：×××
　　　　　　　　　　　　（签名并盖章）
中国　××市　　　　　　20×2年×年×月

3．否定意见的审计报告

如果认为财务报表没有按照适用的会计准则和相关会计制度的规定编制，未能在所有重大方面公允反映被审计单位的财务状况、经营成果和现金流量。注册会计师应当出具否定意见的审计报告。

只有当注册会计师认为财务报表存在重大错报会误导使用者，以至于财务报表的编制不符合适用的会计准则和相关会计制度的规定，未能从整体上公允反映被审计单位的财务状况以及经营成果和现金流量，注册会计师才会出具否定意见的审计报告。

否定意见的审计报告格式如下。

审计报告

ABC股份有限公司全体股东：

一、对合并财务报表出具的审计报告

（一）否定意见

我们审计了ABC股份有限公司及其子公司（以下简称ABC集团）的合并财务报表，包括20×1年12月31日的合并资产负债表，20×1年度的合并利润表、合并现金流量表、合并股东权益变动表以及相关合并财务报表附注。我们认为，由于“形成否定意见的基础”部分所述事项的重要性，后附的合并财务报表没有在所有重大方面按照××财务报告编制基础的规定编制，未能公允反映ABC集团20×1年12月31日的合并财务状况以及20×1年度的合并经营成果和合并现金流量。

（二）形成否定意见的基础

如财务报表附注×所述，20×1年ABC集团通过非同一控制下的企业合并获得对XYZ公司的控制权，因未能取得购买日XYZ公司某些重要资产和负债的公允价值，故未将XYZ公司纳入合并财务报表的范围。按照××财务报告编制基础的规定，该集团应将这一子公司纳入合并范围，并以暂估金额为基础核算该项收购。如果将XYZ公司纳入合并财务报表的范围，后附的 ABC 集团合并财务报表的多个报表项目将受到重大影响。但我们无法确定未将 XYZ 公司纳入合并范围对合并财务报表产生的影响。

我们按照中国注册会计师审计准则的规定执行了审计工作。审计报告的“注册会计师对合并财务报表审计的责任”部分进一步阐述了我们在这些准则下的责任。按照中国注册会计师职业道德守则，我们独立于 ABC 集团，并履行了职业道德方面的其他责任。我们相信，我们获取的审计证据是充分、适当的，为发表否定意见提供了基础。

（三）其他信息

（四）关键审计事项

除“形成否定意见的基础”部分所述事项外，我们认为，没有其他需要在审计报告中沟通的关键审计事项。

（五）管理层和治理层对财务报表的责任

ABC 公司管理层（以下简称管理层）负责按照企业会计准则的规定编制财务报表，使其实现公允反映，并设计、执行和维护必要的内部控制，以使财务报表不存在由于舞弊或错误导致的重大错报。

在编制财务报表时，管理层负责评估 ABC 公司的持续经营能力，披露与持续经营相关的事项（如适用），并运用持续经营假设，除非管理层计划清算 ABC 公司，终止运营或别无其他现实的选择。

治理层负责监督 ABC 公司的财务报告过程。

（六）注册会计师对财务报表审计的责任

我们的目标是对财务报表整体是否不存在由于舞弊或错误导致的重大错报获取合理保证，并出具包含审计意见的审计报告。合理保证是高水平的保证，但并不能保证按照审计准则执行的审计在某一重大错报存在时总能发现，错报可能由于舞弊或错误导致，如果合理预期错报单独或汇总起来可能影响财务报表使用者依据财务报表作出的经济决策，则通常认为错报是重大的。

在按照审计准则执行审计工作的过程中，我们运用职业判断，并保持职业怀疑。同时，我们也执行以下工作：

（1）识别和评估由于舞弊或错误导致的财务报表重大错报风险，设计和实施审计程序以应对这些风险，并获取充分、适当的审计证据，作为发表审计意见的基础。由于舞弊可能涉及串通、伪造、故意遗漏、虚假陈述或凌驾于内部控制之上，未能发现由于舞弊导致的重大错报的风险高于未能发现由于错误导致的重大错报的风险。

（2）了解与审计相关的内部控制，以设计恰当的审计程序，但目的并非对内部控制的有效性发表意见。

（3）评价管理层选用会计政策的恰当性和作出会计估计及相关披露的合理性。

（4）对管理层使用持续经营假设的恰当性得出结论。同时，根据获取的审计证据，就可能导致对 ABC 公司持续经营能力产生重大疑虑的事项或情况是否存在重大不确定性得出结论。如果我们得出结论认为存在重大不确定性，审计准则要求我们在审计报告中提请报表使用者注意财务报表中的相关披露；如果披露不充分，我们应当发表非无保留意见。我们的结论基于截至审计报告日可获得的信息。然而，未来的事项或情况可能导致ABC公司不能持续经营。

（5）评价财务报表的总体列报、结构和内容，并评价财务报表是否公允反映相关交易和事项。我们与治理层就计划的审计范围、时间安排和重大审计发现等事项进行沟通，包括沟通我们在审计中识别出的值得关注的内部控制缺陷。

我们还就已遵守与独立性相关的职业道德要求向治理层提供声明，并与治理层沟通可能被合理认为影响我们独立性的所有关系和其他事项，以及相关的防范措施（如适用）。

从与治理层沟通过的事项中，我们确定哪些事项对本期财务报表审计最为重要，因而构成关键审计事项。我们在审计报告中描述这些事项，除非法律法规禁止公开披露这些事项，或在极少数情形下，如果合理预期在审计报告中沟通某事项造成的负面后果超过在公众利益方面产生的益处，我们确定不应在审计报告中沟通该事项。

二、按照相关法律法规的要求报告的事项

××会计师事务所	中国注册会计师：×××（项目合伙人）
（盖章）	（签名并盖章）
	中国注册会计师：×××
	（签名并盖章）
中国　××市	20×2年×年×月

4．无法表示意见的审计报告

如果审计范围受到限制可能产生的影响非常重大和广泛，不能获取充分、适当的审计证据，以至于无法对财务报表发表审计意见，注册会计师应当出具无法表示意见的审计报告。

当出具无法表示意见的审计报告时，注册会计师应当删除注册会计师的责任段，并在审计意见段中使用“由于审计范围受到限制可能产生的影响非常重大和广泛”“我们无法对上述财务报表发表意见”等术语。

只有当审计范围受到限制可能产生的影响非常重大和广泛，不能获取充分、适当的审计证据，以至于无法确定财务报表的合法性与公允性时，注册会计师才应当出具无法表示意见的审计报告。无法表示意见不同于否定意见，它通常仅仅适用于注册会计师不能获取充分、适当的审计证据。如果注册会计师发表否定意见，必须获得充分、适当的审计证据。无论是无法表示意见还是否定意见，都只有在非常严重的情形下采用。

无法表示意见的审计报告格式如下。

审计报告

ABC股份有限公司全体股东：

一、对财务报表出具的审计报告

（一）无法表示意见

我们接受委托，审计ABC股份有限公司（以下简称ABC公司）财务报表，包括20×1年12月31日的资产负债表，20×1年度的利润表、现金流量表、股东权益变动表以及相关财务报表附注。

我们不对后附的 ABC 公司财务报表发表审计意见。由于“形成无法表示意见的基础”部分所述事项的重要性，我们无法获取充分、适当的审计证据以作为对财务报表发表审计意见的基础。

（二）形成无法表示意见的基础

我们于 20×2 年 1 月接受委托审计 ABC 公司财务报表，因而未能对 ABC 公司 20×1 年初金额为×元的存货和年末金额为×元的存货实施监盘程序。此外，我们也无法实施替代审计程序获取充分、适当的审计证据。并且，ABC 公司于 20×1 年 9 月采用新的应收账款电算化系统，由于存在系统缺陷导致应收账款出现大量错误。截至报告日，ABC 公司管理层（以下简称管理层）仍在纠正系统缺陷并更正错误，我们也无法实施替代审计程序，以对截至 20×1 年 12 月 31 日的应收账款总额×元获取充分、适当的审计证据。因此，我们无法确定是否有必要对存货、应收账款以及财务报表其他项目作出调整，也无法确定应调整的金额。

（三）管理层和治理层对财务报表的责任

ABC 公司管理层（以下简称管理层）负责按照企业会计准则的规定编制财务报表，使其实现公允反映，并设计、执行和维护必要的内部控制，以使财务报表不存在由于舞弊或错误导致的重大错报。

在编制财务报表时，管理层负责评估 ABC 公司的持续经营能力，披露与持续经营相关的事项（如适用），并运用持续经营假设，除非管理层计划清算 ABC 公司，终止运营或别无其他现实的选择。

治理层负责监督 ABC 公司的财务报告过程。

（四）注册会计师对财务报表审计的责任

我们的责任是按照中国注册会计师审计准则的规定，对 ABC 公司的财务报表执行审计工作，以出具审计报告。但由于“形成无法表示意见的基础”部分所述的事项，我们无法获取充分、适当的审计证据以作为发表审计意见的基础。按照中国注册会计师职业道德守则，我们独立于 ABC 公司，并履行了职业道德方面的其他责任。

二、按照相关法律法规的要求报告的事项

××会计师事务所	中国注册会计师：×××（项目合伙人）
（盖章）	（签名并盖章）
	中国注册会计师：×××
	（签名并盖章）
中国　××市	20×2 年×年×月

实务中，注册会计师应当根据错报金额或审计范围受到限制与重要性的关系来判断出具审计报告的类型。

（1）错报金额或审计范围受到限制的影响不重要。当被审计单位会计政策的选用、会计估计的作出或财务报表的披露不符合适用的会计准则和相关会计制度的规定，或因审计范围受到限制，无法获取充分、适当的审计证据，但所涉金额不大，远远低于重要性水平，不至于影响财务报表使用者的决策，因而注册会计师认为该金额是不重要的，就可以出具无保留意见的审计报告。

（2）错报金额或审计范围受到限制的影响重要，但就财务报表整体而言是公允的。当被审计单位会计政策的选用、会计估计的作出或财务报表的披露不符合适用的会计准则和相关会计制度的规定，或因审计范围受到限制，无法获取充分、适当的审计证据，所涉金额超过重要性水平，在某些方面影响财务报表使用者的决策，但对财务报表整体仍然是公允的，注册会计师可以出具保留意见的审计报告。

（3）错报金额重要或审计范围受到重要限制且影响广泛，以至于财务报表整体公允性存在问题。当被审计单位会计政策的选用、会计估计的作出或财务报表的披露不符合适用的会计准则和相关会计制度的规定或因审计范围受到限制，无法获取充分、适当的审计证据，金额超过重要性水平且影响广泛将会全面影响财务报表使用者的决策，注册会计师应当出具否定意见或无法表示意见的审计报告。

例如，注册会计师确定的报表层次的重要性水平是 100 万元。

①经过审计后统计的未更正错报总数为 10 万元，10 万元远远低于 100 万元，此时应出具标准无保留意见的审计报告。

②经过审计后统计的未更正错报总数为 95 万元或者是 115 万元，此数字与报表层次重要性水平相当，则应出具保留意见的审计报告。

③经过审计后统计的未更正错报总数为 1500 万元，则应出具否定意见的审计报告。一般实务中认为错报总数若达到报表层次重要性水平的 8 倍以上时，会出具否定意见的审计报告。

④经过审计后统计的未更正错报总数为 400 万元，此时应该看错报的性质如何。若 400 万元的错报是重分类错误，不影响利润，应出具保留意见的审计报告；若 400 万元的错报对利润直接构成影响，使利润表上的数字扭亏为盈，则表示性质严重，应出具否定意见的审计报告。

思考与练习

一、单项选择题

1．如果认为被审计单位在可预见的将来无法持续经营，继续运用持续经营假设编制会计报表将对会计报表使用人产生严重误导，注册会计师应当发表（　　）。

A．保留意见或拒绝表示意见　　B．带说明段的无保留意见或保留意见

C．保留意见或否定意见　　D．否定意见或拒绝表示意见

2．运用审计重要性原则，对审计中发现的核算误差，若其超过所涉及会计报表层重要性水平，性质不重要则视为（　　）。

A．建议调整的不符事项　　B．建议未调整的不符事项

C．建议重分类　　D．建议编制审计差异调整表

3．编制审计报告的主要依据是（　　）。

A．审计准则　　B．审计工作底稿
C．审计程序　　D．会计准则

4．如被审计单位会计报表就其整体而言是公允的，但因审计范围受到重要的局部限制，无法按照审计准则的要求取得应有的审计证据时，注册会计师应发表（　　）。

A．无保留意见　　B．保留意见
C．否定意见　　D．拒绝表示意见

5．×公司原采用直线法计提固定资产折旧，但自 2001 年 1 月 1 日起．对新购入的技术更新快的固定资产采用加速折旧法已取得批准文件，但×公司在 2001 年度的会计报表附注中没有披露采用加速折旧法的理由，注册会计师应当发表（　　）。

A．无保留意见　　B．保留意见
C．否定意见　　D．拒绝表示意见

二、多项选择题

1．下列文字摘自某注册会计师所签发的审计报告，你认为不妥当的是（　　）。

A．我们的审计是按照中国注册会计师法进行的
B．我们接受委托对贵公司 20×9 年度资产负债表、利润表及财务状况变动表进行了审计
C．经过审查，我们认为贵公司财务报表正确地反映了贵公司财务状况和经营成果
D．这些会计报表由贵公司负责，我们的责任是对这些会计报表发表审计意见

2．在下列哪些情况下，注册会计师应签发带说明段的无保留意见审计报告（　　）。

A．资产负债表日后，被审计单位在诉讼中败诉，被判赔偿 300 万元
B．审计年度 12 月，被审计单位被索赔 300 万元，仲裁尚未得到结果
C．资产负债表日后，被审计单位持有的股票市价下跌，若转让将导致 300 万元的损失
D．被审计单位的经理在回答某证券报记者提问时，所说的财务数据与会计报表有较大差异，该报已发行。

3．以下关于审计报告的叙述中，不正确的是（　　）。

A．审计报告应该由两位注册会计师签名盖章，但其中一名必须是主任会计师
B．注册会计师如果出具非无保留意见的审计报告时，应在意见段之前增加说明段
C．审计报告的日期是指编写完审计报告的日期
D．审计报告的收件人是指被审计单位

4．下列情况中，注册会计师应在审计报告的意见段之后增加强调事项段的有（　　）。

A．财务报表日后被审计单位发生火灾，损失重大，已在财务报表中进行了适当的披露
B．可能无法偿还将要到期的重大债务，已有相应的措施，且已在财务报表中进行了适当的披露
C．可能无法偿还将要到期的重大债务，已有相应的措施，但未在财务报表中进行适当的披露
D．涉及其他注册会计师的工作，但无法复核

5．如果审计范围受到被审计单位的限制，注册会计师无法就可能存在的对会计报表产生

重大影响的错误或舞弊获取充分、适当的审计证据时，应当发表（　　）。

A．无保留意见　　B．保留意见

C．拒绝表示意见　　D．否定意见

三、案例分析题

2019 年 1 月 25 日北京正大会计师事务所对北京新城发展股份有限公司 2018 年度的会计报表进行审计时，项目负责人刘新注册会计师遇到了以下情况：

北京新城发展股份有限公司拥有一项长期股权投资，账面价值 500 万元，持股比例 30%。2018 年 12 月 31 日，北京新城发展股份有限公司与长江投资有限公司签署投资转让协议，拟以 450 万元的价格转让该项长期股权投资，已收到价款 300 万元，但尚未办理产权过户手续。北京新城发展股份有限公司以该项长期股权投资正在转让之中为由，不再计提减值准备。该事项对 2018 年度会计报表的影响都是重要的，且北京新城发展股份有限公司拒绝接受刘新注册会计师的审计处理意见，不存在其他因素的影响下，请替注册会计师刘新出具审计报告。（被审计单位的企业所得税税率为 25%）。根据所给内容完成下面审计报告。

审计报告

__________全体股东：

一、对财务报表出具的审计报告

（一）保留意见

我们审计了__________财务报表，包括___年__月__日的资产负债表，_____年度的利润表、现金流量表、股东权益变动表以及相关财务报表附注。

我们认为，除“形成保留意见的基础”部分所述事项的影响外，后附的财务报表在所有重大方面按照企业会计准则的规定编制，公允反映了公司___年__月__日的财务状况以及____年度的经营成果和现金流量。

（二）形成___意见的基础

____

____

____

我们按照中国注册会计师审计准则的规定执行了审计工作。审计报告的“注册会计师对财务报表审计的责任”部分进一步阐述了我们在这些准则下的责任。按照中国注册会计师职业道德守则，我们独立于________________公司并履行了职业道德方面的其他责任。我们相信，我们获取的审计证据是充分、适当的，为发表审计意见提供了基础。

（三）其他信息

________公司管理层对其他信息负责。其他信息包括年度报告中除财务报表和本审计报告以外的信息。

我们对财务报表发表的审计意见不涵盖其他信息，我们也不对其他信息发表任何形式的鉴证结论。

结合我们对财务报表的审计，我们的责任是阅读其他信息，在此过程中，考虑其他信息是否与财务报表或我们在审计过程中了解到的情况存在重大不一致或者似乎存在重大错报。

（四）关键审计事项

____

____

____

（五）管理层和治理层对财务报表的责任

管理层负责按照企业会计准则的规定编制财务报表，使其实现公允反映，并设计、执行和维护必要的内部控制，以使财务报表不存在由于舞弊或错误导致的重大错报。

（六）在编制财务报表时，管理层负责评估

________公司的持续经营能力，披露与持续经营相关的事项（如适用），并运用持续经营假设，除非管理层计划清算________________公司、停止营运或别无其他现实的选择。治理层负责监督________________公司的财务报告过程。

（七）注册会计师对财务报表审计的责任

在按照审计准则执行审计的过程中，我们运用了职业判断，保持了职业怀疑。我们同时：我们的目标是对财务报表整体是否不存在由于舞弊或错误导致的重大错报获取合理保证，并出具包含审计意见的审计报告。合理保证是高水平的保证，但并不能保证按照审计准则执行的审计在某一重大错报存在时总能发现。错报可能由舞弊或错误所导致，如果合理预期错报单独或汇总起来可能影响财务报表使用者依据财务报表作出的经济决策，则通常认为错报是重大的。

在按照审计准则执行审计的过程中，我们运用了职业判断，保持了职业怀疑。我们同时：

（1）识别和评估由于舞弊或错误导致的财务报表重大错报风险；对这些风险有针对性地设计和实施审计程序；获取充分、适当的审计证据，作为发表审计意见的基础。由于舞弊可能涉及串通、伪造、故意遗漏、虚假陈述或凌驾于内部控制之上，未能发现由于舞弊导致的重大错报的风险高于未能发现由于错误导致的重大错报的风险。

（2）了解与审计相关的内部控制，以设计恰当的审计程序，但目的并非对内部控制的有效性发表意见。

（3）评价管理层选用会计政策的恰当性和作出会计估计及相关披露的合理性。

（4）对管理层使用持续经营假设的恰当性得出结论。同时，根据获取的审计证据，就可能导致对________________公司持续经营能力产生重大疑虑的事项或情况是否存在重大不确定性得出结论。如果我们得出结论认为存在重大不确定性，审计准则要求我们在审计报告中提请报表使用者注意财务报表中的相关披露。如果披露不充分，我们应当发表非无保留意见。我们的结论基于审计报告日可获得的信息。然而，未来的事项或情况可能导致________________公司不能持续经营。

（5）评价财务报表的总体列报、结构和内容（包括披露），并评价财务报表是否公允反映相关交易和事项。

我们与治理层就计划的审计范围、时间安排和重大审计发现（包括我们在审计中识别的值得关注的内部控制缺陷）进行沟通。

我们还就遵守关于独立性的相关职业道德要求向治理层提供声明，并就可能被合理认为影响我们独立性的所有关系和其他事项，以及相关的防范措施（如适用）与治理层进行沟通。

从与治理层沟通的事项中，我们确定哪些事项对本期财务报表审计最为重要，因而构成关键审计事项。我们在审计报告中描述这些事项，除非法律法规禁止公开披露这些事项，或在极其罕见的情形下，如果合理预期在审计报告中沟通某事项造成的负面后果超过在公众利益方面产生的益处，我们确定不应在审计报告中沟通该事项。

二、按照相关法律法规的要求报告的事项

北京正大会计师事务所　　　　　　中国注册会计师：
（盖章）　　　　　　　　　　　　（签名并盖章）
　　　　　　　　　　　　　　　　中国注册会计师：
　　　　　　　　　　　　　　　　（签名并盖章）

中国　　　　市　　　　　　　　　　　　年　　月　　日

项目三　循环审计

该部分将以执行企业会计准则的公司的财务报表审计为例，介绍业务循环审计的具体内容，重点介绍对各财务报表项目如何进行审计测试。

审计测试包括控制测试和对交易、账户余额实施实质性程序。

在财务报表审计中可将被审计单位的所有交易和账户余额划分为4个、5个、6个甚至更多个业务循环。由于各被审计单位的业务性质和规模不同，其业务循环的划分也应有所不同。我们将交易和账户余额划分为销售与收款循环、采购与付款循环、存货与仓储循环、筹资与投资循环，分章阐述各业务循环的审计。由于货币资金与上述多个业务循环密切相关，并且货币资金的业务和内部控制又有着不同于其他业务循环和其他财务报表项目的鲜明特征，因此，将货币资金审计单独安排为一章讲解。

循环审计方法可加深审计人员对被审计单位经济业务的理解，而且便于审计人员的合理分工。将特定业务循环所涉及的财务报表项目分配给一个或数个审计人员，能够提高审计工作的效率与效果。

按照各财务报表项目与业务循环的相关程度，可以建立起各业务循环与其所涉及的主要财务报表项目（特殊行业的财务报表项目不涉及）之间的对应关系，如下表所示。

业务循环与主要财务报表项目对照表

业务循环	资产负债表对应科目	利润表对应科目
销售与收款循环	应收票据、应收账款、长期应收款、预收款项，应交税费	营业收入、税金及附加、销售费用
采购与付款循环	预付款项、固定资产、在建工程、工程物资、固定资产清理、无形资产、研发支出费用、长期待摊费用、应付票据、应付账款、长期应付款	管理费用
存货与仓储循环	存货（包括材料采购、在途物资、原材料、材料成本差异、库存商品：发出商品、商品进销差价、委托加工物资、委托代销商品、受托代销商品、周转材料、产成品、制造费用、劳务成本、存货跌价准备、受托代销商品款等）、应付职工薪酬	营业成本
筹资与投资循环	交易性金融资产、应收利息、应收股利、可出售金融资产、持有至到期投资，长期股权投资、投资性房地产、递延所得税资产、短期借款、交易性金融负债、应付利息、应付股利、其他应付款、其他流动负债、长期借款、应付债券、预计负债、递延所得税、其他非流动负债、实收资本（或股本）、资本公积、盈余公积、未分配利润	财务费用、资产减值损失、公允价值变动收益、投资收益、营业外收入、营业外支出、所得税费用

各循环审计的基本思路包括：一是了解被审计单位的各循环的业务活动特点，包括主要

的业务活动、会计凭证和所涉及的部门；二是了解各循环的内部控制，评估各循环的重大错报风险，并执行控制测试；三是对各循环涉及的财务报表重要项目确定具体审计目标并实施实质性程序。

任务十四　销售与收款循环审计

【知识与能力目标】

1. 能够识别销售与收款循环的主要业务活动
2. 能够理解销售与收款循环的内部控制
3. 能够掌握销售与收款循环控制测试的方法
4. 能够掌握营业收入与应收账款的实质性程序

【素质目标】

1. 培养学生树立社会利益为先的理想信念和诚信客观公正的职业道德观念
2. 培养学生树立专业胜任能力的职业道德观念

【教学要点】

1. 销售与收款循环的内部控制
2. 销售与收款循环的控制测试
3. 营业收入与应收账款的实质性程序

【教学内容】

子任务一　销售与收款循环的特性

一、涉及的主要业务活动

了解企业在销售与收款循环中的典型活动，对该业务循环的审计非常必要。这里我们介绍一下销售与收款循环所涉及的主要业务活动。

（一）接受顾客订单

顾客提出订货要求是整个销售与收款循环的起点。顾客的订单只有在符合企业管理层的授权标准时，才能被接受。管理层一般都列出了已批准销售的顾客名单。销售单管理部门在决定是否同意接受某顾客的订单时，应追查该顾客是否被列入这张名单。如果该顾客未被列

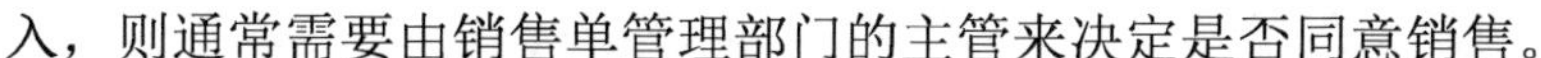

入，则通常需要由销售单管理部门的主管来决定是否同意销售。

很多企业在批准了顾客订单之后，下一步就应编制一式多联的销售单。销售单是证明管理层有关销售交易的“发生”认定的凭据之一，也是此笔销售的交易轨迹的起点。

（二）批准赊销信用

赊销批准是由信用管理部门根据管理层的赊销政策在每个顾客的已授权的信用额度进行的。在已授权的信用额度内的赊销，信用管理部门的职员就可以批准；如果赊销超过了已授权的信用额度，就需要信用管理部门的负责人批准。

设计信用批准控制的目的是降低坏账风险，因此，这些控制与应收账款余额的“计价和分摊”认定有关。

（三）按销售单供货

企业管理层通常要求商品仓库只有在收到经过批准的销售单时才能供货。设立这项控制程序的目的是防止仓库在未经授权的情况下擅自发货。因此，已批准销售单的一联通常应送达仓库，作为仓库按销售单供货和发货给装运部门的授权依据。

（四）按销售单装运货物

将按经批准的销售单供货与按销售单装运货物职责相分离，有助于避免负责装运货物的职员在未经授权的情况下装运产品。此外，装运部门职员在装运之前，还必须进行独立验证，以确定从仓库提取的商品都附有经批准的销售单，并且所提取商品的内容与销售单一致。

装运凭证是指一式多联的、连续编号的提货单，可由电脑或人工编制。按序归档的装运凭证通常由装运部门保管。装运凭证提供了商品确实已装运的证据，因此，它是证实销售交易“发生”认定的另一种形式的凭据。而定期检查以确定在编制的每张装运凭证后均已附有相应的销售发票，则有助于保证销售交易“完整性”认定的正确性。

（五）向顾客开具账单

开具账单包括编制和向顾客寄送事先连续编号的销售发票。这项功能所针对的主要问题是：是否对所有装运的货物都开具了账单（“完整性”认定问题）；是否只对实际装运的货物才开具账单，有无重复开具账单或虚构交易（“发生”认定问题）；是否按已授权批准的商品价目表所列价格计价开具账单（“准确性”认定问题）。

（六）记录销售

在手工会计系统中，记录销售的过程包括区分赊销、现销。按销售发票编制转账记账凭证或现金、银行存款收款凭证，再据以登记销售明细账和应收账款明细账或库存现金、银行存款日记账。

对这项职能，注册会计师主要关心的问题是销售发票是否记录正确，并归属适当的会计期间。

（七）办理并记录现金、银行存款收入

这项功能涉及的是有关货款收回，现金、银行存款增加以及应收账款减少的活动。在办理和记录现金、银行存款收入时，最应关心的是货币资金失窃的可能性。货币资金失窃可能发生在货币资金收入登记入账之前或登记入账之后。处理货币资金收入时最重要的是要保证全部货币资金都必须如数、及时地记入库存现金、银行存款日记账或应收账款明细账，并如数、及时地将现金存入银行。在这方面，汇款通知单起着很重要的作用。

（八）办理和记录销售退回、销售折扣与折让

顾客如果对商品不满意，销售企业一般都会同意接受退货，或给予一定的销售折让；顾客如果提前支付货款，销售企业则可能会给予一定的销售折扣。发生此类事项时，必须经授权并确保与办理此业务有关的部门和职员各司其职，分别控制实物流和会计处理。在这方面，使用贷项通知单无疑会起到关键的作用。

（九）注销坏账

不管赊销部门的工作如何主动，顾客宣告破产、死亡等原因而不支付货款的事仍时有发生。销售企业若认为某项货款再也无法收回，就必须注销这笔货款。对这些坏账，正确的处理方法应该是获取货款无法收回的确凿证据，经适当审批后及时作会计调整。

（十）提取坏账准备

坏账准备提取的数额必须能够抵补企业以后无法收回的销货款。

二、销售与收款业务涉及的主要凭证和会计记录

表 14-1　销售与收款业务涉及的主要凭证和会计记录

主要业务活动	对应的会计凭证和会计记录
接受顾客订单	顾客订货单、销售单
批准赊销信用	销售单
供货	经批准的销售单
装运货物	发运凭证
向顾客开具账单	商品价目表、销售发票
记录销售	转账凭证、应收账款及主营业务收入明细账
办理和记录现金及银行存款收入	顾客月末对账单、汇款通知、收款凭证、现金及银行存款日记账
顾客月末对账单、汇款通知、收款凭证、现金及银行存款日记账	贷项通知单、折扣与折让明细账
注销坏账	坏账审批表

子任务二　销售与收款循环的内部控制和控制测试

了解被审计单位主要的业务活动后，注册会计师需要了解关键领域的内部控制，并执行控制测试，评估与销售及收款循环有关的内部控制是否值得信赖。表 14-2 是注册会计师在销售交易中根据相关控制目标了解被审计单位应当设立的内部控制及针对该内部控制常用的控制测试。

表 14-2　销售交易的控制目标、内部控制和控制测试一览表

控制目标	内部控制	常用的控制测试
登记入账的销售交易确系已经发货给真实的顾客（发生）	销售交易是以经过审核的发运凭证及经过批准的顾客订货单为依据登记入账的； 在发货前，顾客的赊购已经被授权批准销售发票均经事先编号并已恰当地登记入账； 每月向顾客寄送对账单，对顾客提出的意见做专门追查	检查销售发票副联是否附有发运凭证（或提货单）及顾客订货单； 检查顾客的赊购是否经授权批准； 检查销售发票连续编号的完整性； 观察是否寄发对账单并检查顾客回函档案
所有销售交易均已登记入账（完整性）	发运凭证（或提货单）均经事先编号并已经登记入账； 销售发票均经事先编号并已登记入账	检查发运凭证连续编号的完整性； 检查销售发票连续编号的完整性
登记入账的销售数量确系已发货的数量，已正确开具账单并登记入账（计价和分摊）	销售价格、付款条件、运费和销售折扣的确定已经适当的授权批准； 由独立人员对销售发票的缮制作内部核查	检查销售发票是否经适当的授权批准； 检查有关凭证上的内部核查标记
销售交易的分类恰当（分类）	采用适当的会计科目表； 内部复核和核查	检查会计科目表是否适当； 检查有关凭证上内部复核和核查的标记
销售交易的记录及时（截止）	采用尽可能在销售发生时开具收款账单和登记入账的控制方法； 内部核查	检查尚未开具收放账单的发货和尚未登记入账的销售交易； 检查有关凭证上内部核查的标记
销售交易已经正确地记入明细账并经正确汇总（准确性、计价和分摊）	每月定期给顾客寄送对账单； 由独立人员对应收账款明细账作内部核查； 将应收账款明细账余额合计数与其总账余额进行比较	观察对账单是否已经寄出； 检查内部核查标记； 检查将应收账款明细账余额合计数与其总账额进行比较的标记

下面结合表 14-2 讨论销售交易有关的内部控制和相应的控制测试。

（一）适当的职责分离

单位应当将办理销售、发货、收款三项业务的部门（或岗位）分别设立；单位在销售合同订立前，应当指定专门人员就销售价格、信用政策、发货及收款方式等具体事项与客户进行谈判。谈判人员至少应有两人，并与订立合同的人员相分离；编制销售发票通知单的人员与开具销售发票的人员应相互分离；销售人员应当避免接触销货现款；单位应收票据的取得和贴现必须经由保管票据以外的主管人员的书面批准。这些都是对单位提出的、有关销售与收款业务相关职责适当分离的基本要求，以确保办理销售与收款业务的不相容岗位相互分离、制约和监督。

注册会计师通常通过观察有关人员的活动，以及与这些人员进行讨论，来实施职责分离的控制测试。

（二）正确的授权审批

对于授权审批问题，注册会计师应当关注以下四个关键点上的审批程序：一是在销售发生之前，赊销已经正确审批；二是非经正当审批，不得发出货物；三是销售价格、销售条件、运费、折扣等必须经过审批；四是审批人应当根据销售与收款授权批准制度的规定，在授权范围内进行审批，不得超越审批权限。对于超过单位既定销售政策和信用政策规定范围的特殊销售交易，单位应当进行集体决策。前两项控制的目的在于防止企业因向虚构的或者无力支付货款的顾客发货而蒙受损失；价格审批控制的目的在于保证销售交易按照企业定价政策规定的价格开票收款；对授权审批范围设定权限的目的则在于防止因审批人决策失误而造成严重损失。

通过检查凭证在上述四个关键点上是否经过审批，可以很容易地测试出授权审批方面的内部控制的效果。

（三）充分的凭证和记录

每个企业交易的产生、处理和记录等制度都有其特点，因此，也许很难评价其各项控制是否足以发挥最大的作用。然而，只有具备充分的记录手续，才有可能实现其他各项控制目标。例如，有的企业在收到顾客订货单后，就立即编制一份预先编号的一式多联的销售单，分别用于批准赊销、审批发货、记录发货数量以及向顾客开具账单等。在这种制度下，只要定期清点销售发票，漏开账单的情形几乎就不会发生。相反，有的企业只在发货以后才开具账单，如果没有其他控制措施，这种制度下漏开账单的情况就很可能会发生。

（四）凭证的预先编号

对凭证预先进行编号，旨在防止销售以后忘记向顾客开具账单或登记入账，也可防止重复开具账单或重复记账。当然，如果对凭证的编号不作清点，预先编号就会失去其控制意义。由收款员对每笔销售开具账单后，将发运凭证按顺序归档，而由另一位职员定期检查全部凭证的编号，并调查凭证缺号的原因，就是实施这项控制的一种方法。

对这种控制常用的一种控制测试程序是清点各种凭证。比如从主营业务收入明细账中选取样本，追查至相应的销售发票存根，看其编号是否连续，有无不正常的缺号发票和重号发票。这种测试程序可同时提供有关真实性和完整性目标的证据。

（五）按月寄出对账单

由不负责现金出纳和销售及应收账款记账的人员按月向顾客寄发对账单，能促使顾客在发现应付账款余额不正确后及时反馈有关信息，因而这是一项有用的控制。为了使这项控制更加有效，最好将账户余额中出现的所有核对不符的账项，指定一位不掌管货币资金也不记载主营业务收入和应收账款账目的主管人员处理。

注册会计师观察指定人员寄送对账单和检查顾客复函档案，对于测试被审计单位是否按月向顾客寄出对账单，是十分有效的控制测试。

（六）内部核查程序

由内部审计人员或其他独立人员核查销售交易的处理和记录，是实现内部控制目标所不可缺少的一项控制措施。注册会计师可以通过检查内部审计人员的报告，或其他独立人员在他们核查的凭证上的签字等方法实施控制测试。

销售与收款循环所包括的资产负债表和利润表项目有应收账款、应收票据、长期应收款、预收账款、应交税费、营业收入、税金及附加、销售费用等，本书以该循环主要的项目营业收入和应收账款为例，讲解注册会计师如何进行实质性程序。

子任务三　营业收入审计

一、营业收入的审计目标

营业收入审计目标及财务报表认定见表 14-3。

表 14-3 营业收入审计目标及财务报表认定

审计目标	财务报表认定					
	发生	完整性	准确性	截止	分类	列报
A. 确定记录的营业收入是否已发生，且与被审计单位有关	√					
B. 确定营业收入记录是否完整		√				
C. 确定与营业收入有关的金额与其他数据是否已恰当记录			√			
D. 确定营业收入是否已记录于正确的会计期间				√		
E. 确定营业收入的内容是否正确					√	
F. 确定营业收入的披露是否恰当						√

二、营业收入的实质性程序

（一）主营业务收入的实质性程序

（1）主营业务收入的实质性程序。

①取得或编制主营业务收入明细表，复核加计正确，并与报表数、总账和明细账合计数核对相符。

②将本期的主营业务收入与上期的主营业务收入进行比较。

③比较本期各月各种主营业务收入的波动情况。

④计算本期重要产品的毛利率，与上期比较。

⑤将本期重要客户的销售额及其产品毛利率，分析比较本期与上期有无异常变化。

⑥根据增值税发票申报表或普通发票，估算全年收入，与实际收入金额比较。

（2）检查主营业务收入的确认是否合规，前后期是否一致。

①采用交款提货销售方式，应于货款已收到或取得收取货款的权利，同时已将发票账单和提货单交给买方时确认收入的实现。

②采用预收账款销售方式，应于商品已经发出时，确认收入的实现。

③采用托收承付结算方式，应于商品已经发出，劳务已经提供，并已将发票账单提交银行、办妥收款手续确认收入的实现。对此，注册会计师应重点检查被审计单位是否发货，托收手续是否办妥，货物发运凭证是否真实，托收承付结算回单是否正确。

④委托其他单位代销商品的，如果代销单位采用视同买断方式，应于代销商品已经销售并收到代销单位代销清单时，按企业与代销单位确定的协议价确认收入的实现。对此，应注意查明有无商品未销售、编制虚假代销清单、虚增本期收入的现象；如果代销单位采用收取手续费方式，应在代销单位将商品销售、企业已收到代销单位代销清单时确认收入的实现。

⑤销售合同或协议明确销售价款的收取采用递延方式，实质上具有融资性质的，应当按照应收的合同或协议价款的公允价值确定销售商品收入金额。应收的合同或协议价款与其公允价值之间的差额，应当在合同或协议期间内采用实际利率法进行摊销，计入当期损益。

⑥长期工程合同收入，如果合同的结果能够可靠估计，应当根据完工百分比法确认合同收入。注册会计师应重点检查收入的计算、确认方法是否合乎规定，并核对应计收入与实际收入是否一致，注意查明有无随意确认收入、虚增或虚减本期收入的情况。

（3）选择运用以下实质性分析程序。

①将本期与上期的主营业务收入进行比较，分析产品销售的结构和价格的变动是否正常，并分析异常变动的原因。

②比较本期各月各种主营业务收入的波动情况，分析其变动趋势是否正常，是否符合被审计单位季节性、周期性的经营规律，并查明异常现象和重大波动的原因。

③计算本期重要产品的毛利率，分析比较本期与上期同类产品毛利率变化情况，注意收入与成本是否配比，并查清重大波动和异常情况的原因。

④计算对重要客户的销售额及产品毛利率，分析比较本期与上期有无异常变化。

⑤将上述分析结果与同行业企业本期相关资料进行对比分析，检查是否存在异常。

（4）根据增值税发票申报表或普通发票，估算全年收入，与实际入账收入金额核对，并检查是否存在虚开发票或已销售但未开发票的情况。

（5）获取产品价格目录，抽查售价是否符合定价政策，并注意销售给关联方或关系密切的重要客户的产品价格是否合理，有无低价或高价结算以转移收入和利润的现象。

（6）抽取本期一定数量的销售发票，检查开票、记账、发货日期是否相符，品名、数量、单价、金额等是否与发运凭证、销售合同或协议、记账凭证等一致。

（7）抽取本期一定数量的记账凭证，检查入账日期、品名、数量、单价、金额等是否与销售发票、发运凭证、销售合同或协议等一致。

（8）实施销售的截止测试。对主营业务收入实施截止测试。其目的主要在于确定被审计单位主营业务收入的会计记录归属期是否正确，应记入本期或下期的主营业务收入是否被推延至下期或提前至本期。

注册会计师在审计中应该注意把握三个与主营业务收入确认有着密切关系的日期：一是发票开具日期或者收款日期；二是记账日期；三是发货日期（服务业则是提供劳务的日期）。这里的发票开具日期是指开具增值税专用发票或普通发票的日期；记账日期是指被审计单位确认主营业务收入实现并将该笔经济业务记入主营业务收入账户的日期；发货日期是指仓库开具出库单并发出库存商品的日期。检查三者是否归属于同一适当会计期间是主营业务收入截止测试的关键所在。

围绕上述三个重要日期，在审计实务中，注册会计师可以考虑选择三条审计路线实施主营业务收入的截止测试。

一是以账簿记录为起点。从资产负债表日前后若干天的账簿记录查至记账凭证，检查发票存根与发运凭证，目的是证实已入账收入是否在同一期间已开具发票并发货，有无多记收入。使用这种方法主要是为了防止多记收入。

二是以销售发票为起点。从资产负债表日前后若干天的发票存根查至发运凭证与账簿记录，确定已开具发票的货物是否已发货并于同一会计期间确认收入。具体做法是抽取若干张在资产负债表日前后开具的销售发票的存根，追查至发运凭证和账簿记录，查明有无漏记收入现象。使用这种方法主要是为了防止少记收入。

三是以发运凭证为起点。从资产负债表日前后若干天的发运凭证查至发票开具情况与账簿记录，确定主营业务收入是否已记入恰当的会计期间。使用这种方法主要也是为了防止少记收入。

上述三条审计路线在实务中均被广泛采用，它们并不是孤立的，注册会计师可以考虑在同一被审计单位财务报表审计中并用这三条路线，甚至可以在同一主营业务收入科目审计中并用。

（9）结合对资产负债表日应收账款的函证程序，检查有无未经顾客认可的巨额销售。

（10）检查销售折扣、销售退回与折让业务是否真实，内容是否完整，相关手续是否符合规定，折扣与折让的计算和会计处理是否正确。

企业在销售交易中，往往会因产品品种不符、质量不符合要求以及结算方面的原因发生销售折扣、销售退回与折让。尽管引起销售折扣、退回与折让的原因不尽相同，其表现形式也不尽一致，但都是对收入的抵减，直接影响收入的确认和计量。因此，注册会计师应重视折扣与折让的审计。

（11）检查外币收入折算汇率是否正确。

（12）检查有无特殊的销售行为，如附有销售退回条件的商品销售、委托代销、售后回购、以旧换新、商品需要安装和检验的销售、分期收款销售、出口销售、售后租回等，确定恰当的审计程序进行审核。

①附有销售退回条件的商品销售，如果对退货部分能作合理估计的，确定其是否按估计不会退货部分确认收入；如果对退货部分不能作合理估计的，确定其是否在退货期满时确认收入。

②售后回购，分析特定销售回购的实质，判断其是属于真正的销售交易，还是属于融资行为。

③以旧换新销售，确定销售的商品是否按照商品销售的方法确认收入，回收的商品是否作为购进商品处理。

（13）确定主营业务收入的列报是否恰当。

（二）其他业务收入的实质性程序

其他业务收入的实质性程序一般包括以下内容。

（1）获取或编制其他业务收入明细表。

①复核加计正确并与总账数和明细账合计数核对相符。

②注意其他业务收入是否有相应的成本。

③检查是否存在技术转让等免税收益，如有，应调减应纳税所得额。

（2）计算本期其他业务收入与其他业务成本的比率，并与上期该比率比较，检查是否有重大波动，如有，应查明原因。

（3）检查其他业务收入内容是否真实、合法，收入确认原则及会计处理是否符合规定，择要抽查原始凭证予以核实。

（4）对异常项目，应追查入账依据及有关法律文件是否充分。

（5）抽查资产负债表日前后一定数量的记账凭证，实施截止测试，追踪到发票、收据等，确定入账时间是否正确，对于重大跨期事项作必要的调整建议。

（6）确定其他业务收入的列报是否恰当。

子任务四　应收账款和坏账准备审计

一、应收账款和坏账准备的审计目标

应收账款和坏账准备审计目标及财务报表认定见表14-4。

表 14-4 应收账款和坏账准备审计目标及财务报表认定

审计目标	财务报表认定				
	存在	完整性	权利和义务	计价与分摊	列报
A．确定应收账款是否存在	√				
B．确定应收账款是否归被审计单位所有			√		
C．确定应收账款及其坏账准备的记录是否完整		√			
D．确定应收账款是否可收回，坏账准备的计提方法和比例是否恰当，计提是否充分				√	
E．确定应收账款及其坏账准备的期末余额是否正确				√	
F．确定应收账款及其坏账准备的列报是否恰当					√

二、应收账款的实质性程序

（一）获取或编制应收账款明细表

1．复核加计正确，并与总账数和明细账合计数核对相符；结合坏账准备科目与报表相符。

2．检查非记账本位币应收账款的折算。

3．分析有贷方余额的项目，查明原因。必要时，建议作重分类调整。

4．结合其他应收款、预收账款等往来项目的明细余额，查明有无同一客户多处挂账、异常余额或与销售无关的其他款项，如有，应做出记录，必要时提出调整建议。

（二）对应收账款实施实质性分析程序

1．复核应收账款借方累计发生额与主营业务收入是否配比，如存在不匹配的情况应查明原因。

2．在明细表上标注重要客户，并编制对重要客户的应收账款增减变动表，与上期比较分析是否发生变动，必要时，收集客户资料分析其变动合理性。

3．计算应收账款周转率，应收账款周转天数等指标，并与被审计单位上指标、同行业同期相关指标对比分析，检查是否存在重大异常。

（三）向债务人函证应收账款

函证是指注册会计师为了获取影响财务报表或相关披露认定的项目的信息，通过直接来自第三方对有关信息和现存状况的声明获取和评价审计证据的过程。函证应收账款的目的在于证实应收账款账户余额的真实性、准确性，防止或发现被审计单位及其有关人员在销售交易中发生的错误或舞弊行为。通过函证应收账款，可以比较有效地证明被询证者（债务人）的存在和被审计单位记录的可靠性。

注册会计师应当考虑被审计单位的经营环境、内部控制的有效性、应收账款账户的性质、被询证者处理询证函的习惯做法及回函的可能性等，以确定应收账款函证的范围、对象、方式和时间。

1．函证的范围和对象

除非有充分证据表明应收账款对被审计单位财务报表而言是不重要的，或者函证很可能是无效的，否则，注册会计师应当对应收账款进行函证。如果注册会计师不对应收账款进行函证，应当在工作底稿中说明理由。如果认为函证很可能是无效的，注册会计师应当实施替代审计程序，获取充分、适当的审计证据。函证数量的多少、范围是由诸多因素决定的，主要有以下几个方面：

（1）应收账款在全部资产中的重要性。若应收账款在全部资产中所占的比重较大，则函证的范围应相应大一些。

（2）被审计单位内部控制的强弱。若内部控制制度较健全，则可以相应减少函证量；反之，则应相应扩大函证范围。

（3）以前期间的函证结果。若以前期间函证中发现过重大差异，或欠款纠纷较多，则函证范围应相应扩大一些。

（4）函证方式的选择。若采用积极的函证方式，则可以相应减少函证量；若采用消极的函证方式，则要相应增加函证量。

一般情况下，注册会计师应选择以下项目作为函证对象：大额或账龄较长的项目；与债务人发生纠纷的项目；关联方项目；主要客户（包括关系密切的客户）项目；交易频繁但期末余额较小甚至余额为零的项目；可能产生重大错报或舞弊的非正常的项目。

2．函证的方式

函证方式分为积极的函证方式和消极的函证方式。注册会计师可采用积极的或消极的函证方式实施函证，也可将两种方式结合使用。

（1）积极的函证方式。如果采用积极的函证方式，注册会计师应当要求被询证者在所有情况下必须回函，确认询证函所列示信息是否正确，或填列询证函要求的信息。

在采用积极的函证方式时，只有注册会计师收到回函，才能为财务报表认定提供审计证据。注册会计师没有收到回函，可能是由于被询证者根本不存在，或是由于被询证者没有收到询证函，也可能是由于询证者没有理会询证函，因此，无法证明所函证信息是否正确。

积极式询证函格式如下。

企业询证函

本公司聘请的××会计师事务所正在对本公司××年财务报表进行审计，按照中国注册会计师执业准则的要求，应当询证本公司与贵公司的往来账项等事项。下列信息出自本公司账簿记录，如与贵公司记录相符，请在本函下端“信息证明无误”处签章证明；如有不符，请在“信息不符”处列明不符项目。如存在与本公司有关的未列入本函的其他项目，也请在“信息不符”处列出这些项目的金额及详细资料。回函请直接寄至中审国际会计师事务所。

回函地址　　　　　　　　　　　　邮编：

电话：　　　　　　　传真：　　　　　　联系人：

1. 本公司与贵公司的往来账项列示如下：

单位：元

截止日期	贵公司欠	欠贵公司	备 注
			应收账款

2. 其他事项。

本函仅为复核账目之用，并非催款结算。若款项在上述日期之后已经付清，仍请及时函复为盼。

被审计公司（盖章）

年　月　日

结　论：

1. 信息证明无误。 （盖章） 年　月　日 经办人：	2. 信息不符，请列明不符项目及具体内容。 （盖章） 年　月　日 经办人：

（2）消极的函证方式。如果采用消极的函证方式，注册会计师只要求被询证者仅在不同意询证函列示信息的情况下才予以回函。

在采用消极的函证方式时，如果收到回函，能够为财务报表认定提供说服力强的审计证据。未收到回函可能是因为被询证者已收到询证函且核对无误，也可能是因为被询证者根本就没有收到询证函。因此，积极的函证方式通常比消极的函证方式提供的审计证据可靠。因而在采用消极的方式函证时，注册会计师通常还需辅之以其他审计程序。

当同时存在下列情况时，注册会计师可考虑采用消极的函证方式：①重大错报风险评估为低水平；②涉及大量余额较小的账户；③预期不存在大量的错误；④没有理由相信被询证者不认真对待函证。

在审计实务中，注册会计师也可将这两种方式结合使用。当应收账款的余额是由少量的大额应收账款和大量的小额应收账款构成时，注册会计师可以对所有的或抽取的大额应收账款样本采用积极的函证方式，而对抽取的小额应收账款样本采用消极的函证方式。

消极式询证函格式如下。

企业询证函

编号：

××（公司）：

本公司聘请的××会计师事务所正在对本公司××年度财务报表进行审计。按照中国注册会计师审计准则的要求，应当询证本公司与贵公司的往来账项等事项。下列数据出自本公司账簿记录，如与贵公司记录相符，则无须回复；如有不符，请直接通知会计师事务所，并请在空白处列明贵公司认为是正确的信息。回函请直接寄至××会计师事务所。

回函地址： 邮编：

电话： 传真： 联系人：

1．本公司与贵公司的往来账项列示如下：

单位：元

截止日期	贵公司欠	欠贵公司	备 注
			应收账款

2．其他事项。

本函仅为复核账目之用，并非催款结算。若款项在上述日期之后已经付清，仍请及时函复为盼。

被审计单位（盖章）

年 月 日

上面的信息不正确。差异如下：

（公司盖章）

年 月 日

3．函证时间的选择

为了充分发挥函证作用，应恰当选择函证的实施时间。注册会计师通常以资产负债表日为截止日，在资产负债表日后适当时间内实施函证。如果重大错报风险估为低水平，注册会计师可选择资产负债表日前适当日期为截止日实施函证，并对所函证项自该截止日起至资产负债表日止发生的变动实施实质性程序。

4．函证的控制

注册会计师通常利用被审计单位提供的应收账款明细账户名称及开户地址等资料据以编

制询证函，但注册会计师应当对选择被询证者、设计询证函以及发出和收回询证函保持控制。出于掩盖舞弊的目的，被审计单位可能想方设法拦截或更改询函及回函的内容。如果注册会计师对函证程序控制不严密，就可能给被审计单位造成可乘之机，导致函证结果发生偏差和函证程序失效。

注册会计师应当采取下列措施对函证实施过程进行控制：

（1）将被询证者的名称、地址与被审计单位有关记录核对；

（2）将询证函中列示的账户余额或其他信息与被审计单位有关资料核对；

（3）在询证函中指明直接向接受审计业务委托的会计师事务所回函；

（4）询证函经被审计单位盖章后，由注册会计师直接发出；

（5）将发出询证函的情况形成审计工作记录；

（6）将收到的回函形成审计工作记录，并汇总统计函证结果。

在审计实务中，注册会计师还经常会遇到采用积极的函证方式实施函证而未能收到函的情况。对此，注册会计师应当考虑与被询证者联系，要求对方作出回应或再次寄发证函。如果未能得到被询证者的回应，注册会计师应当实施替代审计程序。所实施的替代审计程序因所涉及的账户和认定而异，但替代审计程序应当能够提供实施函证所能够提供的同样效果的审计证据。例如，检查与销售有关的文件，包括销售合同或协议、销售订单、销售发票副本及发运凭证等，以验证这些应收账款的真实性。

注册会计师可通过函证结果汇总表的方式对询证函的收回情况加以控制。函证结果总表如表 14-5 所示。

5. 对不符事项的处理

收回的询证函若有差异，即函证出现了不符事项，注册会计师应当首先提请被审计单位查明原因，并作进一步分析和核实。造成差异可能的原因及应对措施见表 14-6。

表 14-5 应收账款函证结果汇总表

被审计单位： 索引号：

项目： 财务报表截止日/期间：

编制： 复核：

日期： 日期：

序号	债务人名称	债务人地址	函证日期		账面金额	函证结果	差异金额及说明	审定金额
			第一次	第二次				

表 14-6　函证差异原因及应对措施

差异原因	追加的审计程序	注意防范的风险
询证函发出时，债务人已经付款，而被审计单位却未能及时收到货款，没有记账	检查函证日后的收款凭证	存在现金截止日错误或盗窃现金的可能性
货物已发出并做销售记录，但货物在途，债务人尚未收到货物或未验收入库	检查发货单或货运凭证、销售合同等	顾客根本未收到货物或客户记录中存在的截止日错误
债务人已将货物退回，被审计单位尚未收到	检查红字发票，销售退回及折扣折让通知单以及退回货物的入库单	虚增收入
笔误及有争议的金额	检查笔误或有争议金额相关的原始凭证	被审计单位失误或错误金额

6．对函证结果的总结和评价

注册会计师对函证结果可进行如下评价：

（1）注册会计师应重新考虑：对内部控制的原有评价是否适当；控制测试的结果是否适当；分析程序的结果是否适当；相关的风险评价是否适当等。

（2）如果函证结果表明没有审计差异，则注册会计师可以合理地推论，全部应收账款总体是正确的。

（3）如果函证结果表明存在审计差异，注册会计师则应当估算应收账款，注册会计师应抽查有关原始凭据，如销售合同、销售订单、销售发票副本及发运凭证等，以验证与其相关的这些应收账款的真实性。

（四）检查未函证的应收账款

由于审计人员不可能对所有应收账款进行函证。因此，对于未函证应收账款，审计人员应抽查原始凭证，如销售合同、销售订单、销售发票副本及发运凭证等，以验证与其相关的应收账款的真实性。

（五）检查坏账的确认和处理

首先，注册会计师应检查有无债务人破产或者死亡的，以及破产或以遗产清偿后仍无法收回的。或者债务人长期未履行清偿义务的应收账款。其次，应检查被审计单位坏账的处理是否经授权批准，有关会计处理是否正确。

（六）抽查有无不属于结算业务的债权

不属于结算业务的债权，不应在应收账款中进行核算。因此，注册会计师应抽查应收账款明细账，并追查有关原始凭证，查证被审计单位有无不属于结算业务的债权。如有，应作记录或建议被审计单位作适当调整。

（七）检查贴现、质押或出售

检查应收账款是否业已用于贴现，判定应收账款贴现业务属质押还是出售，其会计处理是否正确。

企业以其按照销售商品、提供劳务的销售合同所产生的应收债权向银行等金融机构贴现，在进行会计核算时，应按照“实质重于形式”的原则，充分考虑交易的经济实质。对于有明确的证据表明有关交易事项满足销售确认条件，如与应收债权有关的风险、报酬实质上已经发生转移等，应按照出售应收债权处理，并确认相关损益。否则，应作为以应收债权为质押取得的借款进行会计处理。

（八）分析应收账款明细账余额

应收账款明细账的余额一般在借方，在分析应收账款明细账余额时，注册会计师如果发现应收账款出现贷方明细余额的情形，应查明原因，必要时建议做重分类调整。

（九）确定应收账款的列报是否恰当

如果被审计单位为上市公司，则其财务报表附注通常应披露期初、期末余额的账龄分析，期末欠款金额较大的单位账款，以及持有5%以上（含5%）股份的股东单位账款等情况。

三、坏账准备的实质性程序

企业会计准则规定，企业应当在期末对应收款项进行检查，并预计可能产生的坏账损失。应收款项包括应收票据、应收账款、预付款项、其他应收款和长期应收款等。下面，我们以应收账款相关的坏账准备为例，阐述坏账准备审计常用的实质性程序。

（1）取得或编制坏账准备明细表，复核加计正确，与坏账准备总账数、明细账合计数核对相符。

（2）将应收账款坏账准备本期计提数与资产减值损失相应明细项目的发生额核对相符。

（3）检查应收账款坏账准备计提和核销的批准程序，评价坏账准备所依据的资料、假设及计提方法。

（4）实际发生坏账损失的，检查转销依据是否符合有关规定，会计处理是否正确。对于被审计单位在被审期间内发生的坏账损失，注册会计师应检查其原因是否清楚，是否符合有关规定，有无授权批准，有无已做坏账处理后又重新收回的应收账款，相应的会计处理是否正确。对有确凿证据表明确实无法收回的应收账款，如债务单位已撤销、破产、资不抵债、现金流量严重不足等，企业应根据管理权限，经股东（大）会或董事会，或经理（厂长）办公会或类似机构批准作为坏账损失，冲销提取的坏账准备。

（5）检查长期挂账应收账款。注册会计师应检查应收账款明细账及相关原始凭证，查找有无资产负债表日后仍未收回的长期挂账应收账款，如有，应提请被审计单位作适当处理。

（6）检查函证结果。对债务人回函中反映的例外事项及存在争议的余额，注册会计师应查明原因并作记录。必要时，应建议被审计单位作相应的调整。

（7）实施分析程序。通过计算坏账准备余额占应收账款余额的比例并和以前期间的相关比例比较，评价应收账款坏账准备计提的合理性。

（8）确定应收账款坏账准备的披露是否恰当。企业应当在财务报表附注中清晰地说明坏账的确认标准、坏账准备的计提方法和计提比例。

思考与练习

一、单项选择题

1．针对销售与收款循环主要单据与会计记录，下列说法中不正确的是（　　）。

A．发运凭证的一联留给客户，其余联由企业保留，通常其中有一联由客户在收到商品时签署并返还给销售方，用作销售方确认收入及向客户收取货款的依据

B．销售发票是在会计账簿中登记销售交易的基本凭据之一

C．企业管理层通常要求商品仓库管理人员只有在收到经过批准的销售单时才能编制发运凭证并供货

D．应收账款账龄分析表应当按年编制，反映年末应收账款总额的账龄区间，并详细反映每个客户年末应收账款金额和账龄

2．企业在批准了客户订购单之后，会编制一式多联的销售单，该项活动与销售交易的（　　）认定相关。

A．准确性　　B．发生　　C．完整性　　D．截止

3．针对被审计单位销售交易的业务流程，下列说法中恰当的是（　　）。

A．接受客户订购单—批准赊销信用—开具销售发票—根据销售单编制发运凭证并供货—按销售单及发运凭证装运货物

B．批准赊销信用—接受客户订购单—根据销售单编制发运凭证并供货—开具销售发票—按销售单及发运凭证装运货物

C．接受客户订购单—批准赊销信用—根据销售单编制发运凭证并供货—按销售单及发运凭证装运货物—开具销售发票

D．批准赊销信用—接受客户订购单—根据销售单编制发运凭证并供货—按销售单及发运凭证装运货物—开具销售发票

4．以下有关职责分离的说法中不恰当的是（　　）。

A．适当的职责分离有助于防止各种有意或无意的错误

B．主营业务收入账是由记录主营业务成本之外的员工独立登记，并由另一位不负责账簿记录的员工定期调节总账和明细账，构成一项交互牵制

C．负责主营业务收入和应收账款记账的员工不得经手货币资金，是防止舞弊的一项重要控制

D．销售人员通常有一种追求更大销售数量的自然倾向，赊销的审批则在一定程度上可以抑制这种倾向

5．企业对销售交易中对授权审批范围设定权限，其目的在于（　　）。

A．防止企业因向虚构的客户发货而蒙受损失

B．防止企业因向无力支付货款的客户发货而产生损失

C．保证销售交易按照企业定价政策规定的价格开票收款

D．防止因审批人决策失误而造成损失

二、多项选择题

1．以下各项中，与收款交易类别相关的主要业务活动的有（　　）。

A．接受客户订单　　B．办理和记录现金、银行存款和收入

C．提取坏账准备　　D．办理和记录销售退回、销售折扣与折让

2．下列各项中，属于销售与收款循环涉及的主要凭证有（　　）。

A．请购单　　B．发运凭证

C．验收及入库单　　D．折扣与折让明细账

3．企业在销售交易中通常需要经过审批的单据包括（　　）。

A．商品价目表　　B．销售单

C．销售发票　　D．贷项通知单

4．被审计单位管理层为了达到粉饰财务报表的目的而虚增收入或提前确认收入的舞弊手段包括（　　）。

A．通过隐瞒售后回购或售后租回协议，而将以售后回购或售后租回方式发出的商品作为销售商品确认收入

B．通过虚开商品销售发票虚增收入，而将货款挂在应收账款中，并可能在以后期间计提坏账准备，或在期后冲销

C．通过出售关联方的股权，使之从形式上不再构成关联方，但仍与之进行显失公允的交易，或与未来或潜在的关联方进行显失公允的交易

D．选择与销售模式不匹配的收入确认会计政策

5．以下属于销售截止测试可能实施的程序包括（　　）。

A．选取资产负债表日前后若干天的发运凭证，与应收账款和收入明细账进行核对

B．复核资产负债表日前后销售和发货水平，确定业务活动是否异常

C．取得资产负债表日后所有的销售退回记录，检查是否存在提前确认收入的情况

D．结合对资产负债表日应收账款的函证程序，检查有无未取得对方认可的销售

三、案例题

A 注册会计师在审计工作底稿中记录了甲公司销售与收款循环的内部控制，部分内容摘录如下：

（1）企业的信用管理部门通过对每个新客户进行信用调查，如果批准赊销，被授权的信用管理部门人员在销售单上签署意见；如果不批准赊销，则直接将销售单退回销售单管理部门。

（2）开具账单部门审核发运单和销售单后开具销售发票，在保留副本后将相关单据送

交会计部门职员 G 审核。会计部门职员 G 核对无误后登记主营业务收入明细账和应收账款明细账。

（3）对于可能成为坏账的应收账款由管理层审批后进行会计处理。

（4）每月末，财务部向客户寄送对账单，如客户未及时回复，销售人员需要跟进，如客户回复表明差异超过该客户欠款余额的 5%，则进行调查。

（5）销售部门和仓库部门每月末核对发货通知单和出库单，并将核对结果交销售部经理审阅。

要求：针对上述第（1）至第（5）项，假定不考虑其他条件，逐项指出所列控制的设计是否恰当。如不恰当，简要说明理由。

任务十五　采购与付款循环审计

【知识与能力目标】

1. 能够识别采购与付款循环的主要业务活动
2. 能够理解采购与付款循环的内部控制
3. 能够掌握采购与付款循环控制测试的方法
4. 能够掌握固定资产与应付账款的实质性程序

【素质目标】

1. 培养学生树立社会利益为先的理想信念和诚信客观公正的职业道德观念
2. 培养学生树立专业胜任能力的职业道德观念

【教学要点】

1. 采购与付款循环的内部控制
2. 采购与付款循环控制测试
3. 固定资产与应付账款的实质性程序

【教学内容】

子任务一　采购与付款循环的特点

一、涉及的主要业务活动

在一个企业，如可能的话，应将各项职能活动指派给不同的部门或职员来完成。这样，每个部门或职员都可以独立检查其他部门和职员工作的正确性。下面以采购商品为例，分别阐述采购与付款循环所涉及的主要业务活动及其适当的控制程序和相关的认定。

（一）请购商品或劳务

仓库负责对需要购买的已列入存货清单的项目填写请购单，其他部门也可以对所需要购买的未列入存货清单的项目编制请购单。大多数企业对正常经营所需的物资的购买均作一般授权。比如，仓库在现有库存达到再订购点时就可直接提出采购申请，其他部门也可为正常的维修工作和类似工作直接申请采购有关物品。但对资本支出和租赁合同，企业政策则通常要求作特别授权，只允许指定人员提出请购。请购单可由手工或计算机编制。由于企业内不少部门都可以填列请购单，不便事先编号，为加强控制，每张请购单必须经过对这类支出预算负责的主管人员签字批准。

请购单是证明有关采购交易的“发生”认定的凭据之一，也是采购交易轨迹的起点。

（二）编制订购单

采购部门在收到请购单后，只能对经过批准的请购单发出订购单。对每张订购单，采购部门应确定最佳的供应来源。对一些大额、重要的采购项目，应采取竞价方式来确定供应商，以保证供货的质量、及时性和成本的低廉。

订购单应正确填写所需要的商品品名、数量、价格、厂商名称和地址等，预先予以编号并经过被授权的采购人员签名。其订购单正联应送交供应商，而订购单副联则送至企业内部的验收部门、应付凭单部门和编制请购单的部门。随后，应独立检查订购单的处理，以确定是否确实收到商品并正确入账。这项检查与采购交易的“完整性”认定有关。

（三）验收商品

有效的订购单代表企业已授权验收部门接受供应商发运来的商品。验收部门首先应比较所收商品与订购单上的要求是否相符，如商品的品名、说明、数量、到货时间等，然后再盘点商品并检查商品有无损坏。

验收后，验收部门应对已收货的每张订购单编制一式多联、预先编号的验收单，作为验收和检验商品的依据。验收人员将商品送交仓库或其他请购部门时，应取得经过签字的收据，或要求其在验收单的副联上签收，以确立他们所采购的资产应负的保管责任。验收人员还应将其中的一联验收单送交应付凭单部门。

验收单是支持资产或费用以及与采购有关的负债的“存在或发生”认定的重要凭证。定期独立检查验收单的顺序以确定每笔采购交易都已编制凭单，则与采购交易的“完整性”认定有关。

（四）储存已验收的商品存货

将已验收商品的保管与采购的其他职责相分离，可减少未经授权的采购和盗用商品的风险。存放商品的仓储区应相对独立，限制无关人员接近。这些控制与商品的“存在”认定有关。

（五）编制付款凭单

记录采购交易之前，应付凭单部门应编制付款凭单。

1. 确定供应商发票的内容与相关的验收单、订购单的一致性。

2. 确定供应商发票计算的正确性。

3. 编制有预先编号的付款凭单，并附上支持性凭证（如订购单、验收单和供应商发票等）。这些支持性凭证的种类，因交易对象的不同而不同。

4. 独立检查付款凭单计算的正确性。

5. 在付款凭单上填入应借记的资产或费用账户名称。

6. 由被授权人员在凭单上签字，以示批准照此凭单要求付款。所有未付凭单的副联应保存在未付凭单档案中。以待日后付款。经适当批准和有预先编号的凭单为记录采购交易提供了依据，因此，这些控制与“存在”“发生”“完整性”“权利和义务”和“计价和分摊”等认定有关。

（六）确认与记录负债

正确确认已验收货物和已接受劳务的债务，要求准确、及时地记录负债。该记录对企业财务报表反映和企业实际现金支出有重大影响。因此，必须特别注意，按正确的数额记载企业确实已发生的购货和接受劳务事项。

应付账款确认与记录相关部门一般有责任核查购置的财产并在应付凭单登记簿或应付账款明细账中加以记录。在收到供应商发票时，应付账款部门应将发票上所记载的品名、规格、价格、数量、条件及运费与订货单上的有关资料核对，如有可能，还应与验收单上的资料进行比较。

应付账款确认与记录的一项重要控制是要求记录现金支出的人员不得经手现金、有价证券和其他资产。恰当的凭证、记录与恰当的记账手续，对业绩的独立考核和应付账款职能而言是必不可少的控制。

在手工系统下，应将已批准的未付款凭单送达会计部门，据以编制有关记账凭证和登记有关账簿。会计主管应监督为采购交易而编制的记账凭证中账户分类的适当性；通过定期核对编制记账凭证的日期与凭单副联的日期，监督入账的及时性。而独立检查会计人员则应核对所记录的凭单总数与应付凭单部门送来的每日凭单汇总表是否一致，并定期独立检查应付账款总账余额与应付凭单部门未付款凭单档案中的总金额是否一致。

（七）付款

通常是由应付凭单部门负责确定未付凭单在到期日付款。企业有多种款项结算方式，以支票结算方式为例，编制和签署支票的有关控制包括以下内容：

1. 独立检查已签发支票的总额与所处理的付款凭单的总额的一致性。

2. 应由被授权的财务部门的人员负责签署支票。

3. 被授权签署支票的人员应确定每张支票都附有一张已经适当批准的未付款凭单，并确

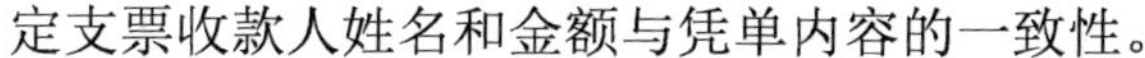

定支票收款人姓名和金额与凭单内容的一致性。

4．支票一经签署就应在其凭单和支持性凭证上用加盖印戳或打洞等方式将其注销，以免重复付款。

5．支票签署人不应签发无记名甚至空白的支票。

6．支票应预先连续编号，保证支出支票存根的完整性和作废支票处理的恰当性。

7．应确保只有被授权的人员才能接近未经使用的空白支票。

（八）记录现金、银行存款支出

仍以支票结算方式为例，在手工系统下；会计部门应根据已签发的支票编制付款记账凭证，并据以登记银行存款日记账及其他相关账簿。以记录银行存款支出为例，有关控制包括以下内容：

1．会计主管应独立检查记入银行存款日记账和应付账款明细账的金额的一致性，以及与支票汇总记录的一致性。

2．通过定期比较银行存款日记账记录的日期与支票副本的日期，独立检查入账的及时性。

3．独立编制银行存款余额调节表。

二、采购与付款业务涉及的主要凭证和会计记录

表 15-1　采购与付款业务涉及的主要凭证和会计记录

主要业务活动	对应的会计凭证和会计记录
请购商品（或劳务）	请购单
编制订购单	订购单、已经批准的请购单
验收商品	验收单、订购单
储存已验收的存货	验收单
编制付款凭单	付款凭单、请购单、订购单、验收单和卖方发票
确认与记录负债	卖方发票及相关凭证、应付凭单登记簿、转账凭证、付款凭证、应付账款明细账
付款	付款凭单登记簿、支票、卖方月末对账单
记录现金、银行存款支出	付款凭证、库存现金和银行存款日记账、应付账款明细账

子任务二　采购与付款循环的内部控制和控制测试

应付账款、固定资产等重要的财务报表项目均属采购与付款循环。在正常的审计中，如果忽视采购与付款循环的控制测试及相应的交易实质性程序，仅仅依赖于这些具体财务报表项目余额实施实质性程序，则审计工作不仅费时、费力，还难以保证审计效率。如果被审计单位具有健全并且运行良好的相关内部控制，注册会计师把审计重点放在控制测试和交易的实质性程

序上，则既可以降低审计风险，又可大大减少报表项目实质性程序的工作量，提高审计效率。

对每一项内部控制目标，注册会计师必须了解被审计单位的内部控制，确定其存在哪些关键的内部控制。一旦注册会计师确认了每一目标的有效控制和薄弱环节，就要对每一目标的控制风险作出初步评估，通过制订计划确定对哪些控制实施控制测试。而对与这些目标有关的、旨在发现金额错误的交易实质性程序，则应根据对控制风险的初步评估和计划实施的控制测试加以确定。当注册会计师对每一项目制定了审计测试程序后，把这些审计测试程序综合起来即构成一个能够有效执行的审计方案。

考虑采购与付款循环控制测试的重要性，注册会计师往往对这一循环采用属性抽样审计方法。在测试该循环中的大多数属性时，注册会计师通常选择相对较低的可容忍误差。另外，由于采购与付款循环中各财务报表项目所涉及的业务交易量和金额的大小往往相去甚远，使得注册会计师在审计时常将其中大额的和不寻常的项目筛选出来，百分之百地加以测试。表 15-2 列示了采购与付款交易的内部控制目标、关键内部控制和内部控制测试的关系。

表 15-2　采购与付款交易的内部控制目标、关键内部控制和内部控制测试一览表

业务活动	内部控制目标	关键的内部控制	常用内部控制测试
采购交易	所记录的采购都已收到物品或已接受劳务，并符合购货方的最大利益（存在）	请购单、订货单、验收单和卖方发票一应俱全，并附在付款凭单后； 购货按正确的级别批准； 注销凭证以防止重复使用； 对卖方发票、验收单、订货单和请购单作内部核查	查验付款凭单后是否附有单据； 检查核准购货标志； 检查注销凭证的标志； 检查内部核查的标志
	已发生的采购业务均已记录（完整性）	订货单均经事先编号并已登记入账； 验收单均经事先编号并已登记入账； 卖方发票均经事先编号并已登记入账	检查订货单连续编号的完整性； 检查验收单连续编号的完整性； 卖方发票连续编号的完整性
	所记录的采购业务估价正确（准确性、计价和分摊）	计算和金额的内部查核； 控制采购价格和折扣的批准	检查内部检查的标志； 审核批准采购价格和折扣的标志
	采购业务的分类正确（分类）	采用适当的会计科目表； 分类的内部核查	审查工作手册和会计科目表； 检查有关凭证上内部核查的标记
	采购业务按正确的日期记录（截止）	要求一收到商品或接受劳务就记录购货业务； 内部核查	检查工作手册并观察有无未记录的卖方发票存在； 检查内部核查标志
	采购业务被正确记入应付账款和存货等明细账中，并被准确汇总（准确性、计价和分摊）	应付账款明细账内容的内部查核	检查内部查核的标志

续表

业务活动	内部控制目标	关键的内部控制	常用内部控制测试
付款交易	仅对已记录的应付账款办理支付（完整性）	在核准付款前，每张付款凭单应当与订购单、验收单和供应商发票核对无误	检查有关付款凭证上内部核查的标志
	准确记录付款（计价与分摊）	在签发支票后注销付款凭单和支付性凭证； 独立检查支票金额和付款凭单的一致性	检查内部核查标志
	负债均已记录（存在）	独立检查付款凭单汇总表和有关记账凭证上的金额的一致性	检查内部核查标志
	现金、银行存款支出均已记录（存在）	适用和控制预先连续编号的支票； 定期独立编制银行存款余额调节表	检查支票是否连续编号； 检查是否定期编制银行存款余额调节表

一、采购与付款交易的内部控制

1．适当的职责分离

适当的职责分离有助于防止各种有意或无意的错误。与销售及收款交易一样，采购与付款交易也需要适当的职责分离。单位应当建立采购与付款业务的岗位责任制，明确相关部门和岗位的职责、权限，确保办理采购与付款业务的不相容岗位相互分离、制约和监督。采购与付款业务不相容岗位至少包括：

（1）请购与审批。

（2）询价与确定供应商。

（3）采购合同的订立与审批。

（4）采购与验收。

（4）采购、验收与相关会计记录。

（5）付款审批与付款执行。

以确保办理采购与付款业务的不相容岗位相互分离、制约和监督。

2．授权审批

企业应当建立采购与付款业务的授权制度和审核制度明确审批人对采购与付款业务的授权批准权限、程序、责任和相关控制措施，规定经办人员的职责权限和工作要求。授权批准的控制至少包括：

（1）所有的购货都是根据经批准的请购单进行。

（2）购货按正确的级别批准。

（3）购货价格要经过批准。

（4）付款应经过有关部门授权批准。

3. 会计系统控制

企业应按照相关财经法规办理采购与付款业务。会计系统控制至少包括：

（1）采购业务应具备请购单、订购单、验收单和购货发票，并作为付款凭单的附件，订购单、验收单、付款凭单等凭证应事先顺序编号，由经办人员签章。及时填制、审核和传递原始凭证。

（2）企业应建立预付账款和定金授权制度，加强对预算资金的管理和控制。

（3）加强应付账款和应付票据的管理，由专人按照约定的付款日期、折扣条件等管理应付款项。已到期的应付款项须经有关授权人员审批后方可办理结算与支付。

（4）健全的存货、应付账款等账簿记录。

（5）定期将应付账款等账户的明细账和总账进行核对。

（6）在办理付款业务时，应当对采购发票、结算凭证、验收证明等相关凭证的真实性、完整性、合法性及合规性进行严格审核。

（7）单位应当建立退货管理制度。对退货条件、退货手续、货物出库、退货货款回收等作出明确规定。及时收回退货款。

（8）如果应用会计系统信息技术，应检查数据计算的准确性，审核账户和试算平衡表，设置输入和数字序号的自动检查，以及对例外报告进行人工干预等。

4. 内部核查程序

企业应当建立对采购与付款交易内部控制的监督检查制度。采购与付款内部控制监督检查的主要内容通常包括以下几个方面：

（1）采购与付款业务相关岗位及人员的设置情况。重点检查是否存在采购与付款业务不相容职务混岗的现象；

（2）采购与付款业务授权批准制度的执行情况。重点检查大宗采购与付款业务的授权批准手续是否健全，是否存在越权审批的行为；

（3）独立检查未付款凭单与请购单、订货单、验收单、购货发票中的购货品名、数量、单价、金额及供货单位等是否相符；

（4）应付账款和预付账款的管理。重点审查应付账款和预付账款支付的正确性、时效性和合法性；

（5）有关单据、凭证和文件的使用和保管情况。重点检查凭证的登记、领用、传递、保管、注销手续是否健全，使用和保管制度是否存在漏洞；

（6）独立检查已授权签发的结算凭证总额与所处理的付款凭单总额是否一致；

（7）独立检查日记账与应付账款日记账的金额是否一致；

（8）定期与供应商核对应付账款、应付票据、预付款项等往来款项。如有不符，应查明原因，及时处理。

二、固定资产的内部控制

在本教材的业务循环划分中，固定资产归属采购与付款循环，固定资产与一般的商品在内部控制和控制测试问题上固然有许多共性的地方，但固定资产还存在不少特殊性，有必要对其单独加以说明。

就许多从事制造业的被审计单位而言，固定资产在其资产总额中占有很大的比重，固定资产的购建会影响其现金流量，而固定资产的折旧、维修等费用则是影响其收益的重要因素。固定资产管理一旦失控，所造成的损失将远远超过一般的商品存货等流动资产，因此，为了确保固定资产的真实、完整、安全和有效利用，被审计单位应当建立和健全固定资产的内部控制。下面结合企业常用的固定资产内部控制，讨论注册会计师实施控制测试程序所应予以关注的地方。

（一）固定资产的预算制度

预算制度是固定资产内部控制中最重要的部分。通常，大中型企业应编制旨在预测与控制固定资产增减和合理运用资金的年度预算；小规模企业即使没有正规的预算，对固定资产的购建也要事先加以计划。

（二）授权批准制度

完善的授权批准制度包括：企业的资本性支出预算只有经过董事会等高层管理机构批准方可生效；所有固定资产的取得和处置均需经企业管理当局的书面认可。

（三）账簿记录制度

除固定资产总账外，被审计单位还需设置固定资产明细分类账和固定资产登记卡，按固定资产类别、使用部门和每项固定资产进行明细分类核算，固定资产增减变化均有原始凭证。

（四）职责分工制度

对固定资产的取得、记录、保管、使用、维修、处置等，均应明确划分责任。

（五）资本性支出和收益性支出的区分制度

企业应制定区分资本性支出和收益性支出的书面标准。通常需明确资本性支出的范围和最低金额，凡不属于资本性支出的范围、金额低于下限的任何支出，均应列作费用并抵减当期收益。

（六）固定资产的处置制度

固定资产的处置，包括投资转出、报废、出售等，均要有一定的申请报批程序。

（七）固定资产的定期盘点制度

对固定资产的定期盘点，是验证账面各项固定资产是否真实存在、了解固定资产放置地点和使用状况以及发现是否存在未入账固定资产的必要手段。

（八）固定资产的维护保养制度

固定资产应有严密的维护保养制度，以防止其因各种自然和人为的因素而遭受损失，并应建立日常维护和定期检修制度，以延长其使用寿命。

严格地讲，固定资产的保险不属于企业固定资产的内部控制范围，但它对企业非常重要。

作为与固定资产密切相关的一个组成项目，在建工程项目有其特殊性。在建工程的内部控制包括以下内容。

1. 岗位分工与授权批准

（1）单位应当建立工程项目业务的岗位责任制，明确相关部门和岗位的职责、权限，确保办理工程项目业务的不相容岗位相互分离、制约和监督。工程项目业务不相容岗位一般包括：项目建议、可行性研究与项目决策；概预算编制与审核；项目实施与价款支付；竣工决算与竣工审计。

（2）单位应当对工程项目相关业务建立严格的授权批准制度；明确审批人的授权批准方式、权限、程序、责任及相关控制措施，规定经办人的职责范围和工作要求。审批人应当根据工程项目相关业务授权批准制度的规定，在授权范围内进行审批，不得超越审批权限。经办人应当在职责范围内，按照审批人的批准意见办理工程项目业务。对于审批人超越授权范围审批的工程项目业务，经办人有权拒绝办理，并及时向审批人的上级授权部门报告。

（3）单位应当制定工程项目业务流程，明确项目决策、概预算编制、价款支付、竣工决算等环节的控制要求，并设立相应的记录或凭证。如实记载各环节业务的开展情况，确保工程项目全过程得到有效控制。

2. 项目决策控制

单位应当建立工程项目决策环节的控制制度，对项目建议书和可行性研究报告的编制、项目决策程序等做出明确规定，确保项目决策科学、合理。

3. 概预算控制

单位应当建立工程项目概预算环节的控制制度，对概预算的编制、审核等作出明确规定，确保概预算编制科学、合理。

4. 价款支付控制

单位应当建立工程进度价款支付环节的控制制度，对价款支付的条件、方式以及会计核算程序作出明确规定，确保价款支付及时、正确。

5. 竣工决算控制

单位应当建立竣工决算环节的控制制度，对竣工清理、竣工决算、竣工审计、竣工验收等作出明确规定，确保竣工决算真实、完整、及时。

6. 监督检查

单位应当建立对工程项目内部控制的监督检查制度，明确监督机构或人员的职责权限，定期或不定期地进行检查。检查内容主要包括以下内容：

（1）工程项目业务相关岗位及人员的设置情况。

（2）工程项目业务授权批准制度的执行情况。

（3）工程项目决策责任制的建立及执行情况。

（4）概预算控制制度的执行情况。

（5）各类款项支付制度的执行情况。

（6）竣工决算制度的执行情况。

三、评估重大错报风险

在实施控制测试和实质性程序之前，注册会计师需要了解被审计单位采购与付款交易和相关余额的内部控制的设计、执行情况，评估认定层次和财务报表重大错报风险，并对被审计单位特殊的交易活动和可能影响财务报表真实反映的事项保持职业怀疑态度。这将影响到注册会计师决定采取何种适当的审计方法。

总之，当被审计单位管理层具有高估利润的动机时，注册会计师应当主要关注费用支出和应付账款的低估。重大错报风险集中体现在遗漏交易，采用不正确的费用支出截止期，以及错误划分资本性支出和费用性支出。这些将对完整性、截止、发生、存在、准确性和分类认定产生影响。

如前所述，为评估重大错报风险，注册会计师应详细了解有关交易或付款的内部控制，这些控制主要是为预防、检查和纠正前面所认定的重大错报的固有风险而设置的。注册会计师可以通过审阅以前年度审计工作底稿，观察内部控制执行情况、询问管理层和员工、检查相关的文件和资料等方法加以了解。对相关文件和资料的检查可以提供审计证据，比如通过检查供应商对账表和银行对账单，能够发现差错并加以纠正。

在评估重大错报风险时，注册会计师之所以需要充分了解被审计单位对采购与付款交易的控制活动，目的在于使得计划实施的审计程序更加有效。也就是说，注册会计师必须对被审计单位的重大错报风险有一定认识，在此基础上设计并实施进一步审计程序，才能有效应对重大错报风险。

四、控制测试

在本节前面部分，我们提供了“表 15-2 采购与付款交易的内部控制目标、关键内部控制和内部控制测试一览表”，以内部控制目标和相关认定为起点，列示了相应的关键内部控制和常用内部控制测试程序，并就采购交易、付款交易和固定资产的内部控制进行了讨论。由于表 15-2 列示的采购交易的常用控制测试比较清晰，无须逐一解释，因此，下面仅仅讨论在实施采购与付款交易的控制测试时应当注意的一些内容。另外，鉴于固定资产有着不同于一般商品的特殊性，对其控制测试问题也分别单独加以阐述。

（1）注册会计师应当通过控制测试获取支持将被审计单位的控制风险评价为中或低的证据。如果能够获取这些证据，注册会计师就可以接受较高的检查风险，并在很大程度上可以通过实施实质性分析程序获取进一步的审计证据，同时减少对采购与付款交易和相关余额实施细节测试的依赖。

（2）考虑到采购与付款交易控制测试的重要性，注册会计师通常对这一循环采用属性抽样审计方法。在测试该循环中的大多数属性时，注册会计师通常选择相对较低的可容忍误差。另外，由于采购与付款循环中各财务报表项目所涉及的交易业务量和金额的大小往往相差悬殊，使得注册会计师在审计时常将其中大额的和不寻常的项目筛选出来，百分之百地加以测试。

（3）在本部分任务一介绍的采购与付款交易涉及的八项主要业务活动中，前三项分别是请购商品和劳务、编制订购单、验收商品。注册会计师在实施控制测试时，应抽取请购单、订购单和商品验收单，检查请购单、订购单是否得到适当审批，验收单是否有相关人员的签名，订购单和验收单是否按顺序编号。

有些被审计单位的内部控制要求，应付账款记账员应定期汇总该期间生成的所有订购单并与请购单核对，编制采购信息报告。对此，注册会计师在实施控制测试时，应抽取采购信息报告，检查其是否已符合，如有不符，是否已经及时调查和处理。

（4）对于编制付款凭单、确认与记录负债者两项主要业务活动，被审计单位的内部控制通常要求应付账款记账员将采购发票所载信息与验收单、订购单进行核对，核对相符应在发票上加盖“相符”印戳。对此注册会计师在实施控制测试时，应抽取订购单、验收单和采购发票，检查所载信息是否核对一致，发票上是否加盖了“相符”印戳。

有些被审计的单位内部控制要求：每月末，应付账款应编制应付账款账龄分析报告，其内容还包括应付账款总额与应付账款明细账合计数以及应付账款明细账与供应商对账单的核对情况。如有差异，应付账款主管将立即进行调查，如调查结果表明需调整账户记录，将编制应付账款调节表和调整建议。对此，注册会计师在实施控制测试时，应抽取应付账款调节表，检查调节项目与有效的支持性文件是否相符，以及是否与应付账款明细账相符。

（5）对于付款这项主要业务活动，有些被审计单位内部控制要求，由应付账款记账员负责编制付款凭证，并附相关单证，提交会计主管审批。在完成对付款凭证及相关单证的复核后，会计主管在付款凭证上签字，作为复核证据，并在所有单证上加盖“核销”印戳。对此，注册会计师在实施控制测试时，应抽取付款凭证，检查其是否经由会计主管复核和审批，并检查款项支付是否得到适当人员的复核和审批。

（6）固定资产的内部控制测试。结合前面固定资产内部控制的讨论内容和顺序，注册会计师在对被审计单位的固定资产实施控制测试时应注意以下内容：

①对于固定资产的预算制度，注册会计师应选取固定资产投资预算和投资可行性项目讨论报告，检查是否编制预算并进行论证，以及是否经适当层次审批；对实际支出与预算之间的差异以及未列入预算的特殊事项，应检查其是否履行特别的审批手续。如果固定资产增减均能处于良好的经批准的预算控制之下，注册会计师即可适当减少对固定资产增加、减少实施的实质性程序的样本量。

②对于固定资产的授权批准制度，注册会计师不应检查被审计单位固定资产授权批准制

度本身是否完整，还应选取固定资产请购单及相关采购合同，检查是否得到适当审批和签署，关注授权批准制度是否切实的单执行。

③对于固定资产的账簿记录制度，注册会计师应当认识到，一套设置完善的固定资产明细分类账和登记卡，将为分析固定资产的取得和处置、复核折旧费用和修理支出的列支带来帮助。

④对于固定资产的职责分工制度，注册会计师应当认识到，明确的职责分工制度，有利于防止舞弊，降低注册会计师的审计风险。

⑤对于资本性支出的收益性支出的区分制度，注册会计师应当检查该制度是否遵循企业会计准则的要求，是否适应被审计单位的行业特点和经营规模，并抽查实际发生于固定资产相关的支出时是否按照该制度进行恰当的会计处理。

⑥对于固定资产的处置制度，注册会计师应当关注被审计单位是否建立了有关固定资产处置的分级申请报批程序；收取固定资产盘点明细表，检查账实之间的差异是否经审批后及时处理；抽取固定资产报废单，检查报废是否经适当批准和处理；抽取固定资产内部调拨单，检查调入、调出是否已进行适当处理；抽取固定资产增减变动情况分析报告，检查是否经复核。

⑦对于固定资产的定期盘点制度，注册会计师应了解和评价企业固定资产盘点制度，并应注意查询盘盈、盘亏固定资产的处理情况。

⑧对于固定资产的保险情况，注册会计师应抽取固定资产保险单盘点表，检查是否已办理商业保险。

子任务三　应付账款审计

一、应付账款的实质性程序

应付账款是企业在正常经营过程中，因购买材料、商品和接受劳务供应等经营活动而应付给供应单位的款项。可见应付账款是随着企业赊购交易的发生而发生的：注册会计师应结合赊购交易进行应付账款的审计。

应付账款的审计目标（表 15-3）

表 15-3　应付账款审计目标及财务报表认定

审计目标	财务报表认定				
	存在	完整性	权利和义务	计价与分摊	列报
A．确定资产负债表中记录的应付账款是否存在	√				
B．确定资产负债表中记录的应付账款是被审计单位应当履行的现时义务			√		

续表

审计目标	财务报表认定				
	存在	完整性	权利和义务	计价与分摊	列报
C．确定所有应当记录的应付账款是否均已记录		√			
D．确定应付账款期末余额是否正确，应付账款是否以恰当的金额包括在财务报表中，与之相关的计价调整已恰当记录				√	
E．确定应付账款已按照企业会计准则的规定在财务报表中作出恰当的列报					√

（1）获取或编制应付账款明细表。

①复核加计正确，并与报表数、总账数和明细账合计数核对是否相符；

②检查非记账本位币应付账款的折算汇率及折算是否正确；

③分析出现借方余额的项目，查明原因，必要时，做重分类调整；

④结合预付账款等往来项目的明细余额，调查有无同挂的项目、异常余额或与购货无关的其他款项（如关联方账户或雇员账户），如有，应作出记录，必要时作出调整。

（2）根据被审计单位实际情况，选择以下方法对应付账款执行实质性分析程序。

①将期末应付账款余额与期初余额进行比较，分析波动原因。

②分析长期挂账的应付账款，要求被审计单位作出解释，判断被审计单位是否缺乏偿债能力或利用应付账款隐瞒利润；并注意其是否可能无须支付，对确实无须支付的应付账款的会计处理是否正确，依据是否充分；关注账龄超过三年的大额应付账款在资产负债表日后是否偿还，检查偿还记录，单据及披露情况。

③计算应付账款与存货的比率，应付账款与流动负债的比率，并与以前年度相关比率对比分析，评价应付账款整体的合理性。

④分析存货和营业成本等项目的增减变动判断应付账款增减变动的合理性。

（3）函证应付账款。一般情况下，并不是必须函证应付账款，这是因为函证不能保证查出未记录的应付账款，况且注册会计师能够取得采购发票等外部凭证来证实应付账款的余额。但如果控制风险较高，某应付账款明细账户金额较大或被审计单位处于财务困难阶段，则应进行应付账款的函证。

在进行函证时，注册会计师应选择较大金额的债权人，以及那些在资产负债表日金额不大，甚至为零，但为企业重要供货人的债权人，作为函证对象。函证最好采用积极函证方式，并具体说明应付金额。同应收账款的函证一样，注册会计师必须对函证的过程进行控制，要求债权人直接回函，并根据回函情况编制与分析函证结果汇总表，对未回函的，应考虑是否再次函证。

如果存在未回函的重大项目，注册会计师应采用替代审计程序。比如，可以检查决算日后应付账款明细账及库存现金和银行存款日记账，核实其是否已支付，同时检查该笔债务的相关凭证资料，如合同、发票、验收单，核实应付账款的真实性。

（4）检查应付账款是否记入正确的会计期间，是否存在未入账的应付账款。

①检查债务形成的相关原始凭证，如供应商发票、验收报告或入库单等，查找有无未及时入账的应付账款，确定应付账款期末余额的完整性。

②检查资产负债表日后应付账款明细账贷方发生额的相应凭证，关注其购货发票的日期，确认其入账时间是否合理。

③获取被审计单位与其供应商之间的对账单（应从非财务部门，如采购部门获取），并将对账单和被审计单位财务记录之间的差异进行调节（如在途款项、在途货物、付款折扣、未记录的负债等），查找有无未入账的应付账款，确定应付账款金额的准确性。

④针对资产负债表日后付款项目，检查银行对账单及有关付款凭证（如银行划款通知、供应商收据等），询问被审计单位内部或外部的知情人员，查找有无未及时入账的应付账款。

⑤结合存货监盘程序，检查被审计单位在资产负债表日前后的存货入库资料（验收报告或入库单），检查是否有大额料到单未到的情况，确认相关负债是否记入了正确的会计期间。如果注册会计师通过这些程序发现某些未入账的应付账款，应将有关情况详细记入工作底稿，然后根据其重要性确定是否需建议被审计单位进行相应的调整。

（5）针对已偿付的应付账款，追查至银行对账单、银行付款单据和其他原始凭证，检查其是否在资产负债表日前真实偿付。

（6）针对异常或大额交易及重大调整事项（如大额的购货折扣或退回，会计处理异常的交易，未经授权的交易，或缺乏支持性凭证的交易等），检查相关原始凭证和会计记录，以分析交易的真实性、合理性。

（7）检查带有现金折扣的应付账款是否按发票上记载的全部应付金额入账，在实际获得现金折扣时再冲减财务费用。

（8）被审计单位与债权人进行债务重组的，检查不同债务重组方式下的会计处理是否正确。

（9）标明应付关联方［包括持 5%以上（含 5%）表决权股份的股东］的款项，执行关联方及其交易审计程序，并注明合并报表时应予抵销的金额。

（10）检查应付账款是否已按照企业会计准则的规定在财务报表中作出恰当列报。一般来说，“应付账款”项目应根据“应付账款”和“预付账款”科目所属明细科目的期末贷方余额的合计数填列。

如果被审计单位为上市公司，则通常在其财务报表附注中应说明有无欠持有 5%以上（含 5%）表决权股份的股东单位账款；说明账龄超过三年的大额应付账款未偿还的原因，并在期后事项中反映资产负债表日后是否偿还。

二、固定资产的实质性程序

由于固定资产在企业资产总额中一般都占有较大的比例，固定资产的安全、完整对企业的生产经营影响极大，注册会计师应对固定资产的审计予以高度重视。

固定资产审计的范围很广。固定资产科目余额反映企业所有固定资产的原价，累计折旧科目余额反映企业固定资产的累计折旧数额，固定资产减值准备科目余额反映企业对固定资产计提的减值准备数额，固定资产项目余额由固定资产科目余额扣除累计折旧科目余额和固定资产减值准备科目余额构成，这三项构成固定资产的主要审计范围。

（一）固定资产的审计目标（表 15-4）

表 15-4　固定资产审计目标及财务报表认定

审计目标	财务报表认定				
	存在	完整性	权利和义务	计价与分摊	列报
A．确定资产负债表中记录的固定资产是否存在	√				
B．确定记录的固定资产是否由被审计单位所有或控制			√		
C．确定所有应记录的固定资产是否均已记录		√			
D．确定固定资产的计价方法是否恰当；确定固定资产的折旧政策是否恰当；确定折旧费用的分摊是否合理、一贯；确定固定资产减值准备的计提是否充分、完整，方法是否恰当；确定固定资产、累计折旧的期末余额是否正确				√	
E．确定固定资产、累计折旧和固定资产减值准备是否已按照企业会计准则的规定在财务报表中作出恰当列报					√

（二）固定资产——账面余额的实质性程序

1．获取或编制固定资产和累计折旧分类汇总表，检查固定资产的分类是否正确并与总账数和明细账合计数核对是否相符，结合累计折旧、减值准备科目与报表数核对是否相符。

固定资产和累计折旧分类汇总表又称一览表或综合分析表，是审计固定资产和累计折旧的重要工作底稿，其参考格式如表 15-5 所示。

表 15-5　固定资产和累计折旧分类汇总表

年　月　日

编制人：　　　　日期：

被审计单位：　　　　复核人：　　　　日期：

类别	固定资产				累计折旧					
	期初余额	本期增加	本期减少	期末余额	折旧方法	折旧率	期初余额	本期增加	本期减少	期末余额
合计										

汇总表包括固定资产与累计折旧两部分，应按照固定资产类别分别填列。

2．对固定资产实施实质性分析程序。

（1）基于对被审计单位及其环境的了解，通过进行以下比较，并考虑有关数据间关系的影响，建立有关数据的期望值：

①分类计算本期计提折旧额与固定资产原值的比率，并与上期比较。

②计算固定资产修理及维护费用占固定资产原值的比例，并进行本期各月、本期与以前各期的比较。

（2）确定可接受的差异额；

（3）将实际情况与期望值相比较，识别需要进一步调查的差异。

（4）如果其差额超过可接受的差异额，调查并获取充分的解释和恰当的佐证审计证据（例如：通过检查相关的凭证）；

（5）评估分析程序的测试结果。

3．实地检查重要固定资产（如为首次接受审计，应适当扩大检查范围），确定其是否存在，关注是否存在已报废但仍未核销的固定资产。

实施实地检查审计程序时，注册会计师可以以固定资产明细分类账为起点，进行实地追查，以证明会计记录中所列固定资产确实存在，并了解其目前的使用状况；也可以以实地为起点，追查至固定资产明细分类账，以获取实际存在的固定资产均已入账的证据。

当然，注册会计师实地检查的重点是本期新增加的重要固定资产，有时观察范围也会扩展到以前期间增加的重要固定资产。观察范围的确定需要依据被审计单位内部控制的强弱、固定资产的重要性和注册会计师的经验来判断。如为首次接受审计，应适当扩大检查范围。

4．检查固定资产的所有权或控制权。

对各类固定资产，注册会计师应获取、收集不同的证据以确定其是否确实归被审计单位所有：对外购的机器设备等固定资产，通常经审核采购发票、采购合同等予以确定；对于房地产类固定资产，尚需查阅有关的合同、产权证明、财产税单、抵押借款的还款凭据、保险单等书面文件；对融资租入的固定资产，应验证有关融资租赁合同，证实其并非经营租赁；对汽车等运输设备，应验证有关运营证件等；对受留置权限制的固定资产，通常还应审核被审计单位的有关负债项目等予以证实。

5．检查本期固定资产的增加。被审计单位如果不正确核算固定资产的增加，将对资产负债表和利润表产生长期的影响。因此。审计固定资产的增加，是固定资产实质性程序中的重要内容。固定资产的增加有多种途径，审计中应注意以下几个方面：

（1）询问管理层当年固定资产的增加情况，并与获取或编制的固定资产明细表进行核对。

（2）检查本年度增加固定资产的计价是否正确，手续是否齐备，会计处理是否正确。

①对于外购固定资产，通过核对采购合同、发票、保险单、发运凭证等资料，抽查测试其入账价值是否正确，授权批准手续是否齐备，会计处理是否正确；如果购买的是房屋建筑物，还应检查契税的会计处理是否正确；检查分期付款购买固定资产入账价值及会计处理是否正确。

②对于在建工程转入的固定资产，应检查固定资产确认时点是否符合会计准则的规定，入账价值与在建工程的相关记录是否核对相符，是否与竣工决算、验收和移交报告等一致；对已经达到预定可使用状态，但尚未办理竣工决算手续的固定资产，检查其是否已按估计价值入账，并按规定计提折旧。

③对于投资者投入的固定资产，检查投资者投入的固定资产是否按投资各方确认的价值入账，并检查确认价值是否公允，交接手续是否齐全；涉及国有资产的，是否有评估报告并经国有资产管理部门评审备案或核准确认。

④对于更新改造增加的固定资产，检查通过更新改造而增加的固定资产，增加的原值是否符合资本化条件，是否真实，会计处理是否正确；重新确定的剩余折旧年限是否恰当。

⑤对于融资租赁增加的固定资产，获取融资租入固定资产的相关证明文件，检查融资租赁合同的主要内容，并结合长期应付账款、未确认融资费用科目检查相关的会计处理是否正确。

⑥对于企业合并、债务重组和非货币性资产交换增加的固定资产，检查产权过户手续是否齐备，检查固定资产入账价值及确认的损益和负债是否符合规定。

⑦如果被审计单位为外商投资企业，检查其采购国产设备退还增值税的会计处理是否正确。

⑧对于通过其他途径增加的固定资产，应检查增加固定资产的原始凭证，核对其计价及会计处理是否正确，法律手续是否齐全。

（3）检查固定资产是否存在弃置费用，如果存在弃置费用，检查弃置费用的估计方法和弃置费用现值的计算是否合理，会计处理是否正确。

6．检查本期固定资产的减少。固定资产的减少主要包括出售、向其他单位投资转出、向债权人抵债转出、报废、毁损、盘亏等。有的被审计单位在全面清查固定资产时，常常会出现固定资产“ 账存实亡”现象，这可能是由于固定资产管理或使用部门不了解报废固定资产与会计核算两者间的关系，擅自报废固定资产而未及时通知财务部门作相应的会计核算所致，这样势必造成财务报表反映失真。审计固定资产减少的主要目的就在于查明业已减少的固定资产是否已做适当的会计处理。其审计要点如下：

（1）结合固定资产清理科目，抽查固定资产账面转销额是否正确。

（2）检查出售、盘亏、转让、报废或毁损的固定资产是否经授权批准，会计处理是否正确。

（3）检查因修理、更新改造而停止使用的固定资产的会计处理是否正确。

（4）检查投资转出固定资产的会计处理是否正确。

（5）检查债务重组或非货币性资产交换转出固定资产的会计处理是否正确。

（6）检查转出的投资性房地产账面价值及会计处理是否正确。

（7）检查其他减少固定资产的会计处理是否正确。

7．检查固定资产的后续支出，确定固定资产有关的后续支出是否满足资产确认条件；如不满足，该支出是否在后续支出发生时计入当期损益。

与固定资产有关的后续支出，如果同时满足下列两个确认条件：一是该固定资产包含的经济利益很可能流入企业。二是该固定资产的成本能够可靠计量，应当将该后续支出计入固定资产成本；否则，应当在该后续支出发生时计入当期损益。

在具体实务中。对于固定资产发生的下列各项后续支出，通常的处理方法如下：

（1）固定资产修理费用，应当直接计入当期费用。

（2）固定资产改良支出，应当计入固定资产账面价值，其增计后的金额不应超过该固定资产的可收回金额。

（3）如果不能区分是固定资产修理还是固定资产改良，或固定资产修理和固定资产改良结合在一起，则企业应按上述原则进行判断，其发生的后续支出，分别计入固定资产价值或计入当期费用。

（4）固定资产装修费用，符合上述原则可予资本化的，在两次装修期间与固定资产尚可使用年限两者中较短的期间内，采用合理的方法单独计提折旧。如果在下次装修时，该固定资产相关的固定资产装修项目仍有余额，应将该余额一次全部计入当期营业外支出。

8．检查固定资产的租赁。企业在生产经营过程中，有时可能有闲置的固定资产供其他单位租用；有时由于生产经营的需要，又需租用固定资产。租赁一般分为经营租赁和融资租赁两种。

在经营租赁中，租入固定资产的企业按合同规定的时间，交付一定的租金，享有固定资产的使用权，而固定资产的所有权仍属出租单位。因此。租入固定资产的企业的固定资产价值并未因此而增加，企业对以经营性租赁方式租入的固定资产，不在“固定资产”账户内核算，只是另设备查簿进行登记。而租出固定资产的企业，仍继续提取折旧，同时取得租金收入。检查经营性租赁时，应查明以下问题：

（1）固定资产的租赁是否签订了合同、租约，手续是否完备，合同内容是否符合国家规定，是否经相关管理部门的审批。

（2）租入的固定资产是否确属企业必需，或出租的固定资产是否确属企业多余、闲置不用的，双方是否认真履行合同，其中是否存在不正当交易。

（3）租金收取是否签有合同，有无多收、少收现象。

（4）租入固定资产有无久占不用、浪费损坏的现象；租出的固定资产有无长期不收租金、无人过问，是否有变相馈送、转让等情况。

（5）租入固定资产是否已记入备查簿。

（6）必要时，向出租人函证租赁合同及执行情况

（7）租入固定资产改良支出的核算是否符合规定。

在融资租赁中，租入单位向租赁公司借款购买固定资产，分期归还本息，付清全部本息后，就取得了固定资产的所有权。因此，融资租赁支付的租金，包括了固定资产的价值和利息，并且这种租赁的结果通常是固定资产所有权最终归属租入单位。故租入企业在租赁期间，对融资租入的固定资产应按企业自有固定资产一样管理，并计提折旧、进行维修。如果被审计单位的固定资产中融资租赁占有相当大的比例，应当复核租赁协议，确定租赁是否符合融资租赁的条件，结合长期应付款、未确认融资费用等科目检查相关的会计处理是否正确（资产的入账价值、折旧、相关负债）。在审计融资租赁固定资产时，除可参照经营租赁固定资产检查要点以外，还应补充实施以下审计程序：

（1）复核租赁的折现率是否合理。

（2）检查租赁相关税费、保险费、维修费等费用的会计处理是否符合企业会计准则的规定。

（3）检查融资租入固定资产的折旧方法是否合理。

（4）检查租赁付款情况。

（5）检查租入固定资产的成新程度。

（6）检查融资租入固定资产发生的固定资产后续支出，其会计处理是否遵循自有固定资产发生的后续支出的处理原则予以处理。

9．获取暂时销毁固定资产的相关证明文件，并观察其实际状况，检查是否已按规定计提折旧，相关的会计处理是否正确。

10．获取已提足折旧仍继续使用固定资产的相关证明文件，并作相应记录。

11．获取持有待售固定资产的相关证明文件，并作相应记录。检查对其预计净残值调整是否正确、会计处理是否正确。

12．检查固定资产保险情况，复核保险范围是否足够。

13．检查有无与关联方的固定资产购售活动，是否经适当授权，交易价格是否公允。对于合并范围内的购售活动，记录应予合并抵销的金额。

14．对应计入固定资产的借款费用，应根据企业会计准则的规定，结合长短期借款、应付债券或长期应付款的审计，检查借款费用（借款利息、折溢价摊销、汇兑差额、辅助费用）资本化的计算方法和资本化金额，以及会计处理是否正确。

15．检查购置固定资产时是否存在与资本性支出有关的财务承诺。

16．检查固定资产的抵押、担保情况。结合对银行借款等的检查，了解固定资产是否存在重大的抵押、担保情况。如存在，应取证，并作相应的记录，同时提请被审计单位作恰当披露。

17．检查固定资产是否已按照企业会计准则的规定在财务报表中作出恰当列报。

（三）固定资产——累计折旧的实质性程序

固定资产可以长期参加生产经营而仍保持其原有实物形态，但其价值将随着固定资产的使用而逐渐转移到生产的产品中，或构成经营成本或费用。在固定资产使用寿命内，按照确定的方法对应计提折旧额进行的系统分摊就是固定资产的折旧。

在不考虑固定资产减值准备的前提下。影响折旧的因素有折旧的基数（一般指固定资产的账面原价）、固定资产的残余价值和使用寿命三个方面。在考虑固定资产减值准备的前提下，影响折旧的因素则包括折旧的基数、累计折旧、固定资产减值准备、固定资产预计净残值和固定资产尚可使用年限五个方面。在计算折旧时，对固定资产的残余价值和清理费用只能人为估计；对固定资产的使用寿命，由于固定资产的有形和无形损耗难以准确计算，因而也只能估计；同样，对固定资产减值准备的计提也带有估计的成分。因此，固定资产折旧主要取决于企业根据其固定资产的特点制定的折旧政策，在一定程度上具有主观性。

累计折旧的实质性程序通常如下。

1．获取或编制累计折旧分类汇总表，复核加计是否正确，并与总账数和明细账合计数核对是否相符。

2．检查被审计单位制定的折旧政策和方法是否符合相关会计准则的规定。确定其所采用的折旧方法能否在固定资产预计使用寿命内合理分摊其成本。前后期是否一致，预计使用寿命和预计净残值是否合理。

《企业会计准则第 4 号——固定资产》明确规定：企业应当根据与固定资产有关的经济利益的预期实现方式，合理选择固定资产折旧方法。可选用的折旧方法包括年限平均法、工作量法、双倍余额递减法和年数总和法等；除非由于与固定资产有关的经济利益的预期实现方式有重大改变，应当相应改变固定资产折旧方法，折旧方法一经选定，不得随意调整；企业至少应当于每年年度终了对固定资产的使用寿命、预计净残值和折旧方法进行复核，如果固定资产使用寿命预计数和净残值预计数与原先估计数有差异，应当作相应调整。

3．复核本期折旧费用的计提和分配。

（1）了解被审计单位的折旧政策是否符合规定，计提折旧范围是否正确，确定的使用寿命、预计净残值和折旧方法是否合理；如采用加速折旧法，是否取得批准文件。

（2）检查被审计单位折旧政策前后期是否一致。

（3）复核本期折旧费用的计提是否正确。

①已计提部分减值准备的固定资产，计提的折旧是否正确。已计提减值准备的固定资产的应计提折旧额应当扣除已计提的固定资产减值准备累计金额，按照该固定资产的账面价值以及尚可使用寿命重新计算确定折旧率和折旧额。

②已全额计提减值准备的固定资产，是否已停止计提折旧。

③因更新改造而停止使用的固定资产是否已停止计提折旧。因大修理而停止使用的固定资产是否照提折旧。

④对按规定予以资本化的固定资产装修费用是否在两次装修期间与固定资产尚可使用年限两者中较短的期间内，采用合理的方法单独计提折旧，并在下次装修时将该项固定资产装修余额一次全部计入了当期营业外支出。

⑤对融资租入固定资产发生的、按规定可予以资本化的固定资产装修费用，是否在两次装修期间、剩余租赁期与固定资产尚可使用年限三者中较短的期间内，采用合理的方法单独计提折旧。

⑥对采用经营租赁方式租入的固定资产发生的改良支出，是否在剩余租赁期与租赁资产尚可使用年限两者中较短的期间内，采用合理的方法单独计提折旧。

⑦未使用、不需用和闲置的固定资产是否按规定计提折旧。

⑧持有待售的固定资产折旧计提是否符合规定。

（4）检查折旧费用的分配是否合理，是否与上期一致；分配计入各项目的金额占本期全部折旧计提额的比例与上期比较是否有重大差异。

（5）注意固定资产增减变动时，有关折旧的会计处理是否符合规定，查明通过更新改造、接受捐赠或融资租入而增加的固定资产折旧费用计算是否正确。

4．将“累计折旧”账户贷方的本期计提折旧额与相应的成本费用中的折旧费用明细账户的借方相比较，检查本期所计提折旧金额是否已全部摊入本期产品成本或费用。若存在差异，应追查原因，并考虑是否应建议作适当调整。

5．检查累计折旧的减少是否合理、会计处理是否正确。

6．检查累计折旧的披露是否恰当。

（四）固定资产——固定资产减值准备的实质性程序

固定资产的可收回金额低于其账面价值称为固定资产减值。这里的可收回金额应当根据固定资产的公允价值减去处置费用后的净额与资产预计未来现金流量的现值两者之间的较高者确定。这里的处置费用包括与固定资产处置有关的法律费用、相关税费、搬运费以及为使固定资产达到可销售状态所发生的直接费用等。

如果有迹象表明固定资产可收回金额低于账面价值的，应当将固定资产的账面金额减记至可收回金额，将减记的金额确认为固定资产减值损失，计入当期损益，同时计提相应的固定资产减值准备。

固定资产减值准备的实质性程序如下：

1. 获取或编制固定资产减值准备明细表，复核加计是否正确，并与总账数和明细账合计数核对是否相符。

2. 检查被审计单位计提固定资产减值准备的依据是否充分，会计处理是否正确。

3. 检查资产组的认定是否恰当，计提固定资产减值准备的依据是否充分，会计处理是否正确。

4. 计算本期末固定资产减值准备占期末固定资产原值的比率，并与期初该比率比较，分析固定资产的质量状况。

5. 检查被审计单位处置固定资产时原计提的减值准备是否同时结转，会计处理是否正确。

6. 检查是否存在转回固定资产减值准备的情况，确定减值准备在以后会计期间没有转回。

7. 检查固定资产减值准备的披露是否恰当。

思考与练习

一、单项选择题

1. 下列有关采购业务涉及的主要单据和会计记录的说法中，恰当的是（　　）。
   A. 请购单是由生产等相关部门的有关人员填写，送交财务部门，是申请购买商品、劳务或其他资产的书面凭据
   B. 订购单是由采购部门填写，经适当的管理层审核后发送供应商，是向供应商购买订购单上所指定的商品和劳务的书面凭据
   C. 验收单是收到商品时所编制的凭据，只列示采购商品的金额
   D. 采购部门在收到请购单后，请购单无论是否经过批准，都可以发出订购单

2. 以下针对采购与付款主要业务活动的具体控制活动说法中，不恰当的是（　　）。
   A. 基于企业的生产经营计划，生产、仓库等部门定期编制采购计划，经部门负责人等适当的管理人员审批后提交采购部门，具体安排商品及服务采购
   B. 采购部门只能向通过审核的供应商进行采购
   C. 验收后，仓储部门应对已收货的每张订购单编制一式多联、预先按顺序编号的验收单，作为验收和检验商品的依据
   D. 记录采购交易之前，应付凭单部门应核对订购单、验收单和卖方发票的一致性并编制付款凭单

3．下列有关采购业务相关控制活动说法中，不恰当的是（　　）。

A．采购部门只能向通过审核的供应商进行采购

B．将已验收商品的保管与采购的其他职责相分离，可减少未经授权的采购和盗用商品的风险

C．采购部门在收到请购单后，只能对经过恰当批准的请购单发出订购单

D．编制连续编号的请购单，仅与采购交易“完整性”认定相关

4．当被审计单位管理层具有高估利润、粉饰财务状况的动机时，注册会计师主要关注的是被审计单位（　　）的重大错报风险。

A．低估负债，低估费用　　　　B．高估费用，高估负债

C．低估费用，高估负债　　　　D．高估费用，低估负债

5．下列选项中，最能发现未入账的应付账款的是（　　）。

A．检查验收单　　　　B．检查营业成本的计算

C．函证应收账款　　　　D．检查营业收入的确认

二、多选题

1．采购与付款循环的下列相关凭单中，编制后需要相关人员签字批准的有（　　）。

A．请购单　　　　B．订购单

C．验收单　　　　D．付款凭单

2．以下各项中，应当职责分离的有（　　）。

A．请购与审批　　　　B．询价与确定供应商

C．采购合同的订立与审批　　　　D．付款审批与付款执行

3．记录采购交易之前，应付凭单部门应编制付款凭单，这项功能的控制包括（　　）。

A．确定供应商发票的内容与相关的验收单、订购单的一致性

B．确定供应商发票计算的正确性

C．编制有预先顺序编号的付款凭单，并附上支持性凭证，同时独立检查付款凭单的正确性

D．在付款凭单上填入应借记的资产或费用账户名称

4．企业在以支票结算采购的商品时，编制和签署支票的相关控制包括（　　）。

A．独立检查已签发支票的总额与所处理的付款凭单的总额的一致性

B．应由被授权的财务部门的人员负责签署支票

C．被授权签署支票的人员应确定每张支票都附有一张已经适当批准的未付款凭单，并确定支票收款人姓名和金额与凭单内容的一致

D．支票签发人不应签发无记名甚至空白的支票

5．下列关于应付账款函证，说法正确的有（　　）。

A．应对询证函保持控制，包括确定需要确认或填列的信息、选择适当的被询证者、设计询证函，以及被询证者直接向注册会计师回函的地址等信息，必要时再次向被询证者寄发询证函等

B. 将询证函余额与已记录金额相比较，如存在差异，检查支持性文件

C. 对于未作回复的函证实施替代程序，如检查至付款文件（如，现金支出、电汇凭证和支票复印件）、相关的采购文件（如，采购订单、验收单、发票和合同）或其他适当文件

D. 如果认为回函不可靠，评价对评估的重大错报风险以及其他审计程序的性质、时间安排和范围的影响

三、案例分析题

A注册会计师是甲公司2016年度财务报表审计业务的项目合伙人，A注册会计师对甲公司采购与付款交易的相关内部控制进行了了解、测试与评价：

（1）对需要购买的已经列入存货清单的项目由仓库负责填写请购单，对未列入存货清单的项目由相关需求部门填写请购单，请购单统一由采购部门主管W签字批准。

（2）甲公司各部门使用的请购单未连续编号，请购单由部门经理批准，超过一定金额还需总经理批准。

（3）验收部门检查了原材料有无损坏后，比较所收商品与订购单上的要求是否相符，如商品的品名、摘要、数量、到货时间等，并编制预先连续编号的验收单交仓库人员签字确认。

（4）应付凭单部门核对验收单和订购单，并编制预先连续编号的付款凭单。在付款凭单经被授权人员批准后，应付凭单部门将付款凭单连同供应商发票及时送交会计部门，并将未付款凭单副联保存在未付款凭单档案中。

（5）付款后，会计主管L须独立检查记入银行存款日记账和应付账款明细账的金额是否相一致，以及与付款支票汇总记录的一致性。

（6）每月末，由不登记应付账款明细账的人员与供应商核对应付账款、应付票据等往来款项，如有不符，及时查明原因。

要求：结合以上（1）至（6），分别指出各项控制是否有缺陷。如果有缺陷，简要说明理由和改进建议。

任务十六　存货与生产循环的审计

【知识与能力目标】

1. 能够识别生产与存货循环的主要业务活动
2. 能够理解生产与存货循环的内部控制
3. 能够掌握生产与存货循环控制测试的方法
4. 能够掌握存货与主营业务成本的实质性程序

【素质目标】

1. 培养学生树立社会利益为先的理想信念和诚信客观公正的职业道德观念
2. 培养学生树立专业胜任能力的职业道德观念

【教学要点】

1. 生产与存货循环的内部控制
2. 生产与存货循环的控制测试
3. 主营业务成本的实质性程序
4. 掌握存货监盘程序

【教学内容】

子任务一　生产与存货循环的特点

一、存货与生产循环涉及的有关凭证和记录

以制造型企业为例，该循环涉及的有关凭证和记录主要包括以下内容。

（一）生产指令

生产指令是企业下达制造产品等生产任务，通知生产车间制造产品、供应部门组织发料、会计部门组织成本核算的书面文件。

（二）领发料凭证

领发料凭证是企业为控制材料领取和发出所采用的各种凭证，如材料发出汇总表、领料单、限额领料单、领料登记簿、退料单等。

（三）产量和工时记录

产量和工时记录是登记工人或生产班组在出勤内完成产量、质量和生产这些产品所耗费工时数量的原始记录。产量和工时记录的内容与格式多种多样，常见的主要有工作通知单、工序进程单、工作班产量报告、产量通知单、产量明细表和废品通知单等。

（四）工薪汇总表及人工费用分配表

工薪汇总表是为了反映企业全部工薪的结算情况，并据以进行工薪结算总分类核算和汇总整个企业工薪费用而编制的，是企业进行工薪费用分配的依据。人工费用分配表反映了各生产车间各产品应负担的生产工人工薪。

（五）材料费用分配表

材料费用分配表是用来汇总反映各生产车间各产品所耗费材料费用的原始记录。

（六）制造费用分配汇总表

制造费用分配汇总表是用来汇总反映各生产车间各产品负担的制造费用的原始记录。

（七）成本计算单

成本计算单是用来归集某一成本计算对象所应承担的生产费用，计算该成本计算对象的总成本和单位成本的记录。

（八）存货明细账

用来反映各种存货增减变动情况和期末库存数量及相关成本信息的会计记录。

二、存货与生产循环涉及的主要业务流程

（一）计划和安排生产

生产计划部门应根据顾客订单或对销售预测和存货需求的分析来决定生产授权。若决定授权生产，则应签发预先编号的生产通知单。

（二）发出原材料

仓库部门应根据从生产部门收到的领料单发出原材料。领料单上必须列示所需要的材料数量、种类及领料部门的名称。该环节主要涉及材料发出汇总表、领料单、限额领料单、领料登记簿、退料单等领发料凭证。

（三）生产产品

生产部门根据生产通知单，在领取原材料后，组织产品生产，将检验合格的产成品或半成品办理入库手续或移交下一生产步骤做进一步加工。

（四）核算产品成本

会计部门应汇集生产过程中的各种记录，包括生产通知单、领料单、计工单、入库单等文件资料，并对其加以审查和核对编制有关的费用分配表（包括人工费用分配表、材料费用分配表、制造费用分配表等）采用适当的成本核算方法，核算和控制生产过程成本。

该环节主要涉及材料费用分配表、工薪汇总表及人工费用分配表、制造费用分配汇总表、成本计算单等凭证。

（五）储存产成品

仓库部门应对入库产成品在点验后签收并及时通知会计部门，根据产成品的品质特征分类存放并填制标签，实施存货定期盘点。

该环节主要涉及验收单、入库单、产成品明细账等凭证。

（六）发出产成品

产成品的发出须由独立的发运部门持有经核准的发运通知单进行产成品装运，并据此编制出库单。

（七）存货盘点

管理人员编制盘点指令，安排适当人员对存货实物（包括原材料、在产品和产成品等所有存货类别）进行定期盘点。

该环节主要涉及存货盘点表、盘点标签等凭证。

（八）计提存货跌价准备

财务部门根据存货货龄分析表信息及相关部门提供的有关存货状况的信息，结合存货盘点过程中对存货状况的检查结果，对出现损毁、滞销、跌价等降低存货价值的情况进行分析计算，计提存货跌价准备。

子任务二　内部控制目标、内部控制与控制测试的关系

表 16-1 列示了内部控制目标、关键内部控制与审计测试的关系。

表 16-1　生产与存货循环的内部控制目标、关键内部控制与审计测试一览表

内部控制目标	关键内部控制	常用的控制测试
1．生产业务是根据管理层一般或特定的授权进行的（存货/存在营业成本/发生）	对以下三个关键点应履行恰当手续，经过特别审批或一般审批： （1）生产指令的授权批准； （2）原材料领料单的授权批准； （3）员工薪酬的授权批准	检查在凭证中是否包括生产指令、领料单、员工薪酬的授权批准这三个关键点的恰当审批
2．记录的成本为实际发生的而非虚构的（存货/存在营业成本/发生）	成本的核算是以经过审核的生产通知单、领发料凭证、产量和工时记录、工薪费用分配表、材料费用分配表、制造费用分配表为依据的	检查有关成本的记账凭证是否附有生产通知单、领发料凭证、产量和工时记录、工薪费用分配表、材料费用分配表、制造费用分配表等原始凭证
3．所有耗费和物化劳动均已反映在成本中（存货/完整性营业成本/完整性）	生产通知单、领发料凭证、产量和工时记录、工薪费用分配表、材料费用分配表、制造费用分配表均事先编号并已经登记入账	检查生产通知单、领发料凭证，产量和工时记录、工薪费用分配表、材料费用分配表、制造费用分配表的顺序编号是否完整

续表

内部控制目标	关键内部控制	常用的控制测试
4．成本以正确的金额，在恰当的会计期间及时记录于适当的账户（存货/存在、完整性、计价和分摊营业成本/发生、完整性、准确性）	（1）采用适当的成本核算方法，并且前后各期一致； （2）采用适当的费用分配方法并且前后各期一致； （3）采用适当的成本核算流程和账务处理流程； （4）内部核查	（1）选取样本测试各种费用的归集和分配以及成本的计算； （2）测试是否按照规定的成本核算流程和账务处理流程进行核算和账务处理
5．对存货实施保护措施，保管人员与记录、批准人员相互独立（存货/存在、完整性）	存货保管人员与记录人员职务相分离	询问和观察存货与记录的接触控制以及相应的批准程序
6．账面存货与实际存货定期核对相符（存货/存在、计价和分摊营业成本/发生、准确性）	定期进行存货盘点	询问和观察存货盘点程序

子任务三　营业成本审计的实质性程序

一、营业成本审计的目标（表 16-2）

表 16-2　营业成本审计目标及财务报表认定

审计目标	财务报表认定					
	发生	完整性	准确性	截止	分类	列报
A．利润表中记录的营业成本已发生，且与被审计单位有关	√					
B．所有应当记录的营业成本均已记录		√				
C．与营业成本有关的金额及其他数据已恰当记录			√			
D．营业成本已记录于正确的会计期间				√		
E．营业成本已记录于恰当的账户					√	
F．营业成本已按照企业会计准则的规定在财务报表中作出恰当的列报						√

二、营业成本审计的实质性程序

1. 取得或编制主营业务成本明细表

注册会计师应首先取得或编制主营业务成本明细表。如果由客户协助提供，应复核加计是否正确，并与总账数和明细账合计数核对相符

2. 实施实质性分析程序

必要时，注册会计师应实施实质性分析程序，检查主营业务成本是否存在异常变动或重大波动，从而在总体上对主营业务成本的真实性作出初步判断。

（1）比较当年度与以前年度不同品种产品的主营业务成本和毛利率，并查明异常情况的原因。

（2）比较当年度与以前年度各月主营业务成本的波动趋势，并查明异常情况的原因。

（3）比较被审计单位与同行业的毛利率，并查明异常情况的原因。

（4）比较当年度及以前年度主要产品的单位产品成本，并查明异常情况的原因。

3. 检查主营业务成本确认的正确性

抽查主营业务成本结转明细清单，比较计入主营业务成本的品种、规格、数量和主营业务收入的口径是否一致，是否符合配比原则。

4. 核对主营业务成本发生的原始凭证与会计分录

对本期发生的主营业务成本，选取样本，检查其支持性文件，确定原始凭证是否齐全、记账凭证与原始凭证是否相符以及账务处理是否正确。

5. 检查主营业务成本账户中的重大调整事项

针对主营业务成本中重大调整事项（如销售退回）、非常规项目，检查相关原始凭证，评价真实性和合理性，检查其会计处理是否正确。

6. 编制生产成本与主营业务成本倒轧表

复核主营业务成本明细表的正确性，编制生产成本与主营业务成本倒轧表，并与相关科目交叉索引。生产成本与主营业务成本倒轧表见表 16-3 所示。

表 16-3　生产成本与主营业务成本倒轧表

项目	未审数	调整和重分类金额（贷）	审定数
原材料期初余额			
加：本期购进额			
减：原材料期末余额			
其他发出额			

续表

项目	未审数	调整和重分类金额（贷）	审定数
直接材料成本 加：直接人工成本 制造费用			
本期产品生产成本 加：期初在产品额 减：期末在产品额 其他产品发出额			
库存商品成本 加：库存商品期初余额 减：库存商品期末余额 其他库存商品发出额			
主营业务成本			
审计结论			

7．检查营业成本列报和披露的恰当性

注册会计师应结合主营业务成本和其他业务成本审计结果，检查利润表中营业成本项目的金额是否与审定数相符，确认主营业务成本和其他业务成本所采用的会计政策是否已在财务报表附注中恰当披露。

子任务四　存货审计的实质性程序

一、存货审计的目标

存货审计是指对存货增减变动及结存情况的真实性、合法性和正确性进行的审计。存货审计目标及财务报表认定见表 16-4 所示。

表 16-4　存货审计目标及财务报表认定

审计目标	财务报表认定				
	存在	完整性	权利和义务	计价与分摊	列报
A．资产负债表中记录的存货是存在的	√				
B．记录的存货由被审计单位拥有或控制			√		

续表

审计目标	财务报表认定				
	存在	完整性	权利和义务	计价与分摊	列报
C．所有应当记录的存货均已记录		√			
D．存货以恰当的金额包括在财务报表中，与之相关的计价调整已恰当记录				√	
E．存货已按照企业会计准则的规定在财务报表中作出恰当列报					√

二、存货的实质性程序

（一）获取或编制年末存货余额明细表

如果是从客户处取得明细表，应复核加计是否正确，并与总账数、明细账合计数核对是否相符。

（二）实施实质性分析程序

1．根据对被审计单位的经营活动、供应商、贸易条件、行业惯例和行业现状的了解，确定存货周转天数的预期值。

2．根据对本期存货余额组成、实际经营情况、市场情况、存货采购情况等的了解，确定可接受的差异额。

3．计算实际存货周转天数和预期周转天数之间的差异。

4．通过询问管理层和相关员工，调查存在重大差异的原因，并评估差异是否表明存在重大错报风险，是否需要设计恰当的细节测试程序以识别和应对重大错报风险。

（三）实施存货监盘，编制存货监盘报告

1．存货监盘

存货监盘是指审计人员现场观察被审计单位存货的盘点，并对已盘点的存货进行适当检查。

审计人员监盘存货的目的在于获取有关存货的数量和状况的审计证据，以确定被审计单位记录的存货确实存在，同时也有助于实现存货完整性认定、权利和义务认定等审计目标。

存货监盘主要包括制订监盘计划和实施监盘程序两个环节。

2．存货监盘计划

（1）存货监盘计划的含义。存货监盘计划是审计人员对存货监盘程序作出的合理性规划。审计人员应当根据被审计单位存货的特点、盘存制度和存货内部控制的有效性等情况，在评价被审计单位存货盘点计划的基础上，编制存货监盘计划，对存货监盘作出合理安排。

（2）制订存货监盘计划应实施的工作。

在编制存货监盘计划时，审计人员应当实施下列审计程序：

①了解存货的内容、性质、各存货项目的重要程度及存放场所。

②了解与存货相关的内部控制。

③评估与存货相关的重大错报风险和重要性。

④查阅以前年度的存货监盘工作底稿。

⑤考虑实地察看存货的存放场所，特别是金额较大或性质特殊的存货。

⑥考虑是否需要利用专家的工作或其他审计人员的工作。

⑦复核或与管理层讨论其存货盘点计划。

（3）存货监盘计划包括的主要内容如下：

①存货监盘的目标、范围及时间安排。

②存货监盘的要点及关注事项。

③参加存货监盘人员的分工。

④检查存货的范围。

3．存货监盘程序

（1）观察程序。审计人员应当观察盘点现场，观察被审计单位盘点人员是否遵守盘点计划并准确地记录存货的数量和状况。确定应纳入盘点范围的存货是否已经适当整理和排列，并附上盘点标识，防止遗漏或重复盘点。

（2）检查程序。审计人员应当对已盘点的存货进行适当检查，将检查结果与被审计单位盘点记录相核对，并形成相应记录。

检查的目的既可以是确证被审计单位的盘点计划得到适当执行（控制测试），也可以是证实存货总额（实质性程序）。

在检查已盘点的存货时，审计人员应当从存货盘点记录中选取项目追查至存货实物，以测试盘点记录的准确性；审计人员还应当从存货实物中选取项目追查至存货盘点记录，以测试存货盘点记录的完整性。

如果检查时发现差异，审计人员应当查明原因，及时提请被审计单位更正；如果差异较大，审计人员应当扩大检查范围或提请被审计单位重新盘点。

（3）存货监盘结束时的工作。在被审计单位存货盘点结束前，审计人员应当实施下列审计程序：

①再次观察盘点现场，以确定所有应纳入盘点范围的存货是否均已盘点。

②审计人员应当复核盘点结果汇总记录，评估其是否正确反映了实际盘点结果。如果存货盘点日不是资产负债表日，审计人员应当实施适当的审计程序，确定盘点日与资产负债表日之间存货的变动是否已作出正确的记录。

（4）存货监盘中需要特别关注的情况。

①审计人员应当特别关注存货的移动情况，防止遗漏或重复盘点。

②审计人员应当特别关注存货的状况，观察被审计单位是否已经恰当区分所有毁损、陈旧、过时及残次的存货。

③审计人员应当获取盘点日前后存货收发及移动的凭证，检查库存记录与会计记录期末截止日是否正确。

存货监盘的表格如下图 16-1、图 16-2、图 16-3 所示。

实地盘点记录（格式）

索引号：A12-18-7-1

公司名称：A公司

仓库名称：A公司内仓（瓶坯仓库）

仓库地点：××市××路×号

存货单位：只

盘点日：2020年3月28日

存货名称和规格	仓库位置	实点计量单位	实点数量	每单位数量	折算实物数量
主料ZB	瓶坯仓库12库位	笼	2.00	11,000	22,000
主料ZB	瓶坯仓库13库位	箱	2.00	10,000	20,000
主料ZB	瓶坯仓库14库位	箱	2.00	10,000	20,000
主料ZB	瓶坯仓库15库位	箱	1.00	10,000	10,000
主料ZB	瓶坯仓库17库位	箱	1.00	10,000	10,000
主料ZB	瓶坯仓库18库位	只	1,500.00	1	1,500
主料ZB	瓶坯仓库23库位	只	3,200.00	1	3,200
小计					86,700

抽查人：×××

陪同人：×××

图 16-1　实地盘点表

盘点结果汇总表

盘点日：2020年3月28日

索引号：A12-18-7-1

存货名称和规格	单位	截止日存货结存数（仓库账面数）		截止日存货结存数（实际盘存数）		盘点差异	差异原因分析
		数量	索引	数量	索引		
主料ZB	只	86,700.00	A12-18-7-8	86,700.00	A12-18-7-1	0	
主料ZD	只	1,500.00	A12-18-7-8	1,500.00	A12-18-7-2（略）	0	
主料ZG	只	497,714.00	A12-18-7-8	497,714.00	A12-18-7-3（略）	0	
主料ZP	只	13,500.00	A12-18-7-8	13,500.00	A12-18-7-4（略）	0	
主料ZU	只	280,800.00	A12-18-7-8	280,800.00	A12-18-7-5（略）	0	
主料PA	只	946,467.00	A12-18-7-10	577,107.00	A12-18-7-6（略）	369,360	盘点日收入181440只，见A12-18-10-1，发出50800只，见A12-18-10-2
主料PC	只	424,696.00	A12-18-7-10	424,696.00	A12-18-7-7（略）	0	
主料PE	只	200,293.00	A12-18-7-10	200,293.00	A12-18-7-8（略）	0	
主料PI	只	925,150.00	A12-18-7-11	788,350.00	A12-18-7-9（略）	136,800	盘点日发出136800只，见A12-18-10-3
主料PK	只	95,023.00	A12-18-7-11	95,023.00	A12-18-7-10（略）	0	
主料WA	只	89,713.00	A12-18-7-12	89,713.00	A12-18-7-11（略）	0	
主料WB	只	4,130.00	A12-18-7-12	4,130.00	A12-18-7-12（略）	0	
合计		3,565,686.00		3,059,526.00		506,160	

图 16-2　盘点结果汇总表

期后存货抽查情况汇总表

盘点日：2020年3月28日

索引号：A12-18-12

被审计单位：A公司

存货名称和规格	单位	单价	期后财务账面余额（2020年2月25日）		2020/2/26-2020年3月27日（仓库日报表反映）			顺推至抽查日	抽查记录		抽查结果	备注
			数量	金额	收入	发出	查验索引	账面结存	数量	盘点记录索引	差异	
					数量	数量		数量			数量	
主料ZS	只	0.57	2,000,000	1,149,561.98	200,000			2,200,000	2,200,000	A12-18-14-1（略）		
主料ZM	只	0.36	1,500,000	544,312.25	50,000			1,550,000	1,550,000	A12-18-14-2（略）		
主料ZN	只	0.57	1,300,000	745,097.74				1,300,000	1,300,000	A12-18-14-3（略）		
产品PF	只	0.91	1,568,300	1,431,671.57				1,568,300	1,568,295	A12-18-14-4（略）	-5	检验产品试料领用5只，尚未入账
产品PD	只	0.75	680,000	511,313.80	500,000			1,180,000	1,180,000	A12-18-14-5（略）		
产品PB	只	0.49	780,000	379,918.28				780,000	780,000	A12-18-14-6（略）		
合计				4761875.62								

图 16-3　期后存货抽查情况汇总表

4．存货监盘结果对审计报告的影响

（1）如果无法实施存货监盘，也无法实施替代审计程序以获取有关期末存货数量和状况的充分、适当的审计证据，审计人员应当根据其重要程度，发表保留意见或无法表示意见的审计报告；

（2）如果通过实施存货监盘发现客户会计报表存在重大错报，且客户拒绝调整，审计人员应当根据其重要程度，发表保留意见或否定意见的审计报告；

（3）如果审计人员首次接受委托，且未能获取有关本期期初存货余额的充分、适当的审计证据，审计人员应当根据其重要程度，发表保留意见或无法表示意见的审计报告。

（四）存货的计价测试

存货计价测试包括两个方面：一是被审计单位所使用的存货单位成本是否正确，二是计提的存货跌价损失准备是否恰当。

1．存货单位成本的计价测试

存货单位成本计价测试的主要程序包括以下内容：

（1）选择测试样本。用于计价测试的样本应从存货数量已经盘点、单价和总金额已经记入存货汇总表的结存存货中选择。选择时应着重结存余额较大且价格变化比较频繁的项目，同时考虑所选样本的代表性。

（2）测试内容。首先应审核存货价格的组成内容，然后按照所了解的计价方法对所选择的存货样本进行计价测试。测试时，审计人员应排除企业已有计算方法和结果的影响，独立地进行测试。

（3）分析测试结果。测试结果出来后，与账面价值对比，编制对比分析表，分析形成差异的原因。

如图 16-4、图 16-5、图 16-6 所示。

产成品结转计价复核表

截止日期：2020年12月31日

被审计单位：A公司 **索引号：A12-13-6-1**

存货名称：产品PA

月份	收入				发出			结存		
	数量	购价	单位成本	金额	数量	应结转的单位成本	应结转的成本	数量	单位成本	金额
1月1日								2,676,017	0.4496	1,203,155.62
1月	1,453,150	0.5725	0.4893	711,010.83	2,366,001	0.4636	1,096,811.96	1,763,166	0.4636	817,354.49
2月	3,362,659	0.6570	0.5616	1,888,312.02	3,631,662	0.5278	1,916,972.64	1,494,163	0.5278	788,693.88
3月	5,951,002	0.5539	0.4734	2,817,103.35	6,654,059	0.4843	3,222,653.56	791,106	0.4843	383,143.67
4月	8,014,706	0.5369	0.4589	3,677,582.69	8,753,396	0.4611	4,036,555.16	52,416	0.4611	24,171.20
5月	5,743,163	0.5479	0.4683	2,689,495.60	5,366,872	0.4682	2,512,933.11	428,707	0.4682	200,733.69
6月	7,058,635	0.5493	0.4695	3,313,860.26	5,945,050	0.4694	2,790,634.75	1,542,292	0.4694	723,959.20
7月	6,903,395	0.5568	0.4759	3,285,272.14	6,691,671	0.4747	3,176,586.71	1,754,016	0.4747	832,644.63
8月	5,800,044	0.5319	0.4547	2,637,027.67	6,321,869	0.4593	2,903,711.88	1,232,191	0.4593	565,960.42
9月	2,051,241	0.5412	0.4626	948,804.15	3,089,303	0.4613	1,425,205.92	194,129	0.4613	89,558.65
10月	6,436,158	0.5319	0.4547	2,926,207.51	6,092,450	0.4548	2,771,132.61	537,837	0.4548	244,633.55
11月	7,168,325	0.5414	0.4627	3,317,071.35	3,683,940	0.4622	1,702,677.30	4,022,222	0.4622	1,859,027.59
12月	216,104	0.2921	0.2497	53,960.11	2,308,062	0.4514	1,041,754.27	1,930,264	0.4514	871,233.43
小计	60,158,582			28265707.68	60904335		28597629.87	15742509		7,401,114.40

图 16-4　产成品结转计价复核表

存货计价测试汇总表（产成品）

截止日期：2020年12月31日

被审计单位：A公司　　索引号：A12-13-5-1

二级明细	品种	单位	期末数量	期末单价	期末余额	查验索引
产成品	产品PA	只	1,930,264	0.4513546	871,233.44	A12-13-6-1
产成品	产品PB	只	127,956	0.4875762	62,388.30	A12-13-6-2
产成品	产品PI	只	1,306,432	0.5268576	688,303.64	A12-13-6-3
产成品	产品WG	只				A12-13-6-4
产成品	产品PK	只	133,957	0.9088094	121,741.38	A12-13-6-5
产成品	产品WH	只				A12-13-6-6
产成品	产品PC	只	1,621,967	0.6675586	1,082,757.99	A12-13-6-7
产成品	产品PE	只	235,788	0.8713374	205,450.90	A12-13-6-8
合计					3,031,875.65	
年末产成品金额					3,148,978.10	
计价测试金额					3,031,875.65	
测试比例					96.28%	

图 16-5　存货计价测试汇总表

产成品期初、期末计价比较汇总表

截止日期：2020年12月31日

被审计单位：A公司						**索引号：A12-13-5-2**
二级明细	品种	单位	期初单位成本	期末单位成本	波动幅度	查验索引
产成品	产品PA	只	0.4496	0.4514	0.39%	A12-13-6-1
产成品	产品PB	只	0.482	0.4876	1.16%	A12-13-6-2
产成品	产品PI	只	0.5132	0.5269	2.66%	A12-13-6-3
产成品	产品PK	只	0.9078	0.9088	0.11%	A12-13-6-4
产成品	产品PC	只	0.6862	0.6676	-2.72%	A12-13-6-5
产成品	产品PE	只	0.8889	0.8713	-1.98%	A12-13-6-6
查验结论：与上期期初相比，结存产成品单位成本波动较小。						

图 16-6 产成品计价比较汇总表

2．存货跌价损失准备的测试

（1）识别需要计提跌价损失准备的存货项目。注册会计师可以通过询问管理层和相关部门（生产、仓储、财务、销售等）员工，了解被审计单位如何收集有关滞销、过时、陈旧、毁损、残次存货的信息并为之计提必要的跌价损失准备。

（2）检查可变现净值的计量是否合理。

（五）存货的截止测试

1．存货入库的截止测试

（1）在需要测试的某存货明细账的借方发生额中选取资产负债表日前后发生的业务，与入库记录（如入库单，或购货发票，或运输单据）核对，以确定该项存货入库被记录在正确的会计期间。

（2）在某存货入库记录（如入库单，或购货发票，或运输单据）中选取资产负债表日前后发生的业务凭证，与该存货明细账的借方发生额进行核对，以确定存货入库被记录在正确的会计期间。

2．库存商品出库截止测试

（1）在某存货明细账的贷方发生额中选取资产负债表日前后发生业务的凭据，与出库记录（如出库单，或销货发票，或运输单据）核对，以确定该存货出库被记录在正确的会计期间。

（2）在某存货出库记录（如出库单，或销货发票，或运输单据）中选取资产负债表日前后发生业务的凭证，与该存货明细账的贷方发生额进行核对，以确定库存商品出库被记录在正确的会计期间。如图 16-7 所示。

截止测试—产成品（入库）

截止日期：2020年12月31日							索引号：A12-13-4	
被审计单位：A公司							页次：	
原材料项目	入库单				应属期间		账户记录	结论
	入库单号	入库单日期	数量（只）	金额（元）	本期	下期	凭证号	
产品PC	00008888	2020/12/31	438,600	301,756.80	√		15.12T130	ok!
产品PD	00008889	2021/1/9	150,000	103,200.00		√	16.1T45	ok!
产品PE	00008890	2021/1/9	50,000	43,650.00		√	16.1T46	ok!
产品PE	00008891	2021/1/11	27,100	23,658.30		√	16.1T47	ok!
产品PE	00008892	2021/1/11	31,800	27,761.40		√	16.1T48	ok!
产品PE	00008893	2021/1/12	36,800	32,126.40		√	16.1T48	ok!
产品PE	00008894	2021/1/12	251,975	219,974.18		√	16.1T49	ok!
产品PE	00008895、00008896、00008897	2021/1/13	350,000	305,550.00		√	16.1T49	ok!
产品PE	00008898、00008899	2021/1/14	415,000	362,295.00		√	16.1T49	ok!
需说明调整的事项（包括调整分录）								
审计说明：经抽查测试，产成品入库期末截止未发现异常情况！								

图 16-7　截止测试表

（六）存货在会计报表上的反映或披露的恰当性

存货是资产负债表上流动资产项下的一个重要项目，审计人员应根据会计准则的要求，对资产负债表上存货的余额列示的合理性进行审计。

除此之外，还应就会计报表附注中所披露的存货计价与产品成本计算方法及其变更情况、变更原因及变更结果等进行审计，以查明这些披露的恰当性。

思考与练习

一、单项选择题

1．签发预先顺序编号的生产通知单的部门是（　　）。

A．人事部门　　B．销售部门

C．会计部门　　D．生产计划部门

2．针对了解被审计单位生产和存货循环的业务活动和相关内部控制，注册会计师通常实施的审计程序不包括（　　）。

A．询问参与生产和存货循环各业务活动的被审计单位人员

B．观察生产部门如何将完工产品移送入库并办理手续

C．检查原材料领料单、成本计算表、产成品出入库单等

D．重新执行制订生产计划、领料生产、成本核算、完工入库的整个过程

3．在满足职务分离的基本要求下，仓储部门职员除了履行保管存货的职责外，还可以兼任下列（　　）职务。

A．存货的清查　　B．存货的验收

C．存货的采购　　D．存货处置的申请

4．针对被审计单位盘点存货时，通常可能设计的内部控制要求的说法中不恰当的是（　　）。

A．系统根据存货入库日期自动统计货龄，每月末生成存货货龄分析表

B．仓库保管员每月末盘点存货并与仓库台账核对并调节一致

C．成本会计监督仓库保管员盘点与核对，并抽查部分存货进行复盘

D．每年末盘点所有存货，并根据盘点结果分析盘盈盘亏并进行账面调整

5．下列有关存货审计的说法中，不恰当的是（　　）。

A．存货审计涉及数量和单价两个方面

B．通过存货监盘和对已收存货的截止测试取得的，与外购商品或原材料存货的完整性和存在认定相关的证据，自动为同一期间原材料和商品采购的完整性与发生提供了保证

C．销售收入的截止测试也为期末之前的销售成本已经从期末存货中扣除并正确计入销售成本提供了证据

D．针对存货数量和单价的实质性程序主要是存货监盘

二、多项选择题

1．领料单通常一式三联，分别用于（　　）。

A．连同材料交给领料部门

B．留在仓库登记材料明细账

C．交会计部门进行材料收发核算和成本核算

D．交验收部门用于检验材料是否合格

2．生产计划部门根据（　　）来决定生产授权。

A．客户订购单　　B．管理费用预算

C．财务费用预算　　D．销售预测和产品需求的分析

3．以下有关被审计单位生产与存货循环中“盘点存货”业务活动，通常的内部控制要求包括（　　）。

A．盘点表和盘点标签事先连续编号，发放给盘点人员时登记领用人员；盘点结束后回收并清点所有已使用和未使用的盘点表和盘点标签

B．为防止存货被遗漏或重复盘点，所有盘点过的存货贴盘点标签，注明存货品名、数量和盘点人员，完成盘点前检查现场确认所有存货均已贴上盘点标签

C．将不属于本单位的代其他方保管的存货单独堆放并作标识；将盘点期间需要领用的原材料或出库的产成品分开堆放并作标识

D．汇总盘点结果，与存货账面数量进行比较，调查分析差异原因，并对认定的盘盈和盘亏提出账务调整，经仓储经理、生产经理、财务经理和总经理复核批准后入账

4．存货的审计目标一般可以证实的有（　　）。
A．账面存货余额对应的实物是否真实存在
B．属于被审计单位的存货是否均已入账
C．存货是否属于被审计单位
D．存货的单位成本计量是否准确

5．下列选项中，属于存货现场监盘程序的有（　　）。
A．观察
B．实物检查
C．抽盘
D．评价管理层用以记录和控制存货盘点结果的指令和程序

三、案例分析题

A注册会计师接受委托，对常年审计客户甲公司2017年度财务报表进行审计。甲公司为水泥生产企业，存货主要有水泥、煤炭和砂石，其中少量水泥存放于外地公用仓库，另有乙公司部分钢材存放于甲公司的仓库。甲公司于2017年12月29日至12月31日盘点存货，以下是A注册会计师撰写的存货监盘计划的部分内容。

存货监盘计划

一、存货监盘的目标

检查甲公司2017年12月31日存货数量是否真实完整。

二、存货监盘范围

2017年12月31日库存的所有存货，包括水泥、煤炭、砂石和钢材。

三、监盘时间

存货的观察与检查时间均为2017年12月31日。

四、存货监盘的主要程序

1．与管理层讨论存货监盘计划；

2．观察甲公司盘点人员是否按照盘点计划盘点；

3．检查相关凭证以证实盘点截止日前所有已确认为销售但尚未装运出库的存货均已纳入盘点范围；

4．基于甲公司存货的特殊性，运用工程估测、几何计算等技术，并依赖详细的存货记录执行了抽盘程序。

5．在甲公司存货盘点结束前，取得并检查已填用作废及未使用盘点表单的号码记录，并与存货盘点的汇总记录进行核对。

6．对于存放在外地公用仓库的水泥，主要实施检查货运文件，出库记录等替代程序。

要求：

（1）指出存货监盘计划中目标、范围和时间存在的错误，并简要说明理由。

（2）判断存货监盘计划中列示的主要程序是否恰当，若不恰当，请予以修改。

任务十七　人力资源与工薪循环的审计

【知识与能力目标】

1. 能够识别人力资源与工薪循环的主要业务活动
2. 能够理解人力资源与工薪循环的内部控制
3. 能够掌握人力资源与工薪循环控制测试的方法
4. 能够掌握应付职工薪酬的实质性程序

【素质目标】

1. 培养学生树立社会利益为先的理想信念和诚信客观公正的职业道德观念
2. 培养学生树立专业胜任能力的职业道德观念

【教学要点】

1. 人力资源与工薪循环的内部控制
2. 人力资源与工薪循环的控制测试
3. 应付职工薪酬的实质性程序

【教学内容】

人力资源与工薪循环，包括员工雇用和离职、工作时间记录、工薪计算与记录、工薪费用的分配、工薪支付以及代扣缴税金等。在制造业中，员工工薪影响两个重要的交易类型，即工薪的发放和直接工薪费用与间接工薪费用的分配。与其他循环相比，人力资源与工薪循环的特点更加明显：一是接受员工提供的劳务与向员工支付报酬都在短期内发生；二是交易比相关的资产负债表账户余额更为重要；三是与工薪相关的内部控制是有效的。

子任务一　人力资源与工薪循环的特点

一、人力资源与工薪循环涉及的主要凭证和会计记录

人力资源与工薪循环开始于对员工的雇用，结束于对员工支付工薪。典型的人力资源与工薪循环涉及的主要凭证和会计记录有以下几种：

（一）人事和雇用记录

1. 人事记录

包括雇用日期、工薪率、业绩评价，雇用关系终止等方面的记录。

2. 扣款核准表

核准工薪扣款的表格，包括预先扣除个人所得税。

3. 工薪率核准表

根据工薪合同、管理层的授权、董事会对管理层的授权，核准工薪率的一种表格。

（二）工时记录和工薪表

1. 工时卡

记录员工每天上下班时间和工时数的书面凭证。对大多数员工来说，工时卡是根据时钟或打卡机自动填列的。

2. 工时单

记录员工在既定时间内完成工作的书面凭证。通常在员工从事不同岗位的工作，或没有固定部门时适用。

3. 工薪交易文件

由计算机生成的文件，包括一定期间（如一个月）内，通过会计系统处理的所有工薪交易。该文件含有输入系统的所有信息和每项交易的信息，如员工的姓名、日期、支付总额和支付净额、各种预扣金额、账户类别。

4. 应付职工薪酬明细账或清单

由工薪交易文件生成的报告，主要包括每项交易的员工的姓名、日期、工薪总额及工薪净额、预扣金额、账户类别等信息。

5. 工薪主文档

记录每位员工的每一工薪交易和保留已付员工总额的一种计算机文件。记录包括在每个工薪期间的工薪总额、预扣金额、工薪净额、支票号、日期等。

（三）支付工薪记录

向员工支付劳务的转账金额。转账资金应等于工薪总额减去税金和其他预扣款。

（四）个人所得税纳税申报表

个人所得税纳税申报表，向税务部门申报的纳税表。

二、涉及的主要业务活动

人力资源与工薪循环是不同企业之间可能具有共同性的领域，涉及的主要业务活动通常包括批准招聘、记录工作时间或产量、计算工薪总额和扣除、工薪支付等。

（一）批准招聘

批准雇用的文件，应当由负责人力资源及工薪相关事宜的人员编制，最好由在正式雇用过程中负责制定批准雇用、支付率和工薪扣除等政策的人力资源部门履行该职责。人力资源部门同时还负责编制支付率变动及员工合同期满的通知。

（二）记录工作时间或产量

员工工作的证据，以工时卡或考勤卡的形式产生，通过监督审核批准程序予以控制。如果支付工薪的依据是产量而不是时间，数量也同样应经过审核，并且与产量记录或销售数据进行核对。

（三）计算工薪总额和扣除

在计算工薪总额和扣除时，需要将每名员工的交易数据，即本工薪期间的工作时间或产量记录，与基准数据进行匹配。在确定相关控制活动已执行后，应当由一名适当的人员批准工薪的支付。同时由一名适当人员审核工薪总额和扣除的合理性，并批准该金额。

（四）支付工薪净额

利用电子货币转账系统，将工薪支付给员工，有时也会使用现金支出方式。批准工薪支票，通常是工薪计算中不可分割的一部分，包括比较支票总额和工薪总额。有关使用支票支付工薪的职能划分，应该与使用现金支出的职责划分相同。

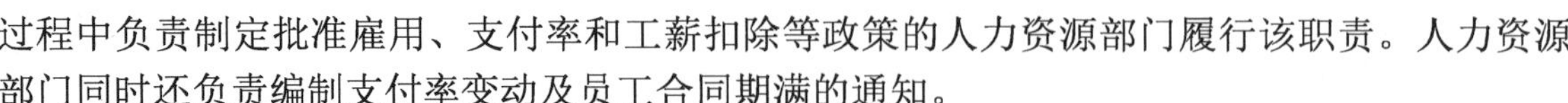

子任务二　人力资源与工薪循环的内部控制和控制测试

一、内部控制目标、内部控制与审计测试的关系

表 17-1 列示了内部控制目标、关键内部控制与控制测试的关系。

表 17-1　工薪内部控制目标、关键内部控制和控制测试一览表

内部控制目标	关键的内部控制	常用的控制测试	常用的交易实质性程序
工薪账项均经恰当的批准（发生）	对以下五个关键点，应履行恰当的批准手续，经过特别审批或一般审批：批准上工；工作时间，特别是加班时间；工薪、薪金或佣金；代扣款项；工薪结算表和工薪汇总表	检查人事档案；检查工时卡的有关核准；检查工薪记录中有关内部检查标记；检查人事档案中的授权；检查工薪记录中有关核准的标记	将工时卡与工时记录等进行比较
记录的工薪为实际发生的而非虚构的（发生）	工时卡经领班核准；用生产记录钟记录工时	检查工时卡的核准说明；检查工时卡；复核人事政策、组织结构图	对本期工薪费用实施分析程序；将有关费用明细账与工薪费用分配表、工薪汇总表、工薪结算表相核对

续表

内部控制目标	关键的内部控制	常用的控制测试	常用的交易实质性程序
所有已发生的工薪支出已记录（完整性）	工薪分配表、工薪汇总表完整反映已发生的工薪支出	检查工薪分配表、工薪汇总表、工薪结算表，并核对员工工薪手册、员工手册等	对本期工薪费用的发生情况实施分析程序；将工薪费用分配表、工薪或总表、工薪结算表与有关费用明细账相核对
工薪以正确的金额，在恰当的会计期间及时记录于适当的账户（发生、完整性、准确性、计价和分摊）	采用适当的工薪费用分配方法，并且以后各期一致；采用适当的账务处理流程	选取样本测试工薪费用的归集和分配；测试是否按照规定的账务处理流程进行账务处理	对本期工薪费用实施分析程序；检查工薪的集体是否正确，分配方法是否与上期一致
人事、考勤、工薪发放、记录之间相互分离（准确性）	人事、考勤、工薪发放、记录等职务相互分离	询问和观察各项职责执行情况	

二、人力资源与工薪循环的内部控制

人力资源与工薪循环的内部控制主要包括五个方面。

（一）适当的职责分离

为了防止向员工过量支付工薪，或向不存在的员工虚假支付工薪，职责分离非常重要。人力资源部门应独立于工薪职能，负责确定员工的雇用、解雇及其支付率和扣减额的变化。

（二）适当的授权

人力资源部门应当对员工的雇用与解雇负责。支付率和扣减额也应当适当授权。每一个员工的工作时间，特别是加班时间，都应经过主管人员的授权。所有工时卡都应表明核准情况，例外的加班时间也应当经过核准。

（三）适当的凭证和记录

适当的凭证和记录依赖于工薪系统的特性。例如，工时卡或工时记录只针对计时工薪，有些员工的工薪以计件工薪为基础。

（四）资产和记录的实物控制

应当限制解除未签字的工薪支票。支票应由有关人员签字，工薪应当由独立于工薪和考勤职能之外的人员发放。

（五）工作的独立检察

工薪的计算应当独立验证，包括将审批工薪总额与汇总报告进行比较。管理层成员或其

他负责人应当符合工薪金额，以免明显的错报和异常的金额。

三、评估重大错报风险

员工工薪包括每月支付给员工的固定薪水，这个数额每年经过审核。对于固定薪水的员工，注册会计师通过实施实质性分析程序和获取对期末余额的声明就能够对工薪交易和余额的完整性、截止、发生、准确性和分类认定获取高度的保证水平，这种实质性分析程序包括每周或每月对支出进行的趋势分析。

工薪费用可能具有较高的舞弊固有风险，因为企业可能为不存在的员工支付工薪。此外，由于围绕员工福利问题存在广泛的监管，以及工薪交易和余额包含了重要的交易类别，企业常常广泛采取预防性的控制活动。因此，剩余重大错报风险会降低。在这种情况下，注册会计师应当确定控制设计和实施的适当性，以支持评估为中或低的认定层次剩余重大风险。注册会计师拟依赖的特别重要的控制，是管理层在实施监控程序时实施的高层次控制。

工薪交易和余额的重大错报风险主要是由以下原因产生的：

（1）在工薪单上虚构员工；

（2）由一位可以更改员工数据主文档的员工在没有授权的情况下更改总工薪的付费标准；

（3）为员工未工作的工时支付工薪；

（4）在进行工薪处理过程中出错；

（5）工薪扣款可能是不正确的，或未经员工个人授权，导致应付工薪扣款的返还和支付不正确；

（6）电子货币转账系统的银行账户不正确；

（7）将工薪支付给错误的员工；

（8）将工薪长期未支付造成挪用现象；

（9）支付应付工薪扣款的金额不正确。

四、控制测试

在测试工薪内部控制时，首先，应选择若干月份工薪汇总表，作如下检查：计算每一份工薪汇总表；检查每一份工薪汇总表是否已经授权批准；检查应付工薪总额与人工费用分配汇总表中的合计数是否相符；检查其代扣款项的账务处理是否正确；检查实发工薪总额与银行付款凭单及银行存款对账单是否相符，并正确记入相关账户。

其次，从工薪单中选取若干个样本（应包括各种不同类型人员），作如下检查：检查员工工薪卡或人事档案，确保工薪发放有依据；检查员工工薪率及实发工薪额的计算；检查实际工时统计记录（或产量统计报告）与员工工时卡（或产量记录）是否相符；检查员工加班记录与主管人员签名的月度加班费汇总表是否相符；检查员工扣款依据是否正确；检查员工的工薪签收证明；实地抽查部分员工，证明其确在本公司工作，如已离开本企业，须获得管理层证实。

子任务三 人力资源与工薪循环的实质性程序

人力资源与工薪循环主要的重大错报风险是对费用的高估，如向虚构员工发放工薪、对未实际发生工时支付工薪或以未授权的工薪率发放工薪等（存在和发生以及准确性认定）。由于严格的监管环境，以及工薪活动的敏感性和保密性，为遵守法律法规可能受到的惩罚，管理层针对工薪系统实施严格的控制，在大多数情况下能够有效且预先发现并纠正错误和舞弊。因此，注册会计师在测试了关键控制后将人力资源与工薪循环的重大错报风险评估为低。这将导致调整审计策略减少实质性程序。针对剩余重大错报风险，注册会计师应当采用实质性程序在对期末应付工薪和工薪负债的完整性、准确性、计价以及权利和义务进行测试。

一、应付职工薪酬的审计

（一）审计目标

应付职工薪酬审计目标及财务报表认定见表 17-2。

表 17-2 应付职工薪酬审计目标及财务报表认定

审计目标	财务报表认定				
	存在	完整性	权利和义务	计价与分摊	列报
A．确定资产负债表中记录的应付职工薪酬是否存在	√				
B．确定记录的应付职工薪酬是否为被审计单位应当履行的现时义务			√		
C．所有应当记录的应付职工薪酬是否均已记录		√			
D．确定应付职工薪酬是否以恰当的金额包括在财务报表中，与之相关的计价调整是否已恰当记录				√	
E．确定应付职工薪酬是否已按照企业会计准则的规定在财务报表中作出恰当列报					√

（二）应付职工薪酬的实质性程序

应付职工薪酬的实质性程序通常包括以下内容。

1．获取或编制应付职工薪酬明细表。

复核加计是否正确，并与报表数、总账数和明细账合计数核对是否相符。

2．实施实质性分析程序。

（1）针对已识别需要运用分析程序的有关项目，并基于对被审计单位及其环境的了解，通过进行以下比较，同时考虑有关数据间关系的影响，以建立有关数据的期望值：

①比较被审计单位员工人数的变动情况，检查被审计单位各部门各月工资费用的发生额是否有异常波动，若有，则查明波动原因是否合理；

②比较本期与上期工资费用总额，要求被审计单位解释其增减变动原因，或取得公司管理当局关于员工工资标准的决议；

③结合员工社保缴纳情况，明确被审计单位员工范围，检查是否与关联公司员工工资混淆列支；

④核对下列相互独立部门的相关数据：工资部门记录的工资支出与出纳记录的工资支付数；工资部门记录的工时与生产部门记录的工时。

⑤比较本期应付职工薪酬余额与上期应付职工薪酬余额，是否有异常变动。

（2）确定可接受的差异额。

（3）将实际的情况与期望值相比较，识别需要进一步调查的差异。

（4）如果其差额超过可接受的差异额，调查并获取充分的解释和恰当的佐证审计证据（如通过检查相关的凭证）。

（5）评估分析程序的测试结果。

3．检查工资、奖金、津贴和补贴。

（1）计提是否正确，依据是否充分，将执行的工资标准与有关规定核对，并对工资总额进行测试；被审计单位如果实行工效挂钩的，应取得有关主管部门确认的效益工资发放额认定证明，结合有关合同文件和实际完成的指标，检查其计提额是否正确，是否应作纳税调整。

（2）检查分配方法与上年是否一致，除因解除与职工的劳动关系给予的补偿直接计入管理费用外，被审计单位是否根据职工提供服务的受益对象，分别对下列情况进行处理。

①应由生产产品、提供劳务负担的职工薪酬，计入产品成本或劳务成本；

②应由在建工程、无形资产负担的职工薪酬，计入建造固定资产或无形资产；

③被审计单位为外商投资企业，按规定从净利润中提取的职工奖励及福利基金，是否以董事会决议为依据，是否相应计入“利润分配——提取的职工奖励及福利基金”；

④其他职工薪酬，计入当期损益；

（3）检查发放金额是否正确，代扣的款项及其金额是否正确。

（4）检查是否存在属于拖欠性质的职工薪酬，并了解拖欠的原因。

4．检查社会保险费等计提的会计处理是否正确。

检查社会保险费（包括医疗、养老、失业、工伤、生育保险费）、住房公积金、工会经费和职工教育经费等计提（分配）和支付（或使用）的会计处理是否正确，依据是否充分。

5．检查辞退福利项目。

（1）对于职工没有选择权的辞退计划，检查按辞退职工数量、辞退补偿标准计提辞退福利负债金额是否正确。

（2）对于自愿接受裁减的建议，检查按接受裁减建议的预计职工数量、辞退补偿标准

（该标准确定）等计提辞退福利负债金额是否正确。

（3）检查实质性辞退工作在一年内完成，但付款时间超过一年的辞退福利，是否按折现后的金额计量，折现率的选择是否合理。

（4）检查计提辞退福利负债的会计处理是否正确，是否将计提金额计入当期管理费用。

（5）检查辞退福利支付凭证是否真实正确。

6．检查非货币性福利。

（1）检查以自产产品发放给职工的非货币性福利，检查是否根据受益对象，按照该产品的公允价值，计入相关资产成本或当期损益，同时确认应付职工薪酬；对于难以认定受益对象的非货币性福利，是否直接计入当期损益和应付职工薪酬。

（2）检查无偿向职工提供住房的非货币性福利，是否根据受益对象，将该住房每期应计提的折旧计入相关资产成本或当期损益，同时确认应付职工薪酬。对于难以认定受益对象的非货币性福利，是否直接计入当期损益和应付职工薪酬。

（3）检查租赁住房等资产供职工无偿使用的非货币性福利，是否根据受益对象，将每期应付的租金计入相关资产成本或当期损益，并确认应付职工薪酬。对于难以认定受益对象的非货币性福利，是否直接计入当期损益和应付职工薪酬。

7．检查以现金与职工结算的股份支付。

8．检查应付职工薪酬的期后付款情况，并关注在资产负债表日至财务报表批准报出日之间，是否有确凿证据表明需要调整资产负债表日原确认的应付职工薪酬事项。

9．检查应付职工薪酬是否已按照企业会计准则的规定在财务报表中作出恰当的列报。

思考与练习

一、单项选择题

1．为测试被审计单位的工薪账项是否均经恰当的批准这一内部控制目标，注册会计师通常应当实施的实质性程序是（　　）。

A．将工时卡与工时记录进行比较

B．检查工时卡的有关核准

C．检查工薪记录中有关核准的标记

D．检查工薪记录中有关内部检查标记

2．注册会计师在检查 G 公司非货币性福利时，发现 G 公司存在无偿向职工提供住房的非货币性福利，G 公司财务人员进行了下列账务处理。对此，注册会计师认为有必要提请 G 公司按会计制度对（　　）进行调整。

A．将该住房每期应计提的折旧计入相关资产成本

B．将该住房每期应计提的折旧计入当期损益

C．将该住房每期应计提的折旧确认应付职工薪酬

D．将无法认定受益对象的非货币性福利直接计入递延损益

3．审查被审计单位工资总额真实性的要点是（　　）。

A．比较本年度各个月份工资变动情况

B．审查工资总额各组成项目的真实性

C．审查代扣代缴款项的正确性

D．核对工资分配是否正确

4．下列程序中，实现记录的工薪为实际发生的而非虚构的目标最佳的实质性程序是（　　）。

A．将有关费用明细账与工薪费用分配表、工薪汇总表、工薪结算表相核对

B．将工薪费用分配表、工薪汇总表、工薪结算表与有关费用明细账相核对

C．检查工时卡

D．检查工薪的计提是否正确，分配方法是否与上期一致

5．为了防止向员工过量支付工薪，或向不存在的员工虚假支付工薪，下列最有效的内部控制措施是（　　）。

A．资产和记录的实物控制　　B．适当的凭证和记录

C．适当的授权　　D．适当的职责分离

二、多项选择题

1．不同的被审计单位的经营情况可能千差万别，但人力资源与工薪循环涉及的主要业务活动通常都包括（　　）等相对固定的环节。

A．记录工作时间或产量　　B．批准招聘

C．计算工薪总额和扣除　　D．工薪支付

2．注册会计师检查工薪、奖金、津贴和补贴时，除因解除与职工的劳动关系给予的补偿直接计入管理费用外，被审计单位要根据职工提供服务的受益对象，分别对下列情况进行处理，说法正确的有（　　）。

A．应由生产产品、提供劳务负担的职工薪酬，计入产品成本或劳务成本

B．应由在建工程、无形资产负担的职工薪酬，计入建造固定资产或无形资产

C．被审计单位为外商投资企业，按规定从净利润中提取的职工奖励及福利基金，是否以董事会决议为依据，是否相应计入“利润分配——提取的职工奖励及福利基金”

D．其他职工薪酬，是否计入当期损益

3．下列各项审计程序中，属于对应付职工薪酬进行分析性复核的有（　　）。

A．分析比较近期各年度和本年度各个月份职工薪酬变动情况

B．将本年度产品生产成本中的直接人工费用与前期比较

C．核对工资总额的组成内容是否符合有关的规定

D．将本年度管理费用中的人工费用与前期比较

4．注册会计师在对甲公司应付职工薪酬进行审计时，发现有以下账务处理，其认为不正确的有（ ）。

A．企业以其自产产品发放给职工个人作为职工薪酬的，借记“成本费用”账户，贷记“库存商品”等账户

B．因解除与职工的劳动关系给予的补偿，借记“管理费用”账户，贷记“应付职工薪酬”

C．将住房等固定资产无偿提供给职工使用，按应计提的折旧额，借记“制造费用”账户，贷记“累计折旧”账户

D．租赁住房等资产供职工无偿使用的，按每期应支付的租金，借记“管理费用”“生产成本”“制造费用”等账户，贷记“应付职工薪酬”账户，支付时，借记“应付职工薪酬”账户，贷记“银行存款”账户

5．工薪业务循环内部控制中的职责分工主要包括（ ）。

A．工资管理、财会部门相互独立

B．考勤记录与审批相互独立

C．工资单的编制与审核相互独立

D．工资结算汇总表的编制与审核相互独立

三、案例分析题

甲公司主要从事小型电子消费品的生产和销售。A 注册会计师负责审计甲公司 2009 年度财务报表。在了解人力资源与工薪循环时发现下列问题：

（1）发现实际的员工人数要比员工名单中的员工少。

（2）发现其中员工 A 的打卡记录与实际到岗时间不一致，实际到岗时间为 9:15，而打卡记录为 9:00。

（3）在工资发放的时候发现支付的银行卡号并不是该员工之前提交的银行卡号。

要求：针对上述发现的问题应当设置哪些相应的人工控制和计算机控制？

任务十八 投资与筹资循环审计

【知识与能力目标】

1．能够识别投资与筹资循环的主要业务活动

2．能够理解投资与筹资循环的内部控制

3．能够掌握投资与筹资循环控制测试的方法

4．能够掌握长期股权投资、投资收益、短期借款、长期借款的实质性程序

【素质目标】

1. 培养学生树立社会利益为先的理想信念和诚信客观公正的职业道德观念
2. 培养学生树立专业胜任能力的职业道德观念

【教学要点】

1. 投资与筹资循环的内部控制
2. 投资与筹资循环的控制测试
3. 长期股权投资、投资收益、短期借款、长期借款的实质性程序

【教学内容】

投资活动是指企业为享有被投资单位分配的利润，或为谋求其他利益，将资产让渡给其他单位而获得另一项资产的活动。筹资活动是指企业为满足生存和发展的需要，通过改变企业资本及债务规模和构成而筹集资金的活动。投资和筹资活动为企业完成其经营目标和战略措施奠定了基础。管理层为了取得收入并促进企业的成长，将获取和使用各种资本来源，并通过权益或借款来筹集这些资本。在很多企业中，投资于长期资产的金额通常具有重要性。如果企业不能从使用的资产中获得预期回报，或不能负担长期筹资的成本，或不能在长期借款到期时偿还，将产生持续经营风险。

子任务一　筹资与投资循环的特点

一、投资与筹资循环的性质

筹资与投资循环由筹资活动和投资活动的交易事项构成。筹资活动主要由借款交易和股东权益交易组成。投资活动主要由权益性投资交易和债权性投资交易组成。筹资与投资循环具有如下特征：

（1）对一般工商企业而言，与销售与收款循环、采购与付款循环相比，每年筹资与投资循环涉及的交易数量较少，而每笔交易的金额通常较大。这就决定了对该循环涉及的财务报表项目，更可能采用实质性方案。

（2）筹资活动必须遵守国家法律、法规和相关契约的规定。例如，债务契约可能限定借款人向股东分配利润，或规定借款单位的流动比率和速动比率不能低于某一水平。注册会计师了解被审计单位的筹资活动，可能对评估财务报表舞弊的风险、从性质角度考虑审计重要性、评估持续经营假设的适用性等有重要影响。

（3）漏记或不恰当地对一笔业务进行会计处理，将会导致重大错误，从而对企业财务报表的公允反映产生较大的影响。对于从事投机性衍生金融工具交易的企业而言，尤其如此。公允价值的确定和交易记录的完整性等可能存在重大错报风险。

二、投资与筹资循环所涉及的主要凭证与会计记录

（一）投资活动的凭证和会计记录

1．债券投资凭证

载明债券持有人与发行企业双方所拥有的权利与义务的法律性文件，其内容一般包括：债券发行的标准；债券的明确表述；利息或利息率；受托管理人证书；登记和背书。

2．股票投资凭证

买入凭证记载股票投资购买业务，包括购买股票数量、被投资公司、股票买价、交易成本、购买日期、结算日应付金额合计。卖出凭证记载股票投资卖出业务，包括卖出股票数量、被投资公司、股票买价、交易成本、卖出日期、结算日期、结算日金额合计。

3．股票证书

载明股东所有权的证据，记录所有者持有被投资公司所有股票数量。如果被投资公司发行了多种类型的股票，也反映股票的类型，如普通股、优先股。

4．股利收取凭证

向所有股东分发股利的文件，标明股东、股利数额、每股股利、被审计单位在交易最终日期持有的总股利金额。

5．长期股权投资协议

6．投资总分类账

对被审计单位所只有的投资，记录所有的详细信息，包括所获得或收取的投资收益。总分类账中的投资账户记录初始购买成本和之后的账面价值。

7．投资明细分类账

由投资单位保存，以用来记录所有的非现金投资交易，如期末的市场对市场调整、公允价值的反映，以及记录于处置投资相关的损益。

（二）筹资活动的凭证和会计记录

1．公司债券

公司依据法定程序发行、约定一定期限内还本付息的有价证券。

2．股本凭证

公司签发的证明股东所持有股份的凭证。

3．债券契约

载明债券持有人与发行企业双方所拥有的权利与义务的法律性文件，其内容一般包括：

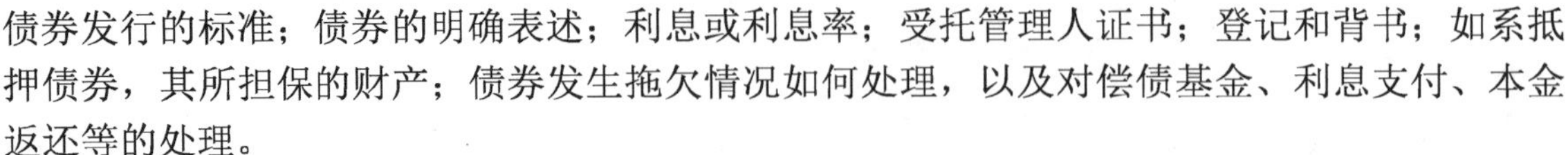

债券发行的标准；债券的明确表述；利息或利息率；受托管理人证书；登记和背书；如系抵押债券，其所担保的财产；债券发生拖欠情况如何处理，以及对偿债基金、利息支付、本金返还等的处理。

4．股东名册

发行记名股票的公司应记载的内容一般包括：股东的姓名或者名称及住所；各股东所持股份数；各股东所持股票的编号；各股东取得其股份的日期。发行无记名股票的，公司应当记载其股票数量、编号及发行日期。

5．公司债券存根簿

发行记名公司债券应记载的内容一般包括：债券持有人的姓名或者名称及住所；债券持有人取得债券的日期及债券的编号；债券总额、债券的票面金额、债券的利率、债券还本付息的期限和方式；债券的发行日期。发行无记名债券的应当在公司的债券存根簿上记载债券总额、利率、偿还期限和方式、发行日期和债券编号。

6．承销或包销协议

公司向社会公开发行股票或债券时，应当由依法设立的证券经营机构承销或包销，公司应与其签订承销或包销协议。

7．借款合同或协议

公司向银行或其他金融机构借入款项时与其签订的合同或协议。

三、投资所涉及的主要业务活动

（一）投资交易的发生

由管理层对所有投资交易进行授权。交易的数量越多，授权程序必须越正式。销售业务由下列文件支持：经纪人的销售公告、合同，董事会批准非上市性投资业务销售的会议纪要，高级员工核对收据和银行存款的详细信息。这一职能应当与投资销售业务的批准和记录分开。必须确保处置投资业务中事项的损益计算正确。

对上市性投资的购买应当由经纪人的买入公告支持，对非上市性投资的购买应当由相关合同支持。两者都应当由董事会纪要（或其他授权文件）批准权益性投资的购买。高级员工应当在结算买价之前核对这些文件。本项职能应当同投资购买业务的批准和记录职能分离。

（二）有价证券的收取和保存

企业所收到的凭证和有价证券应当保存在其经纪人处或由企业的银行保存在一个上锁的安全箱里。

对以凭证方式保存的有价证券设施物理性职能分离。注册会计师应当对该凭证不真实或由管理层使用电脑和文字处理方法伪造的风险保持警惕。如果注册会计师怀疑上述情况出现，则应当从被投资企业获取询证函以确定投资企业是否真正持有股份。

（三）投资收益的取得

企业收到股利和利息支票时应当予以记录并追查至银行存款单。如果企业发生了大量的投资活动，企业应当设立单独的银行账户，所有的投资收益都应当存入该账户。如果企业的经纪人安全保管着其上市股票凭证，应当由经纪人直接收取股利并存入企业的银行账户。企业应当针对相关银行账户定期编制调节表。

股利收据应当在投资账户中记录，包括股利的金额和日期：宣告日期、最后行权日和支付日期。应有高级员工定期复核，以确保所收取和记录的股利收入的完整性。

利息收入一般应当与债务性投资合同和支付安排一致。高级员工应当类似地确保所收到的利息计算正确且已存入。应当考虑确保利息在财务期间截止和分摊的正确性。

（四）监控程序

管理层的定期复核应当包括以下内容：

（1）定期计算持有股票凭证或有价证券的月度报表，并与投资账户余额（提供有价证券存在性的证据）相比较。

（2）检查所有的购买和销售交易，如果交易的数量有限则寻求授权的证据；如果企业作为经纪人拥有大量的交易，则在测试的基础上寻求有价证券完整性和发生的证据。

（3）检查经纪人的买入和卖出公告，如果交易的数量有限则可作为所有买入和卖出交易的支持性信息，如果企业作为经纪人拥有大量的交易，则在测试的基础上将投资清单的详细信息同总分类账相核对，以获取有价证券完整性、发生和估价的审计证据。

（4）将所收到的现金或所付出的支票与相关买入、卖出交易和收益的收据的授权信息相核对。

（5）针对实际业绩定期制定关键业绩指标并监控，以发现不佳的业绩或回报。

四、筹资所涉及的主要业务活动

1．审批授权

企业通过借款筹集资金须经管理层的审批，其中债券的发行每次均要由董事会授权；企业发行股票必须依据国家有关法规或企业章程的规定，报经企业最高权力机构（如董事会）及国家有关管理部门批准。

2．签订合同或协议

向银行或其他金融机构融资须签订借款合同，发行债券须签订债券契约和债券承销或包销合同。

3．取得资金

企业实际取得银行或金融机构划入的款项或债券、股票的融入资金。

4．计算利息或股利

企业应按有关合同或协议的规定，及时计算利息或股利。

5．偿还本息或发放股利

银行借款或发行债券应按有关合同或协议的规定偿还本息，融入的股本根据股东大会的决定发放股利。

子任务二 投资与筹资循环的内部控制与控制测试

一、内部控制目标、内部控制与审计测试的关系

表 18-1 和表 18-2 列示了筹资与投资交易的内部控制目标、内部控制和审计测试的关系。

表 18-1 筹资活动的内部控制目标、内部控制和审计测试一览表

内部控制目标	关键内部控制程序	内部控制测试	交易实质性测试
借款和所有者权益账面余额在资产负债表日确定存在，借款利息费用和已支付的股利是由被审计期间真实事项引起的（存在或发生）	借款或发行股票经过授权审批； 签订借款合同或协议、债券契约、承销或包销协议等相关法律性文件	索取借款或发行股票的授权批准文件，检查权限恰当否，手续齐全否； 索取借款合同或协议、债券契约、承销或包销协议	获取或编制借款和股本明细表，复核加计正确，并与报表数、总账数和明细账合计数核对相符； 检查与借款或股票发行有关的原始凭证，确认其真实性，并与会计记录核对； 检查利息计算的依据，复核应计利息的正确性，并确认全部利息计入相关账户
借款和所有者权益的增减变动及其利息和股利已登记入账（完整性）	筹资业务的会计记录、授权和执行等方面明确职责分工； 借款合同或协议由专人保管；如保存债券持有人的明细资料，应同总分类账核对相符；如由如外部机构保存，需定期同外部机构核对	观察并描述其职责分工； 了解债券持有人明细资料的保管制度，检查被审计单位是否将其与总账或外部机构核对	检查年度内借款和所有者权益增减变动原始凭证，核实变动的真实性、合规性，检查授权批准手续是否完备、入账是否及时准确
借款均为被审计单位承担的债务，所有者权益代表所有者的法定求偿权（权利与义务）			向银行或其他金融机构、债券包销人函证，并与账面余额核对； 检查股东是否已按合同、协议、章程约定时间缴付出资额，其出资是否经注册会计师审验

续表

内部控制目标	关键内部控制程序	内部控制测试	交易实质性测试
借款和所有者权益的期末余额正确（计价和分摊）	建立严密完善的账簿体系和记录制度； 核算方法符合会计准则和会计制度的规定	抽查筹资业务的会计记录，从明细账抽取部分会计记录，按原始凭证到明细账、总账顺序核对有关数据和情况，判断其会计处理过程是否合规完整	
借款和所有者权益在资产负债表上披露正确（列报）	筹资业务明细账与总账的登记职务分离； 筹资披露符合会计准则和会计制度的要求	观察职务是否分离	确定借款和所有者权益的披露是否恰当，注意一年内到期的借款是否列入流动负债

表 18-2　投资活动的内部控制目标、内部控制和审计测试一览表

内部控制目标	关键内部控制程序	内部控制测试	交易实质性测试
投资账面余额为资产负债表日确实存在的投资，投资收益（或损失）是由被审计期间实际事项引起的（存在与发生）	投资业务经过授权审批； 与被投资单位签订合同、协议，并获取被投资单位出具的投资证明	索取投资的授权批文，检查权限恰当否，手续齐全否； 索取投资合同或协议，检查是否合理有效； 索取被投资单位的投资证明，检查其是否合理有效	获取或编制投资明细表，复核加计正确，并与报表数、总账数和明细账合计数核对相符； 向被投资单位函证投资金额、持股比例及发放股利情况
投资增减变动及其收益损失均已登记入账（完整性）	投资业务的会计记录与授权，执行和保管等方面明确职责分工； 健全证券投资资产的保管制度，或者委托专门机构保管，或者在内部建立两名人员以上的联合控制制度，证券的存取均需详细记录和签名	观察并描述业务的职责分工 了解证券资产的保管制度，检查被审计单位自行保管时，存取证券是否进行详细的记录并由所有经手人员签字	检查年度内增减变动的原始凭证，对于增加项目要核实其入账基础符合有关规定否，会计处理正确否；对于减少的项目要核实其变动原因及授权批准手续
投资均为被审计单位所有（权利与义务）	内部审计人员或其他不参与投资业务的人员定期盘点证券投资资产，检查是否为企业实际拥有	了解企业是否定期进行证券投资资产的盘点； 审阅盘核报告，检查盘点方法是否恰当、盘点结果与会计记录核对情况以及出现差异的处理是否合规	盘点证券投资资产； 向委托的专门保管机构函证，以证实投资证券的真实存在

续表

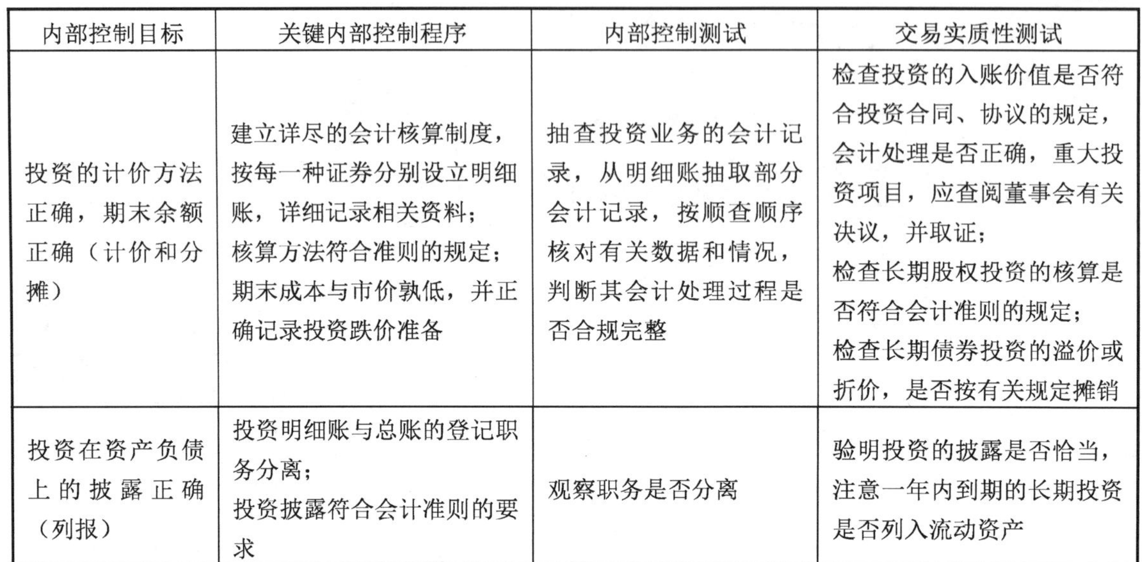

内部控制目标	关键内部控制程序	内部控制测试	交易实质性测试
投资的计价方法正确，期末余额正确（计价和分摊）	建立详尽的会计核算制度，按每一种证券分别设立明细账，详细记录相关资料； 核算方法符合准则的规定； 期末成本与市价孰低，并正确记录投资跌价准备	抽查投资业务的会计记录，从明细账抽取部分会计记录，按顺查顺序核对有关数据和情况，判断其会计处理过程是否合规完整	检查投资的入账价值是否符合投资合同、协议的规定，会计处理是否正确，重大投资项目，应查阅董事会有关决议，并取证； 检查长期股权投资的核算是否符合会计准则的规定； 检查长期债券投资的溢价或折价，是否按有关规定摊销
投资在资产负债上的披露正确（列报）	投资明细账与总账的登记职务分离； 投资披露符合会计准则的要求	观察职务是否分离	验明投资的披露是否恰当，注意一年内到期的长期投资是否列入流动资产

二、投资活动的内部控制和控制测试

（一）投资活动的内部控制

一般来讲，投资内部控制的主要内容包括下列几个方面。

1．合理的职责分工

这是指合法的投资业务，应在业务的授权、业务的执行、业务的会计记录以及投资资产的保管等方面都有明确的分工，不得由一人同时负责上述任何两项工作。比如，投资业务在企业高层管理机构核准后，可由高层负责人员授权签批，由财务经理办理具体的股票或债券的买卖业务，由会计部门负责进行会计记录和财务处理，并由专人保管股票或债券。这种合理的分工所形成的相互牵制机制有利于避免或减少投资业务中发生错误或舞弊的可能性。

2．健全的资产保管制度

企业对投资资产（指股票和债券资产）一般有两种保管方式：一种是由独立的专门机构保管，如在企业拥有较大的投资资产的情况下，委托银行、证券公司、信托投资公司等机构进行保管。这些机构拥有专门的保存和防护措施，可以防止各种证券及单据的失窃或毁损，并且由于它与投资业务的会计记录工作完全分离，可以大大降低舞弊的可能性。另一种方式是由企业自行保管，在这种方式下，必须建立严格的联合控制制度，即要由两名以上人员共同控制，不得一人单独接触证券。对于任何证券的存入或取出，都要将债券名称、数量、价值及存取的日期、数量等详细记录于证券登记簿内，并由所有在场的经手人员签名。

3．详尽的会计核算制度

企业的投资资产无论是自行保管还是由他人保管，都要进行完整的会计记录，并对其增减变动及投资收益进行相关会计核算。具体而言，应对每一种股票或债券分别设立明细分类账，并详细记录其名称、面值、证书编号、数量、取得日期、经纪人（证券商）名称、购入成本、收取的股息或利息等；对于联营投资类的其他投资，也应设置明细分类账，核算其他投资的投出及其投资收益和投资收回等业务，并对投资的形式（如流动资产、固定资产、无形资产等）、投向（接受投资单位）、投资的计价以及投资收益等做出详细的记录。

4．严格的记名登记制度

除无记名证券外，企业在购入股票或债券时应在购入的当日尽快登记于企业名下，切忌登记于经办人员名下，防止冒名转移并借其他名义牟取私利的舞弊行为发生。

5．完善的定期盘点制度

对于企业所拥有的投资资产，应由内部审计人员或不参与投资业务的其他人员进行定期盘点，检查是否确实存在，并将盘点记录与账面记录相互核对以确认账实的一致性。

（二）控制测试

投资的控制测试一般包括如下内容。

1．检查控制执行留下的轨迹

注册会计师应抽查投资业务的会计记录和原始凭证，确定各项控制程序运行情况。

2．审阅内部盘核报告

注册会计师应审阅内部审计人员或其他授权人员对投资资产进行定期盘核的报告。应审阅其盘点方法是否恰当、盘点结果与会计记录相核对情况以及出现差异的处理是否合规。如果各期盘核报告的结果未发现账实之间存在差异（或差异不大），说明投资资产的内部控制得到了有效执行。

3．分析企业投资业务管理报告

对于企业的长期投资，注册会计师应对照有关投资方面的文件和凭证，分析企业的投资业务管理报告。在作出长期投资决策之前，企业最高管理阶层（如董事会）需要对投资进行可行性研究和论证，并形成一定的纪要，如证券投资的各类证券，联营投资中的投资协议、合同及章程等。负责投资业务的财务经理须定期向企业最高管理层报告有关投资业务的开展情况（包括投资业务内容和投资收益实现情况及未来发展预测），即提交投资业务管理报告书，供最高管理层决策和控制。注册会计师应认真分析这些投资业务管理报告的具体内容，并对照前述的文件和凭证资料，从而判断企业长期投资的管理情况。

三、筹资活动的内部控制和控制测试

（一）筹资活动的内部控制

筹资活动主要由借款交易和股东权益交易组成。股东权益增减变动的业务较少而金额较大，注册会计师在审计中一般直接进行实质性程序。企业的借款交易涉及短期借款、长期借款和应付债券，这些内部控制基本类似。因此，这里我们以应付债券为例说明筹资活动的内部控制和控制测试。

无论是否依赖内部控制，注册会计师均应对筹资活动的内部控制获得足够的了解。以识别错报的类型、方式及发生的可能性。一般来讲，应付债券内部控制的主要内容包括以下内容：

（1）应付债券的发行要有正式的授权程序，每次均要由董事会授权。

（2）申请发行债券时，应履行审批手续，向有关机关递交相关文件。

（3）应付债券的发行，要有受托管理人来行使保护发行人和持有人合法权益的权利。

（4）每种债券发行都必须签订债券契约。

（5）债券的承销或包销必须签订有关协议。

（6）记录应付债券业务的会计人员不得参与债券发行。

（7）如果企业保存债券持有人明细分类账，应同总分类账核对相符，若这些记录由外部机构保存，则须定期同外部机构核对。

（8）未发行的债券必须有人负责。

（9）债券的回购要有正式的授权程序。

如果企业应付债券业务不多，注册会计师可根据成本效益原则采取实质性方案；如果企业应付债券业务繁多，注册会计师就可考虑采用综合性方案，则应进行控制测试。

（二）控制测试

由于前述原因，注册会计师对股东权益，借款账户的重大错报风险通常评估为低水平，如果注册会计师拟依赖内部控制，则应实施控制测试。仍以应付债券为例，所采取的控制测试包括以下内容：

（1）取得债券发行的法律性文件，检查债券发行是否经董事会授权，是否履行了适当的审批手续，是否符合法律的规定。

（2）检查企业发行债券的收入是否立即存入银行。

（3）取得债券契约，检查企业是否根据契约的规定支付利息。

（4）检查债券入账的会计处理是否正确。

（5）检查债券溢（折）价的会计处理是否正确。

（6）取得债券偿还和回购时的董事会决议，检查债券的偿还和回购是否按董事会的授权进行。

子任务三　投资业务的实质性程序

一、长期股权投资审计

（一）长期股权投资的审计目标

长期股权投资审计目标及财务报表认定见表18-3。

表 18-3 长期股权投资审计目标及财务报表认定

审计目标	财务报表认定				
	存在	完整性	权利和义务	计价与分摊	列报
A．确定资产负债表中列示的长期股权投资是否存在	√				
B．确定列示的长期股权投资是否由被审计单位拥有或控制			√		
C．确定所有应当列示的长期股权投资是否均已列示		√			
D．确定长期股权投资是否以恰当的金额包括在财务报表中，与之相关的计价调整是否已恰当记录				√	
E．确定长期股权投资是否已按照企业会计准则的规定在财务报表中作出恰当列报					√

（二）长期股权投资的实质性程序

（1）获取或编制长期股权投资明细表，复核加计正确，并与总账数和明细账合计数核对相符；结合长期股权投资减值准备科目与报表数核对相符。

（2）根据有关合同和文件，确认股权投资的股权比例和持有时间，检查股权投资核算方法是否正确。

（3）对于重大的投资，向被投资单位函证被审计单位的投资额、持股比例及被审计单位发放股利等情况。

（4）对于应采用权益法核算的长期股权投资，获取被投资单位已经注册会计师审计的年度财务报表，如果未经注册会计师审计，则应考虑对被投资单位的财务报表实施适当的审计或审阅程序：

①复核投资收益时，应以取得投资时被审计单位各项可辨认资产等的公允价值为基础，对被审计单位的净利润进行调整后加以确认；被投资单位采用的会计政策及会计期间与被审计单位不一致的，应当按照被审计单位的会计政策及会计期间对被投资单位的财务报表进行调整，据以确认投资损益。

②将重新计算的投资收益与被审计单位所计算的投资收益相核对，如有重大差异，则查明原因，并提出适当的审计调整建议。

③检查被审计单位按权益法核算长期股权投资，在确认应分担被投资单位发生的净亏损时，应首先冲减长期股权投资的账面价值，其次冲减其他实质上构成对被审计单位净投资的长期权益账面价值（如长期应收款等）；如果按照投资合同和协议约定被审计单位仍需承担额外损失义务的，应按预计承担的义务确认预计负债，并与预计负债中的相应数字核对无误；被投资单位以后期间实现盈利的，被审计单位在其收益分享额弥补未确认的亏损分担额后，恢复确认收益分享额。审计时应检查被审计单位会计处理是否正确。

④检查除净损益以外被投资单位所有者权益的其他变动，是否调整计入所有者权益。

（5）对于采用成本法核算的长期股权投资，检查股利分配的原始凭证及分配决议等资料，确定会计处理是否正确；对被审计单位实施控制而采用成本法核算的长期股权投资，比照权益法编制变动明细表，以备合并报表使用。

（6）对于成本法和权益法相互转换的，检查其投资成本的确定是否正确。

（7）确定长期股权投资的增减变动的记录是否完整。

①检查本期增加的长期股权投资，追查至原始凭证及相关的文件或决议及被投资单位验资报告或财务资料等，确认长期股权投资是否复核投资合同、协议的规定，并已确实投资，会计处理是否正确。

②检查本期减少的长期股权投资，追查至原始凭证，确认长期股权投资的收回有合理的理由及授权批准手续，并已确实收回投资，会计处理是否正确。

（8）期末对长期股权投资进行逐项检查，以确认长期股权投资是否已经发生减值。

（9）结合银行借款等的检查，了解长期股权投资是否存在质押、担保情况。如有，则应详细记录，并提请被审计单位进行充分披露。

（10）检查长期股权投资在资产负债表上是否已恰当列报。

二、投资收益审计

（一）投资收益的审计目标

表 18-4　长期股权投资审计目标及财务报表认定

审计目标	财务报表认定					
	发生	完整性	准确性	截止	分类	列报
A．确定利润表中列示的投资收益已发生，且与被审计单位有关	√					
B．确定所有应当列示的投资收益是否均已列示		√				
C．确定与投资收益有关的金额及其他数据是否已恰当记录			√			
D．确定投资收益是否已反映于正确的会计期间				√		
E．确定投资收益是否已记录于恰当的账户					√	
F．确定投资收益是否已按照企业会计准则的规定在财务报表中作出恰当的列报						√

（二）投资收益的实质性程序

投资收益的实质性程序通常包括以下内容：

（1）获取或编制投资收益分类明细表。复核加计正确，并与总账数和明细账合计数核对相符，与报表数核对相符。

（2）与以前年度投资收益比较，结合投资本期的变动情况，分析本期投资收益是否存在异常现象。如有，应查明原因，并作出适当的调整。

（3）与长期股权投资、交易性金融资产、交易性金融负债、其他债权投资，持有至到期金融资产等相关项目的审计结合，验证确定投资收益的记录是否正确，确定投资收益被计入正确的会计期间。

（4）确定投资收益在利润表上已恰当列报。

子任务四 筹资业务的实质性程序

一、短期借款的审计

（一）短期借款的审计目标

表 18-5 短期借款审计目标及财务报表认定

审计目标	财务报表认定				
	存在	完整性	权利和义务	计价与分摊	列报
A．确定资产负债表中记录的短期借款是否存在	√				
B．确定记录的短期借款是否为被审计单位应当履行的现时义务			√		
C．确定所有应当记录的短期借款是否均已记录		√			
D．确定短期借款是否以恰当的金额包括在财务报表中，与之相关的计价调整是否已恰当记录				√	
E．确定短期借款是否已按照企业会计准则的规定在财务报表中作出恰当列报					√

（二）短期借款的实质性程序

（1）获取或编制短期借款明细表。注册会计师应首先获取或编制短期借款明细表，复核其加计数是否正确，并与明细账和总账核对相符。

（2）函证短期借款的实有数。注册会计师应在期末短期借款余额较大或认为必要时向银行或其他债权人函证短期借款。

（3）检查短期借款的增加。对年度内增加的短期借款，注册会计师应检查借款合同和授权批准，了解借款数额、借款条件、借款日期、还款期限、借款利率，并与相关会计记录相核对。

（4）检查短期借款的减少。对年度内减少的短期借款，注册会计师应检查相关记录和原始凭证，核实还款数额。

（5）检查有无到期未偿还的短期借款。注册会计师应检查相关记录和原始凭证，检查被审计单位有无到期未偿还的短期借款，如有，则应查明是否已向银行提出申请并经同意后办理延期手续。

（6）复核短期借款利息。注册会计师应根据短期借款的利率和期限，复核被审计单位短期借款的利息计算是否正确，有无多算或少算利息的情况，如有未计利息和多计利息，应作出记录，必要时进行调整。

（7）检查外币借款的折算。如果被审计单位有外币短期借款，注册会计师应检查外币短期借款的增减变动是否按业务发生时的市场汇率或期初市场汇率折合为记账本位币金额；期末是否按市场汇率将外币短期借款余额折合为记账本位币金额；折算差额是否按规定进行会计处理；折算方法是否前后期一致。

（8）检查短期借款在资产负债表上的列报是否恰当。企业的短期借款在资产负债表上通常设“短期借款”项目单独列示，对于因抵押而取得的短期借款，应在资产负债表附注中揭示。注册会计师应注意被审计单位对短期借款项目的披露是否充分。

二、长期借款的审计

（一）长期借款的审计目标（表 18-6）

表 18-6　长期借款审计目标及财务报表认定

审计目标	财务报表认定				
	存在	完整性	权利和义务	计价与分摊	列报
A. 确定资产负债表中记录的长期借款是否存在	√				
B. 确定记录的长期借款是否为被审计单位应当履行的现时义务			√		
C. 确定所有应当记录的长期借款是否均已记录		√			
D. 确定长期借款是否以恰当的金额包括在财务报表中，与之相关的计价调整是否已恰当记录				√	
E. 确定长期借款是否已按照企业会计准则的规定在财务报表中作出恰当列报					√

（二）长期借款的实质性程序

长期借款同短期借款一样都是企业向银行或其他金融机构借入的款项，因此，长期借款的实质性程序同短期借款的实质性程序较为相似。长期借款的实质性程序通常包括以下内容。

（1）获取或编制长期借款明细表，复核其加计数是否正确，并与明细账和总账核对相符。

（2）了解金融机构对被审计单位的授信情况以及被审计单位的信用等级评估情况，了解被审计单位获得短期借款和长期借款的抵押和担保情况，评估被审计单位的信誉和融资能力。

（3）对年度内增加的长期借款，应检查借款合同和授权批准，了解借款数额、借款条件、借款日期、还款期限、借款利率，并与相关会计记录相核对。

（4）检查长期借款的使用是否符合借款合同的规定，重点检查长期借款使用的合理性。

（5）向银行或其他债权人函证重大的长期借款。

（6）对年度内减少的长期借款，注册会计师应检查相关记录和原始凭证。核实还款数额。

（7）检查年末有无到期未偿还的借款，逾期借款是否办理了延期手续：分析计算逾期借款的金额、比率和期限，判断被审计单位的资信程度和偿债能力。

（8）计算短期借款、长期借款在各个月份的平均余额，选取适用的利率匡算利息支出总额，并与财务费用的相关记录核对，判断被审计单位是否高估或低估利息支出，必要时进行适当调整。

（9）检查非记账本位币折合记账本位币时采用的折算汇率，折算差额是否按规定进行会计处理。

（10）检查借款费用的会计处理是否正确。借款费用，指企业因借款而发生的利息及其他相关成本，包括折价或溢价的摊销、辅助费用以及因外币借款而发生的汇兑差额。按照《企业会计准则第 17 号——借款费用》的规定，企业发生的借款费用，可直接归属于符合资本化条件的资产的购建或生产的，应当予以资本化，计入相关资产成本；其他借款费用，应当在发生时根据其发生额确认费用，计入当期损益。

（11）检查企业抵押长期借款的抵押资产的所有权是否属于企业，其价值和实际状况是否与抵押契约中的规定相一致。

（12）检查企业重大的资产租赁合同，判断被审计单位是否存在资产负债表外融资的现象。

（13）检查长期借款是否已在资产负债表上充分披露。

长期借款在资产负债表上列示于长期负债类下，该项目应根据“长期借款”科目的期末余额扣减将于一年内到期的长期借款后的数额填列，该项扣除数应当填列在流动负债类下的“一年内到期的长期负债”项目单独反映。注册会计师应根据审计结果，确定被审计单位长期借款在资产负债表上的列示是否充分，并注意长期借款的抵押和担保是否已在财务报表附注中作了充分的说明。

思考与练习

一、单项选择题

1．被审计单位为了达到其对投资业务的完整性控制目标，最好应规定并依据以下控制措施中的（　　）。

A．明确投资业务的授权、执行、记录、保管等职责分工

B．与被投资单位签订合同、协议，并获取其出具的投资证明

C．将记录投资明细账与记录总账的职务实施严格的分离

D．由内部审计人员或其他独立人员定期盘点证券投资资产

2．关于筹资与投资循环的审计以下说法不正确的是（　　）。

A．审计年度内筹资与投资循环的交易数量较少，所以，漏计或不恰当地对每笔业务进行会计处理对财务报表影响不大

B．审计年度内筹资与投资循环每笔交易的金额通常较大

C．漏计或不恰当地对每笔业务进行会计处理将导致重大错误，从而对企业财务报表的公允反映产生较大的影响

D．筹资与投资循环交易必须遵守国家法律、法规和相关契约的规定

3．A 注册会计师拟对 H 公司与借款活动相关的内部控制进行测试，以下程序中不属于控制测试程序的是（　　）。

A．索取借款的授权批准文件，检查批准的权限是否恰当、手续是否齐全

B．观察借款业务的职责分工，并将职责分工的有关情况记录于审计工作底稿中

C．计算短期借款、长期借款在各个月份的平均余额，选取适用的利率匡算利息支出总额，并与账务费用等项目的相关记录核对

D．抽取借款明细账的部分会计记录，按从原始凭证到明细账再到总账的顺序核对有关会计处理过程，以判断是否其合规

4．在对短期借款实施相关审计程序后，需对所取得的审计证据进行评价。以下有关短期借款审计证据可靠性的论述中，不正确的是（　　）。

A．从第三方获取的有关短期借款的证据比直接从 Q 公司获得的相关证据更可靠

B．短期借款的重大错报风险为低水平时产生的会计数据比重大错报风险为高水平时产生的会计数据更为可靠

C．短期借款的重大风险为高水平时产生的会计数据比重大错报风险为低水平时产生的会计数据更为可靠

D．Q 公司提供的短期借款合同尽管有借贷双方的签章，但如果没有其他证据佐证，也不可靠

5．确定L公司的长期借款是否已在资产负债表上充分披露时，注册会计师无须审查的内容是（　　）。

A．借款费用资本化的金额是否在报表附注中单独说明

B．与借款相关的担保、抵押情况是否在报表附注中作了充分披露

C．“一年内到期的长期借款”是否从报表中的长期借款项目中扣除并单列于流动资产类下

D．长期借款的审定数是否与报表数相符

二、多项选择题

1．注册会计师在了解W公司筹资与投资循环内部控制后，准备对W公司投资业务的内部控制进行测试，以验证投资增减变动及其投资均已经登记入账，执行的主要程序有（　　）。

A．观察并描述筹资业务职责分工

B．了解债券持有人明细资料的保管制度，检查被审计单位是否与总账或外部机构核对

C．检查年度内借款增减变动的原始凭证

D．检查授权批准手续是否完备，入账是否及时准确

2．为证实被审计单位是否存在未入账的长期负债业务，注册会计师可选用（ABC）程序进行测试。

A．函证银行存款余额的同时函证负债业务

B．分析财务费用，确定付款利息是否异常地高

C．向被审计单位索取债务声明书

D．审查年内到期的长期负债是否列示在流动负债类项目下

3．助理人员正在对关于长期股权投资的工作底稿进行复核，请判断以下说法中正确的有（　　）。

A．投资企业对于被投资单位除净损益以外所有者权益的其他变动，应当调整长期股权投资的账面价值并计入当期损益

B．投资企业按照被投资单位宣告分派的利润或现金股利计算应分得的部分，相应减少长期股权投资的账面价值

C．投资企业确认被投资单位发生的净亏损，应当以长期股权投资的账面价值以及其他实质上构成对被投资单位净投资的长期权益减记至零为限，投资企业负有承担额外损失义务的除外

D．投资企业在确认应享有被投资单位净损益的份额时，应当以取得投资时被投资单位各项可识别资产等的公允价值为基础，对被投资单位的净利润进行调整后确认

4．H注册会计师负责对C公司2005年度财务报表进行审计。在对C公司的筹资和投资循环实施审计程序时，H注册会计师计划测试C公司2005年末长期借款余额的完整性。以下审计程序中，可能实现该审计目标的有（　　）。

A．了解银行对 C 公司的授信情况

B．检查长期银行借款明细表中本年新增借款的银行进账单

C．向提供长期银行借款的银行寄发银行询证函

D．重新计算并分析 2005 年度长期借款利息

5．被审计单位设定的以下（　　）内部控制措施有助于其达到确保投资的计价方法和期末余额正确的控制目标。

A．按每一种证券分别设立明细账详细记录相关资料

B．核算方法符合会计制度和会计准则的规定

C．检查长期股权投资的核算方法是否符合规定

D．由独立人员定期盘点证券投资资产

三、案例分析题

A 会计师事务所接受委托对东电公司财务报表进行审计。在审计投资活动过程中，注册会计师发现存在以下情况，东电公司 2017 年度财务报表净利润为 1800 万元：

（1）E 公司系东电公司于 2017 年 1 月 1 日在国外投资设立的联营公司，其 2007 年度会计报表反映的净利润为 3600 万元。东电公司占 E 公司 45%的股权比例，对其财务和经营政策具有重大影响，故在 2007 年度会计报表中采用权益法确认了该项投资收益 1620 万元。E 公司 2017 年度会计报表未经任何审计师审计。

（2）东电公司拥有 K 公司一项长期股权投资，账面价值 500 万元，持股比例 30%。2007 年 12 月 31 日，东电公司与 Y 公司签署投资转让协议，拟以 450 万元的价格转让该项长期股权投资，已收到价款 300 万元，但尚未办理产权过户手续。东电公司以该项长期股权投资正在转让之中为由，不再计提减值准备。

（3）东电公司 2017 年 7 月 1 日以资金 1500 万元投资于 M 公司，拥有 30%股份。12 月 31 日东电公司根据 M 公司的报表（净利润 750 万元，所有者权益为 2250 万元，免交所得税）确认了 225 万元的投资收益。审计人员审计时发现 M 公司经审计报表为净利润-750 万元，所有者权益为 750 万元。

（4）东电公司于 2017 年 9 月 1 日和 H 公司签订并实施了金额为 5000 万元、期限为 3 个月的委托理财协议，该协议规定 H 公司负责股票投资运作，东电公司可随时核查。2017 年 12 月 1 日，东电公司对上述委托理财协议办理了展期手续，并于同日收到 H 公司汇来的标明用途为投资收益的 3000 万元款项，东电公司据此确认投资收益 3000 万元。

（5）东电公司对 I 公司长期股权投资（无市价）为 5000 万元，I 公司在 2017 年 8 月已经进入清算程序。在编制 2017 年度会计报表时，东电公司对该项长期股权投资计提了 1000 万元的减值准备。

要求：

（1）针对（1）至（5）情况，注册会计师应当如何处理？

（2）注册会计师对于东电公司的投资活动，应设计哪些审计程序？

任务十九 货币资金的审计

【知识与能力目标】

1. 能够了解货币资金与交易循环的关系
2. 能够理解货币资金循环的内部控制
3. 能够掌握货币资金循环控制测试的方法
4. 能够掌握库存现金和银行存款的实质性程序

【素质目标】

1. 培养学生树立社会利益为先的理想信念和诚信客观公正的职业道德观念
2. 培养学生树立专业胜任能力的职业道德观念

【教学要点】

1. 货币资金的内部控制
2. 货币资金控制测试
3. 库存现金和银行存款的实质性程序

【教学内容】

子任务一 货币资金循环的特点

货币资金是企业资产的重要组成部分，是企业资产中流动性最强的一种资产。任何企业进行生产经营活动都必须拥有一定数额的货币资金，持有货币资金是企业生产经营活动的基本条件，可能关乎企业的命脉。货币资金主要来源于资本的投入和营业收入，主要用于资产的取得和费用的结付。总的来说，只有保持健康的、正的现金流，企业才能够继续生存；如果出现现金流逆转迹象，产生了不健康的、负的现金流，长此以往，企业将会陷入财务困境，并导致对企业的持续经营能力产生疑虑。

根据货币资金存放地点及用途的不同，货币资金分为库存现金、银行存款及其他货币资金。

一、货币资金与交易循环

货币资金与各交易循环均直接相关，如图 19-1 所示。

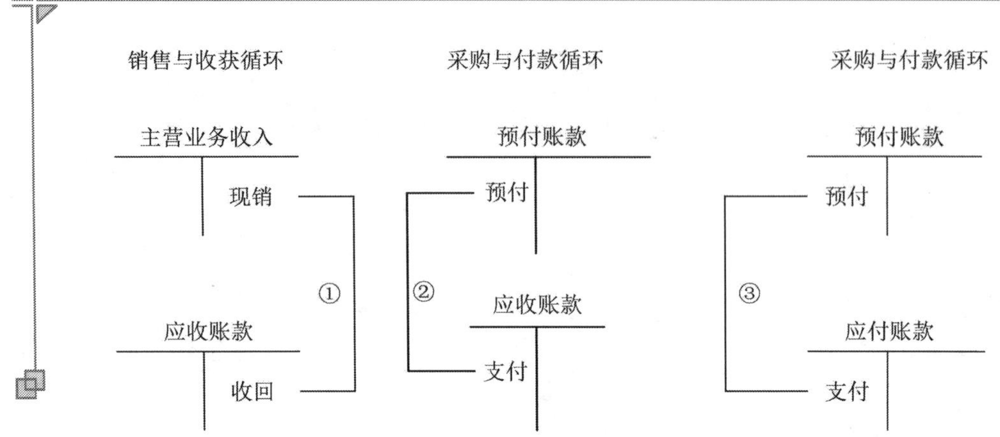

货币资金

①销售与收款循环	②采购与付款循环
⑥筹资与投资循环	③生产与存货循环
	④人力资源与工薪循环
	⑤筹资与投资循环

人力资源与工薪
循环

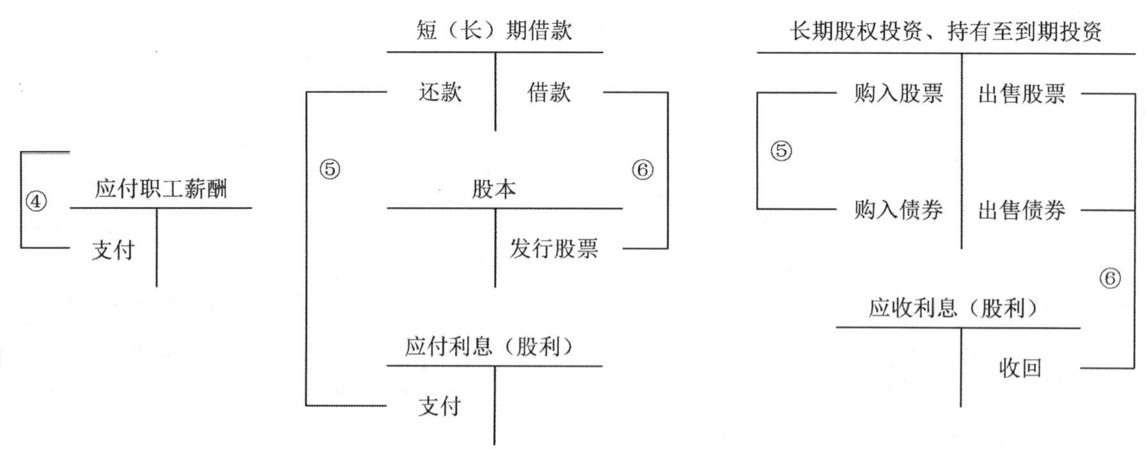

图 19-1　货币资金与各交易循环的关系

二、涉及的主要凭证和会计记录

货币资金审计涉及的凭证和会计记录如下：

1．现金盘点表。
2．银行对账单。
3．银行存款余额调节表。
4．有关科目的记账凭证。
5．有关会计账簿。

三、货币资金内部控制

由于货币资金是企业流动性最强的资产，企业必须加强对货币资金的管理，建立良好的货币资金内部控制，以确保全部应收取的货币资金均能收取，并及时正确地予以记录；全部货币资金支出是按照经批准的用途进行的，并及时正确地予以记录；库存现金、银行存款报告正确，并得以恰当保管；正确预测企业正常经营所需的货币资金收支额，确保企业有充足又不过剩的货币资金余额。

在实务中，库存现金、银行存款和其他货币资金的转换比较频繁，三者的内部控制目标、内部控制制度的制定与实施大致相似，因此，先统一对货币资金的内部控制制作一个概述，各自内部控制的特点以及控制测试在后面分述。一般而言，一个良好的货币资金内部控制应该达到以下几点：（1）货币资金收支与记账的岗位分离；（2）货币资金收支要有合理、合法的凭据；（3）全部收支及时准确入账，并且支出要有核准手续；（4）控制现金坐支，当日收入现金应及时送存银行；（5）按月盘点现金，编制银行存款余额调节表，以做到账实相符；（6）加强对货币资金收支业务的内部审计。

尽管由于每个企业的性质、所处行业、规模以及内部控制健全程度等不同，而使得其与货币资金相关的内部控制内容有所不同，但以下要求是通常应当共同遵循的。

（一）岗位分工及授权批准

1．单位应当建立货币资金业务的岗位责任制，明确相关部门和岗位的职责权限，确保办理货币资金业务的不相容岗位相互分离、制约和监督。出纳人员不得兼任稽核、会计档案保管和收入、支出、费用、债权债务账目的登记工作。单位不得由一人办理货币资金业务的全过程。

2．单位应当对货币资金业务建立严格的授权批准制度，明确审批人对货币资金业务的授权批准方式、权限、程序、责任和相关控制措施，规定经办人办理货币资金业务的职责范围和工作要求。审批人应当根据货币资金授权批准制度的规定，在授权范围内进行审批，不得超越审批权限。经办人应当在职责范围内，按照审批人的批准意见办理货币资金业务。对于审批人超越授权范围审批的货币资金业务，经办人员有权拒绝办理，并及时向审批人的上级授权部门报告。

3．单位应当按照规定的程序办理货币资金支付业务。

（1）支付申请。单位有关部门或个人用款时，应当提前向审批人提交货币资金支付申请，注明款项的用途、金额、预算、支付方式等内容，并附有效经济合同或相关证明。

（2）支付审批。审批人根据其职责、权限和相应程序对支付申请进行审批。对不符合规定的货币资金支付申请，审批人应当拒绝批准。

（3）支付复核。复核人应当对批准后的货币资金支付申请进行复核，复核货币资金支付申请的批准范围、权限、程序是否正确，手续及相关单证是否齐备，金额计算是否准确。支付方式、支付单位是否妥当等。复核无误后，交由出纳人员办理支付手续。

（4）办理支付。出纳人员应当根据复核无误的支付申请，按规定办理货币资金支付手续，及时登记现金和银行存款日记账。

4．单位对于重要货币资金支付业务，应当实行集体决策和审批，并建立责任追究制度，防范贪污、侵占、挪用货币资金等行为。

5．严禁未经授权的机构或人员办理货币资金业务或直接接触货币资金。

（二）现金和银行存款的管理

1．单位应当加强现金库存限额的管理，超过库存限额的现金应及时存入银行。

2．单位必须根据《现金管理暂行条例》的规定，结合本单位的实际情况，确定本单位现金的开支范围。不属于现金开支范围的业务应当通过银行办理转账结算。

3．单位现金收入应当及时存入银行，不得用于直接支付单位自身的支出。因特殊情况需坐支现金的，应事先报经开户银行审查批准。

单位借出款项必须执行严格的授权批准程序，严禁擅自挪用、借出货币资金。

4．单位取得的货币资金收入必须及时入账，不得私设“小金库”，不得账外设账，严禁收款不入账。

5．单位应当严格按照《支付结算办法》等国家有关规定，加强银行账户的管理，严格按照规定开立账户，办理存款、取款和结算。

单位应当定期检查、清理银行账户的开立及使用情况，发现问题，及时处理。

单位应当加强对银行结算凭证的填制、传递及保管等环节的管理与控制。

6．单位应当严格遵守银行结算纪律，不准签发没有资金保证的票据或远期支票，套取银行信用；不准签发、取得和转让没有真实交易和债权债务的票据，套取银行和他人资金；不准无理拒绝付款，任意占用他人资金；不准违反规定开立和使用银行账户。

7．单位应当指定专人定期核对银行账户，每月至少核对一次，编制银行存款余额调节表，使银行存款账面余额与银行对账单调节相符。如调节不符，应查明原因，及时处理。

8．单位应当定期和不定期地进行现金盘点，确保现金账面余额与实际库存相符。发现不符，及时查明原因，作出处理。

（三）票据及有关印章的管理

1．单位应当加强与货币资金相关的票据的管理，明确各种票据的购买、保管、领用、背书转让、注销等环节的职责权限和程序，并专设登记簿进行记录，防止空白票据的遗失和被盗用。

2．单位应当加强银行预留印鉴的管理。财务专用章应由专人保管，个人名章必须由本人或其授权人员保管。严禁一人保管支付款项所需的全部印章。

按规定需要有关负责人签字或盖章的经济业务，必须严格履行签字或盖章手续。

（四）监督检查

1．单位应当建立对货币资金业务的监督检查制度，明确监督检查机构或人员的职责权限，定期和不定期地进行检查。

2．货币资金监督检查的内容主要包括：

（1）货币资金业务相关岗位及人员的设置情况。重点检查是否存在货币资金业务不相容职务混岗的现象。

（2）货币资金授权批准制度的执行情况。重点检查货币资金支出的授权批准手续是否健全，是否存在越权审批行为。

（3）支付款项印章的保管情况。重点检查是否存在办理付款业务所需的全部印章交由一人保管的现象。

（4）票据的保管情况。重点检查票据的购买、领用、保管手续是否健全，票据保管是否存在漏洞。

3．对监督检查过程中发现的货币资金内部控制中的薄弱环节，应当及时采取措施，加以纠正和完善。

子任务二　货币资金循环的内部控制和控制测试

一、库存现金内部控制和控制测试

（一）库存现金内部控制特点

由于现金是企业流动性最强的资产，加强现金管理对于保护企业资产安全完整、维护社会主义经济秩序具有重要的意义。在良好的货币资金内部控制下，企业的现金收支记录及时、准确、完整；全部现金支出均经批准的用途进行；现金得以安全保管。一般而言，一个良好的现金内部控制应该做到以下几点：

1．现金收支与记账的岗位分离。

2．现金收支要有合理、合法的凭据。

3．全部收支及时准确入账，并且支出要有核准手续。

4．控制现金坐支，当日收入现金应及时送存银行。

5．按月盘点现金，以做到账实相符。

6．加强对现金收支业务的内部审计。

（二）库存现金内部控制的测试

1．了解现金内部控制

通常通过现金内部控制流程图来了解现金内部控制。编制现金内部控制流程图是现金控制测试的重要步骤。注册会计师在编制之前应通过询问、观察等调查手段收集必要的资料，然后根据所了解的情况编制流程图。对中小企业，也可采用编写现金内部控制说明的方法。

若年度审计工作底稿中已有以前年度的流程图，注册会计师可根据调查结果加以修正，以供本年度审计之用。一般地，了解现金内部控制时，注册会计师应当注意检查库存现金内部控制的建立和执行情况，重点包括以下内容：

（1）库存现金的收支是否按规定的程序和权限办理。

（2）是否存在与被审计单位经营无关的款项收支情况。

（3）出纳与会计的职责是否严格分离。

（4）库存现金是否妥善保管，是否定期盘点、核对，等等。

2．检查收款凭证

如果现金收款内部控制不强，很可能会发生贪污舞弊或挪用等情况。例如，在一个小企业中，出纳员同时负责登记应收账款明细账，很可能发生循环挪用货款的情况。为测试现金收款的内部控制，注册会计师应按现金的收款凭证分类，选取适当的样本量，作如下的检查：

（1）核对现金日记账的收入金额是否正确。

（2）核对收款凭证与应收账款明细账的有关记录是否相符。

（3）核对实收金额与销货发票是否一致。

3．检查付款凭证

为测试现金付款内部控制，注册会计师应按照现金付款凭证分类，选取适当的样本量，作如下检查：

（1）检查付款的授权批准手续是否符合规定。

（2）核对现金日记账的付出金额是否正确。

（3）核对付款凭证与应付账款明细账的记录是否一致。

（4）核对实付金额与购货发票是否相符，等等。

4．抽取一定期间的库存现金日记账与总账核对

注册会计师应抽取一定期间的库存现金日记账，检查其加总是否正确无误，库存现金日记账是否与总分类账核对相符。

5．检查外币现金的折算方法是否符合有关规定，是否与上年度一致

对于有外币现金的被审计单位，注册会计师应检查外币库存现金日记账及“财务费用”“在建工程”等账户的记录，确定企业有关外币现金的增减变动是否采用交易发生日的即期汇率将外币金额折算为记账本位币金额，或者采用按照系统合理的方法确定的、与交易发生日即期汇率近似的汇率折算为记账本位币，选择采用汇率的方法前后各期是否一致；检查企业的外币现金的期末余额是否采用期末即期汇率折算为记账本位币金额；折算差额的会计处理是否正确。

6．评价库存现金的内部控制

注册会计师在完成上述程序之后，即可对库存现金的内部控制进行评价。评价时，注册会计师应首先确定库存现金内部控制可信赖的程度以及存在的薄弱环节和缺点，然后据以确定在库存现金实质性程序中对哪些环节可以适当减少审计程序，哪些环节应增加审计程序。作重点检查，以减少审计风险。

二、银行存款内部控制和控制测试

（一）银行存款内部控制概述

一般而言，一个良好的银行存款的内部控制同现金的内部控制一样，应做到以下几点：

1．银行存款收支与记账的岗位分离。

2．银行存款收支要有合理、合法的凭据。

3．全部收支及时准确入账，并且支出要有核准手续。

4．按月编制银行存款余额调节表，以做到账实相符。

5．加强对银行存款收支业务的内部审计。

按照我国现金管理的有关规定，超过规定限额的现金支出一律使用支票。因此，企业应建立相应的支票申领制度，明确申领范围、申领批准及支票签发、支票报销等。

对于支票报销和现金报销，企业应建立报销制度。报销人员报销时应当有正常的报批手续、适当的付款凭据，有关采购支出还应具有验收手续。会计部门应对报销单据加以审核，出纳员见到加盖核准戳记的支出凭据后方可付款。

付款记录应及时登记入账，相关凭证应按顺序或内容编制会计记录的附件。

（二）银行存款的控制测试

1．了解银行存款的内部控制

注册会计师对银行存款内部控制的了解一般与了解现金的内部控制同时进行。注册会计师应当注意的内容包括以下几点：

（1）银行存款的收支是否按规定的程序和权限办理。

（2）银行账户是否存在与本单位经营无关的款项收支情况。

（3）是否存在出租、出借银行账户的情况。

（4）出纳与会计的职责是否严格分离。

（5）是否定期取得银行对账单并编制银行存款余额调节表等。

2．检查银行存款收款凭证

注册会计师应选取适当的样本量，作如下检查：

（1）核对收款凭证与存入银行账户的日期和金额是否相符。

（2）核对银行存款日记账的收入金额是否正确。

（3）核对收款凭证与银行对账单是否相符。

（4）核对收款凭证与应收账款明细账的有关记录是否相符。

（5）核对实收金额与销货发票是否一致等。

3．检查银行存款付款凭证

为测试银行存款付款内部控制，注册会计师应选取适当的样本量，作如下检查：

（1）检查付款的授权批准手续是否符合规定。

（2）核对银行存款日记账的付出金额是否正确。

（3）核对付款凭证与银行对账单是否相符。

（4）核对付款凭证与应付账款明细账的记录是否一致。

（5）核对实付金额与购货发票是否相符等。

4．抽取一定期间的银行存款日记账与总账核对

注册会计师应抽取一定期间的银行存款日记账，检查其有无计算错误，并与银行存款总分类账核对。

5．抽取一定期间银行存款余额调节表，查验其是否按月正确编制并经复核

为证实银行存款记录的正确性，注册会计师必须抽取一定期间的银行存款余额调节表，将其同银行对账单、银行存款日记账及总账进行核对，确定被审计单位是否按月正确编制并复核银行存款余额调节表。

6．检查外币银行存款的折算方法是否符合有关规定，是否与上年度一致

对于有外币银行存款的被审计单位，注册会计师应检查外币银行存款日记账及“财务费用”“在建工程”等账户的记录，确定有关外币银行存款的增减变动是否采用交易发生日的即期汇率将外币金额折算为记账本位币金额，或者采用按照系统合理的方法确定的、与交易发生日即期汇率近似的汇率折算为记账本位币，选择采用汇率的方法前后各期是否一致；检查企业的外币银行存款的余额是否采用期末即期汇率折算为记账本位币金额；折算差额的会计处理是否正确。

7．评价银行存款的内部控制

注册会计师在完成上述程序之后，即可对银行存款的内部控制进行评价。评价时，注册会计师应首先确定银行存款内部控制可信赖的程度以及存在的薄弱环节和缺点。然后据以确定在银行存款实质性程序中，对哪些环节可以适当减少审计程序，哪些环节应增加审计程序，作重点检查，以减少审计风险。

子任务三　货币资金的实质性程序

一、库存现金的实质性程序

（一）审计目标

库存现金包括企业的人民币和外币。现金是企业资产中流动性最强的一种资产。尽管其

在企业资产总额中比重不大，但企业发生舞弊事件大都与现金有关，因此，注册会计师应该重视库存现金的审计。

表 19-1　库存现金审计目标及财务报表认定

审计目标	财务报表认定				
	存在	完整性	权利和义务	计价与分摊	列报
A．确定被审计单位资产负债表的货币资金项目中的库存现金在资产负债表日是否确实存在	√				
B．确定记录的库存现金是否为被审计单位所拥有或控制			√		
C．确定被审计单位在特定期间内发生的现金收支业务是否均记录完毕，有无遗漏		√			
D．确定库存现金包括在财务报表的货币资金项目中，与之相关的计价调整已恰当记录				√	
E．确定库存现金是否已按照企业会计准则的规定在财务报表中作出恰当列报					√

（二）库存现金的实质性程序

1．核对库存现金日记账与总账的余额是否相符，检查非记账本位币库存现金的折算汇率及折算金额是否正确。注册会计师测试现金余额的起点，是核对库存现金日记账与总账的余额是否相符。如果不相符，应查明原因，并作出适当调整。

2．监盘库存现金。监盘库存现金是证实资产负债表中所列现金是否存在的一项重要程序。

企业盘点库存现金，通常包括对已收到但未存入银行的现金、零用金、找换金等的盘点。盘点库存现金的时间和人员应视被审计单位的具体情况而定，但必须有现金出纳员和被审计单位会计主管人员参加，并由注册会计师进行监盘。盘点和监盘库存现金的步骤和方法主要有：

（1）制订监盘计划，确定监盘时间。对库存现金的监盘最好实施突击性的检查，时间最好选择在上午上班前或下午下班时进行，盘点的范围一般包括被审计单位各部门经管的现金。在进行现金盘点前，应由出纳员将现金集中起来存入保险柜。必要时可加以封存，然后由出纳员把已办妥现金收付手续的收付款凭证登入库存现金日记账。如被审计单位库存现金存放部门有两处或两处以上的，应同时进行盘点。

（2）审阅库存现金日记账并同时与现金收付凭证相核对：一方面检查库存现金日记账的记录与凭证的内容和金额是否相符；另一方面了解凭证日期与库存现金日记账日期是否相符或接近。

（3）由出纳员根据库存现金日记账加计累计数额，结出现金结余。

（4）盘点保险柜的现金实存数，同时由注册会计师编制“库存现金盘点表”（格式参见表 19-2），分币种、面值列示盘点金额。

表 19-2　库存现金盘点表

被审计单位：	索引号：
项目：	财务报表截止日/期间：
编制：	复核：
日期：	日期：

检查盘点记录					实有库存现金盘点记录						
项目	项次	人民币	美元	某外币	面额	人民币		美元		某外币	
上一日账面库存余额	①				1000 元	张	金额	张	金额	张	金额
盘点日未记账传票收入金额	②				500 元						
盘点日未记账传票支出金额	③										
盘点日账面应有金额	④=①+②-③=2-3				100 元						
盘点实有库存现金数额	⑤				50 元						
盘点日应有与实有差异	⑥=④-⑤				10 元						
差异原因分析　白条抵库（张）					5 元						
					2 元						
					1 元						
					0.5 元						
					0.2 元						
					0.1 元						
					合计						
追溯调整　报表日至审计日库存现金付出总额											
报表日至审计日库存现金收入总额											
报表日库存现金应有余额											
报表日账面汇率											
报表日余额折合本位币金额											
本位币合计											

出纳员：　　　　会计主管人员：　　　　监盘人：　　　　检查日期：

审计说明：

（5）资产负债表日后进行盘点时，应调整至资产负债表日的金额。

（6）将盘点金额与库存现金日记账余额进行核对，如有差异，应查明原因，并做出记录或适当调整。

（7）若有冲抵库存现金的借条、未提现支票、未作报销的原始凭证、应在“库存现金盘点表”中注明或做出必要的调整。

3．分析被审计单位日常库存现金余额是否合理，关注是否存在大额未缴存的现金。

4．抽查大额库存现金收支。检查大额现金收支的原始凭证是否齐全、原始凭证内容是否完整、有无授权批准、记账凭证与原始凭证是否相符、账务处理是否正确、是否记录于恰当的会计期间等项内容。

5．抽查资产负债表日后若干天的、一定金额以上的现金收支凭证实施截止测试。被审计单位资产负债表的货币资金项目中的库存现金数额，应以结账日实有数额为准。因此，注册会计师必须验证现金收支的截止日期，以确定是否存在跨期事项、是否应考虑提出调整建议。

6．检查库存现金是否在资产负债表上恰当列报。根据有关规定，库存现金在资产负债表的“货币资金”项目中反映，注册会计师应在实施上述审计程序后，确定“库存现金”账户的期末余额是否恰当，进而确定库存现金是否在资产负债表上恰当披露。

二、银行存款审计

（一）审计目标

银行存款是指企业存放在银行或其他金融机构的各种款项。按照国家有关规定，凡是独立核算的企业都必须在当地银行开设账户。企业在银行开设账户以后，除按核定的限额保留库存现金外，超过限额的现金必须存入银行；除了在规定的范围内可以用现金直接支付的款项外，在经营过程中所发生的一切货币收支业务，都必须通过银行存款账户进行结算。

表 19-3　银行存款审计目标及财务报表认定

审计目标	财务报表认定				
	存在	完整性	权利和义务	计价与分摊	列报
A．确定被审计单位资产负债表的货币资金项目中的银行存款在资产负债表日是否确实存在	√				
B．确定记录的银行存款是否为被审计单位所拥有或控制			√		

续表

审计目标	财务报表认定				
	存在	完整性	权利和义务	计价与分摊	列报
C．确定被审计单位在特定期间内发生的银行存款收支业务是否均记录完毕，有无遗漏		√			
D．确定银行存款的金额已包括在财务报表的货币资金项目中，与之相关的计价调整已恰当记录				√	
E．确定银行存款是否已按照企业会计准则的规定在财务报表中作出恰当列报					√

（二）银行存款的实质性程序

1．核对银行存款日记账与总账的余额是否相符。注册会计师测试银行存款余额的起点，是核对银行存款日记账与总账的余额是否相符。如果不相符，应查明原因，并考虑是否应建议作出适当调整。

2．实施实质性分析程序。计算银行存款累计余额应收利息收入，分析比较被审计单位银行存款应收利息收入与实际利息收入的差异是否恰当，评估利息收入的合理性，检查是否存在高息资金拆借，确认银行存款余额是否存在，利息收入是否已经完整记录。

3．检查银行存单。编制银行存单检查表，检查是否与账面记录金额一致，是否被质押或限制使用，存单是否为被审计单位所拥有。

（1）对已质押的定期存款，应检查定期存单，并与相应的质押合同核对，同时关注定期存单对应的质押借款有无入账。

（2）对已质押的定期存款，应检查开户证实书原件。

（3）对审计外勤工作结束日前提取的定期存款，应核对相应的兑付凭证、银行对账单和定期存款复印件。

4．取得并检查银行存款余额对账单和银行存款余额调节表。取得并检查银行存款余额对账单和银行存款余额调节表是证实资产负债表中所列银行存款是否存在的重要程序。银行存款余额调节表通常应由被审计单位根据不同的银行账户及货币种类分别编制，其格式如表19-4所示。具体测试程序通常包括：

（1）将被审计单位资产负债表日的银行存款余额对账单，与银行询证函回函核对，确认是否一致，抽样核对账面记录的已付票据金额及存款金额是否与对账单记录一致。

（2）获取资产负债表日的银行存款余额调节表，检查调节表中加计数是否正确，调节后银行存款日记账余额与银行对账单余额是否一致。

（3）检查调节事项的性质和范围是否合理。

①检查是否存在跨期收支和跨行转账的调节事项。编制跨行转账业务明细表，检查跨行转账业务是否同时对应转入和转出，未在同一期间完成的转账业务是否反映在银行存款余额调节表的调整事项中。

②检查大额在途存款的日期，查明发生在途存款的具体原因，追查期后银行对账单存款记

录日期，确定被审计单位与银行记账时间差异是否合理，确定在资产负债表日是否需审计调整。

检查被审计单位的未付票据明细清单，查明被审计单位未及时入账的原因，确定账簿记录时间晚于银行对账单的日期是否合理。

检查被审计单位未付票据明细清单中有记录，但截止资产负债表日银行对账单无记录且金额较大的未付票据，获取票据领取人的书面说明。确认资产负债表日是否需要进行调整。

检查资产负债表日后银行对账单是否完整地记录了调节事项中银行未付票据金额。

（4）检查是否存在未入账的利息收入和利息支出。

（5）检查是否存在其他跨期收支事项。

（6）如果被审计单位未经授权或授权不清支付货币资金的现象比较突出，检查银行存款余额调节表中支付给异常的领款人（包括没有载明收款人）、签字不全、收款地址不清、金额较大票据的调整事项，确认是否存在舞弊。

表 19-4　银行存款余额调节表

年　月　日

编制人：　　　　日期：　　　　索引号：

复核人：　　　　日期：　　　　页次：

户别：　　　　　　　　　　　　币别：

项　目
银行对账单余额（　　年　月　日）
加：企业已收，银行尚未入账金额 其中：1. ____________元 2. ____________元
减：企业已付，银行尚未入账金额 其中：1. ____________元 2. ____________元
调整后银行对账单金额
企业银行存款日记账金额（　　年　月　日）
加：银行已收，企业尚未入账金额 其中：1. ____________元 2. ____________元
减：银行已付，企业尚未入账金额 其中：1. ____________元 2. ____________元
调整后企业银行存款日记账金额

经办会计人员：（签字）　　　　会计主管：（签字）

5. 函证银行存款余额，编制银行函证结果汇总表，检查银行回函。应注意以下内容：

（1）向被审计单位在本期存过款的银行发函，包括零账户和账户已结清的银行。

（2）确定被审计单位账面余额与银行函证结果的差异，对不符事项作出适当处理。

银行存款函证是指注册会计师在执行审计业务过程中，需要以被审计单位名义向有关单位发函询证，以验证被审计单位的银行存款是否真实、合法、完整。

函证银行存款余额是证实资产负债表所列银行存款是否存在的重要程序。通过向往来银行函证，注册会计师不仅可了解企业资产的存在，还可了解企业账面反映所欠银行债务的情况，并有助于发现企业未入账的银行借款和未披露的或有负债。

注册会计师应向被审计单位在本年存过款（含外埠存款、银行汇票存款、银行本票存款、信用卡存款、信用证保证金存款）的所有银行发函，其中包括企业存款账户已结清的银行，因为有可能存款账户已结清，但仍有银行借款或其他负债存在。并且，虽然注册会计师已直接从某一银行取得了银行对账单和所有已付支票，但仍应向这一银行进行函证。表 19-5 列示了银行询证函参考格式。

表 19-5　银行询证函

编号：

××（银行）：

本公司聘请的××会计师事务所正在对本公司××年度财务报表进行审计，按照中国注册会计师审计准则的要求，应当询证本公司与贵行相关的信息。下列信息出自本公司记录，如与贵行记录相符，请在本函下端"信息证明无误"处签章证明；如有不符，请在"信息不符"处列明不符项目及具体内容；如存在与本公司有关的未列入本函的其他重要信息，也请在"信息不符"处列出其详细资料。回函请直接寄至××会计师事务所。

回函地址：

邮编：　　　　电话：　　　　传真：　　　　联系人：

截至××年×月×日止，本公司与贵行相关的信息列示如下：

1. 银行存款

账户名称	银行账号	币种	利率	余额	起止日期	是否被质押或用于担保或存在其他限制	备注

除上述列示的银行存款外，本公司并无在贵行的其他存款。

注："起止日期"一栏仅适用于定期存款，如为活期或保证金存款，可只填写"活期"或"保证金"字样。

2. 银行借款

账户名称	币种	余额	借款日期	还款日期	利率	其他借款条件	抵（质）押品/担保人	备注

除上述列示的银行借款外，本公司并无在贵行的其他借款。

注：此项仅函证截至资产负债表日本公司尚未归还的借款。

3. 截至函证日之前12个月内注销的账户

账户名称	银行账号	币　种	注销账户日

除上述列示的账户外，本公司并无截至函证日之前12个月内在贵行注销的其他账户。

4. 委托存款

账户名称	银行账号	借款方	币种	利率	余额	存款起止日期	备注

除上述列示的委托存款外，本公司并无通过贵行办理的其他委托存款。

5. 委托贷款

账户名称	银行账号	贷款方	币种	利率	余额	贷款起止日期	备注

除上述列示的委托贷款外，本公司并无通过贵行办理的其他委托贷款。

6. 担保：除上述列示的银行借款外，本公司并无在贵行的其他借款。

（1）本公司为其他单位提供的，以贵行为担保受益人的担保。

被担保人	担保方式	担保金额	担保期限	担保事由	担保合同编号	被担保人与贵行就担保事项往来的内容（贷款）等	备注

除上述列示的担保外，本公司并无其他以贵行为担保受益人的担保。

注：如采用抵押或质押方式提供担保的，应在备注中说明抵押或质押物情况。

（2）贵行向本公司提供的担保。

被担保人	担保方式	担保金额	担保期限	担保事由	担保合同编号	备注

除上述列示的担保外，本公司并无贵行提供的其他担保。

7. 本公司为出票人且由贵行承兑尚未支付的银行承兑汇票

银行承兑汇票号码	票面金额	出票日	到期日

除上述列示的银行承兑汇票外，本公司并无由贵行承兑而尚未支付的其他银行承兑汇票。

8. 本公司向贵行已贴现而尚未到期的商业汇票

商业汇票号码	付款人名称	承兑人名称	票面金额	票面利率	出票日	到期日	贴现日	贴现率	贴现净额

除上述列示的商业汇票外，本公司并无向贵行已贴现而尚未到期的其他商业汇票。

9. 本公司为持票人且由贵行托收的商业汇票

商业汇票号码	承兑人名称	票面金额	出票日	到期日

除上述列示的商业汇票外，本公司并无由贵行托收的其他商业汇票。

10. 本公司为申请人，由贵行开具的、未履行完毕的不可撤销信用证

信用证号码	受益人	信用证金额	到期日	未使用金额

除上述列示的不可撤销信用证外，本公司并无由贵行开具的、未履行完毕的其他不可撤销信用证。

11. 本公司与贵行之间未履行完毕的外汇买卖合约

类别	合约号码	买卖币种	未履行的合约买卖金额	汇率	交收日期
贵行卖予本公司					
本公司卖予贵行					

除上述列示的外汇买卖合约外，本公司并无与贵行之间未履行完毕的其他外汇买卖合约。

12．本公司存放于贵行的有价证券或其他产权文件

有价证券或其他产权文件名称	产权文件编号	数量	金额

除上述列示的有价证券或其他产权文件外，本公司并无存放于贵行的其他有价证券或其他产权文件。

注：此项不包括本公司存放在贵行保管箱中的有价证券或其他产权文件。

13．其他重大事项

注：此项应填列注册会计师认为重大且应予以函证的其他事项，如信托存款等，如无则应填写“不适用”。

（公司盖章）

年　　月　　日

以下仅供被函证银行使用

结论：1．信息证明无误。

（银行盖章）

年　　月　　日

经办人：

2．信息不符，请列明不符项目及具体内容（其他未在本函列出的项目，请列出金额及其详细资料）。

（银行盖章）

年　　月　　日

经办人：

6．检查银行存款账户存款人是否为被审计单位，若存款人为非被审计单位，应获取该账户户主和被审计单位的书面声明，确认资产负债表日是否需要调整。

7．关注是否存在质押、冻结等对变现有限制或存在境外的款项，是否已做必要的调整和披露。

8．对不符合现金及现金等价物条件的银行存款在审计工作底稿中予以列明，以考虑对现金流量表的影响。

9．抽查大额银行存款收支的原始凭证，检查原始凭证是否齐全、记账凭证与原始凭证是否相符、账务处理是否正确、是否记录于恰当的会计期间等项内容。检查是否存在非营业目的的大额货币资金转移，并核对相关账户的进账情况；如有与被审计单位生产经营无关的收支事项，应查明原因并作相应的记录。

10．检查银行存款收支的正确截止。选取资产负债表日前后若干天的银行存款收支凭证实施截止测试，关注业务内容及对应项目，如有跨期收支事项，应考虑是否应提交调整建议。

11．检查银行存款的列报是否恰当。根据有关规定，企业的银行存款在资产负债表的“货币资金”项目中反映，所以，注册会计师应在实施上述审计程序后，确定银行存款账户的期末余额是否恰当，进而确定银行存款是否在资产负债表上恰当披露。

思考与练习

一、单项选择题

1．下列与现金相关的内部控制，应提出改进建议的是（　　）。

A．每日及时记录现金收入并定期向顾客寄送对账单

B．担任登记现金日记账及总账职责的人员与担任现金出纳职责的人员分开

C．现金折扣须经过适当审批

D．每日盘点现金并与账面余额核对

2．下列关于库存现金监盘的表述中，错误的是（　　）。

A．应采取突击方式进行监盘

B．出纳和会计主管应在盘点表上签字

C．由出纳自行盘点，会计主管和审计人员在旁边观察监督

D．对存放于不同地点的现金，应分别安排不同的监盘时间

3．审计人员审查库存现金时，发现账面结存 4298.20 元，实际库存 3028.20 元，另有已支付的 150 元劳务费和已报销的 520 元差旅费单据未入账。审计人员由此可以得出的结论是（　　）。

A．库存现金短缺 1270 元　　B．库存现金短缺 670 元

C．库存现金短缺 600 元　　D．库存现金溢余 600 元

4．下列各项中，属于货币资金完整性审计目标的是（　　）。

A．已收到的货币资金确实为被审计单位所有

B．与货币资金有关的经济业务已全部登记入账

C．货币资金在财务报表中的列示符合会计准则要求

D．已入账的货币资金确实为被审计单位实际收到的货币资金

5．测试“重复记录”的有效方法是（　　）。

A．编制银行存款余额调节表　　B．检查银行对账单

C．函证银行存款　　D．编制银行转账一览表

二、多项选择题

1．被审计单位存在下列事项或情形时，审计人员需要保持警觉的有（　　）。

A．库存现金规模明显超过业务周转所需资金

B．货币资金收支金额与现金流量表不匹配

C．存在长期或大量银行未达账项

D．被审计单位人员以各种理由不配合审计人员实施银行函证

2．下列各项中，属于对被审计单位货币资金循环实质性程序的有（　　）。

A．抽查企业是否定期编制银行存款余额调节表

B．抽查付款凭证上是否有审批授权人的签章

C．对库存现金进行监盘

D．分析银行存款中定期存款占全部存款的比例

3．下列有关函证银行存款余额的提法中，正确的有（　　）。

A．银行存款余额为零的开户银行可以不函证

B．对已获得银行对账单的开户银行可以不函证

C．函证银行存款余额的同时，应一并收集贷款信息

D．应向账户已结清，但被审计单位在本期存过款的银行发函

4．审查库存现金时，应对库存现金进行清查，正确的清查做法有（　　）。

A．应由出纳员将现金全部放入保险柜暂行封存

B．事先通知出纳员做必要准备

C．盘点库存现金的时间一般安排在营业前或营业后

D．清点库存现金时，会计主管人员和审计人员在旁观察监督

5．审计人员对被审计单位货币资金业务内部控制进行评价时，认为下列职责应分离的有（　　）。

A．登记现金日记账与登记银行存款日记账

B．登记银行存款日记账与核对银行对账单

C．登记银行存款日记账与保管空白支票

D．保管空白支票与保管财务印章

三、案例分析题

2013年1月8日16时，审计人员对ABC公司的库存现金进行突击盘点。相关记录如下：

（1）人民币：100元币11张，50元币9张，20元币5张，10元币16张，5元币19张，2元币22张，1元币25张，5角币30张，2角币20张，1角币4张，硬币5角8分。

（2）已收款尚未入账的收款凭证 2 张，计 130 元。

（3）已付款尚未入账的付款凭证 3 张，计 820 元，其中有 500 元白条。

（4）2013 年 1 月 8 日现金日记账余额为 1890.20 元，2013 年 1 月 1 日至 2013 年 1 月 8 日收入现金 4560.16 元；付出现金 3730 元，2012 年 12 月 31 日库存现金账面余额为 1060.04 元。

开户银行核定的库存限额为 1000 元。

要求：根据上述资料填写库存现金盘点表，并指出该公司管理存在的问题。

表 19-6　库存现金盘点表

<table>
<tr><th colspan="3">检查账目记录</th><th colspan="3">现金盘点记录</th></tr>
<tr><th colspan="2">项　　目</th><th>金额</th><th>面额</th><th>数量</th><th>金额</th></tr>
<tr><td colspan="2">盘点日现金账面余额
加：未记账收款金额
1.
2.</td><td></td><td rowspan="4"></td><td rowspan="4"></td><td rowspan="4"></td></tr>
<tr><td colspan="2">减：未记账付款金额
1.
2.</td><td></td></tr>
<tr><td colspan="2">盘点日账面应有余额</td><td></td></tr>
<tr><td colspan="2">盘点日现金实有金额</td><td></td></tr>
<tr><td colspan="2">盘点日现金溢缺</td><td></td><td>合　计</td><td></td><td></td></tr>
<tr><td>追溯调整</td><td>加：审计截止日至盘点日现金付出总额
减：审计截止日至盘点日现金收入总额
报表日库存现金应有金额</td><td></td><td colspan="3" rowspan="2">审计说明及审计结论：</td></tr>
<tr><td colspan="2">库存限额</td><td>1000</td></tr>
</table>

参考文献

[1] 中国注册会计师协会. 2020 年注册会计师全国统一考试辅导教材：审计［M］. 北京：经济科学出版社，2020.

[2] 中国注册会计师协会. 中国注册会计师执业准则［M］. 北京：中国财政经济出版社，2017.

[3] 秦荣生，卢春泉. 审计学［M］. 北京：中国人民大学出版社，2017.

[4] 陈汉文. 审计［M］. 北京：中国人民大学出版社，2017.

[5] 刘明辉，史德刚. 审计［M］. 上海：东北财经大学出版社，2019.

[6] 朱荣恩. 审计学［M］. 北京：高等教育出版社，2017.

[7] 张继勋. 审计学［M］. 北京：清华大学出版社，2015.

[8] 张立焕，李红艳. 审计学［M］. 上海：上海财经大学出版社，2020.